TREZE

ANGELA ALONSO

Treze
A política de rua de Lula a Dilma

COMPANHIA DAS LETRAS

Copyright © 2023 by Angela Alonso

Grafia atualizada segundo o Acordo Ortográfico da Língua Portuguesa de 1990, que entrou em vigor no Brasil em 2009.

Capa
Alceu Chiesorin Nunes

Infográficos
Rafael Furlan Carnio
Bruno Algarve

Preparação
Beatriz Antunes

Preparação de pós-textuais
Caren Inoue

Checagem
Viviane Brito de Souza
Patricia Jimenez Rezende

Revisão
Ana Maria Barbosa
Clara Diament

Dados Internacionais de Catalogação na Publicação (CIP)
(Câmara Brasileira do Livro, SP, Brasil)

Alonso, Angela
    Treze : A política de rua de Lula a Dilma /Angela Alonso.
— 1ª ed. — São Paulo : Companhia das Letras, 2023.

    ISBN 978-85-359-3457-1

    1. Partido dos Trabalhadores (Brasil) 2. Política — Brasil
3. Rousseff, Dilma, 1947- 4. Silva, Luís Inácio Lula da, 1945-
I. Título.

23-153296   CDD-320.981

Índice para catálogo sistemático:
1. Brasil : Política 320.981

Henrique Ribeiro Soares – Bibliotecário – CRB-8/9314

Todos os direitos desta edição reservados à
EDITORA SCHWARCZ S.A.
Rua Bandeira Paulista, 702, cj. 32
04532-002 — São Paulo — SP
Telefone: (11) 3707-3500
www.companhiadasletras.com.br
www.blogdacompanhia.com.br
facebook.com/companhiadasletras
instagram.com/companhiadasletras
twitter.com/cialetras

Para Mário Soler e Elisa Soler

Sumário

Quando o personagem é a rua............................ 9
1. Zonas de conflito.................................... 17
2. Os cidadãos contra o Estado........................ 57
3. Tensões em processo................................. 86
4. A eclosão... 139
5. O mosaico.. 179
6. Como junho acaba.................................. 239
O espólio de junho.................................... 262

História de uma pesquisa.............................. 274
Lista de siglas.. 283
Notas... 287
Fontes primárias..................................... 325
Referências bibliográficas............................. 335

Quando o personagem é a rua

"É muito fácil a gente olhar agora no reverso, no retrovisor, e enxergar aquele processo. Mas, na hora, vamos ser claros: nós estávamos bem perdidos."[1] O secretário-geral da Presidência, Gilberto Carvalho, assim sintetizava o desarvoro no coração do governo Dilma Rousseff. Um *nós* que bem podia englobar todos os brasileiros e mesmo quem de fora tentasse entender o que se passava em junho de 2013.

A perplexidade ganhou escala na segunda-feira, 17. Foi quando os protestos ficaram, por primeira vez, enormes, e a centrípeta de demandas, símbolos e atores aturdiu. O desnorteio capturou até os manifestantes, discrepantes nas explicações sobre a razão de tanta gente nas ruas. Uma ativista contou "um milhão de pautas".[2] Já um vídeo do Anonymous do dia seguinte resumia o milhão a "cinco causas",[3] todas relativas à corrupção. Milhão mesmo foi o número de acessos à postagem.[4] A opinião de um protético transformado em "Batman dos protestos" por conta da indumentária era outra: "O Brasil é o pior em retorno de impostos no mundo e é um dos que têm maior carga tributária". Apesar de arrecadar tanto, o Estado, achava o super-herói, pouco retornava aos pagadores de impostos: "Péssimos salários, não temos empregos, não temos saúde, não temos educação, não temos segurança, não tem estrada, saneamento básico. Quer dizer, falta tudo".[5] Cada manifestante dava seu verniz à cesta, cheia de demandas variadas e contraditórias.

"O que está acontecendo?" foi pergunta repetida ao longo do mês. Respostas se improvisavam e logo naufragavam arrastadas pelo processo político vertiginoso. Todo mundo estava perdido, como o governo.

O então ex-presidente Lula reduziu a barafunda a anseios redistributivos: "O povo tem pão e agora quer manteiga".[6] Difícil saber se primeiro os intelectuais adotaram essa linha e depois a transmitiram ao governo ou se foi o contrário. O fato é que a tese pão com manteiga apareceu em pronunciamento nacional de Dilma no 18 de junho e no 19 em blogs e na imprensa, pelas canetas da casa petista.[7] Diziam que a satisfação das necessidades básicas, provida pelas políticas governamentais, produzira demandas adicionais. Na síntese presidencial, "porque incluímos, porque elevamos a renda, porque ampliamos o acesso ao emprego, porque demos acesso a mais pessoas à educação, surgiram cidadãos que querem mais e que têm direito a mais".[8] Era o velho hit sociológico dos anos 1970, a tese das expectativas crescentes: demandas materiais satisfeitas (boas condições de vida) dariam lugar a demandas pós-materiais (por qualidade de vida).[9]

Essa tese teve por competidora a da "crise de representação".[10] Era adaptação da ideia da "revolta antissistema", por sua vez uma interpretação açodada de mobilizações na Europa e nas Américas em 2010 e 2011. No dia 18 já se falava disso no Brasil. Um aumento da tarifa de ônibus teria sido o catalisador de revolta sem líderes, de contestação às instituições políticas. Artigos no 21, quando o país assistia atônito às ruas lotadas, apostaram nisto: crise dos partidos, da democracia, do sistema representativo.[11] Para uns, o sistema era o político; para outros, o capitalista. Os protestos contestariam o "atual modelo de desenvolvimento", baseado em urbanismo classista e predatório, da "especulação imobiliária" e das "máfias de transportes".[12]

A terceira tese foi a da "inovação política".[13] Em 22 de junho, o filósofo Paulo Arantes lançou em entrevista o nome que pegaria: "jornadas de junho". Associava, assim, o protesto a duas mobilizações icônicas para a esquerda, ambas da França, horizonte habitual de intelectuais brasileiros: a Comuna de Paris e a de Maio de 1968. Protesto progressista e inovador, portanto. A novidade seria de perfil dos manifestantes: uma "nova esquerda", a "moçada" do Movimento Passe Livre (MPL).[14] Novidade que se atribuía também à agenda: "nada menos do que tudo", mas sobretudo o "direito à cidade". E à utopia, regada a "outra fonte de energia social".

Embora distintos em tudo o mais, o autor do best-seller de 2013 concordava. Olavo de Carvalho, em sua coluna de 19 de junho no *Diário do Comércio*, classificou os protestos como desdobramento da "Primavera Árabe". Empurrou os dois, a primavera de lá e o inverno de cá, para a esquerda: "Quaisquer que venham a ser os desenvolvimentos da onda de protestos no Brasil, sua primeira vítima [...] é a 'direita' brasileira". E prosseguiu: "Há mais de um ano o Foro de São Paulo vinha planejando esse salto, contando, para isso, com os recursos do próprio governo, somados aos da elite globalista fomentadora de 'primaveras'".[15]

Mais para o fim do mês, quando o verde-amarelo ficou inegável, apareceu quarta tese, a do "sequestro da mobilização de esquerda pela direita".[16] Outra vez a filosofia deu a letra. Marilena Chaui reviu sua opinião inicial e afirmou que o protesto, iniciado por conta da tarifa, se transformara. Ao abraçar a "corrupção política e a recusa dos partidos políticos", teria se revelado parente do nazismo.[17]

O mês acabou; a disputa por seu sentido, não. A produção acadêmica, ao seu costume, esquartejou o assunto em nichos. Uns se concentraram nos atores, analisando movimentos particulares. Teve quem preferisse olhar agendas, sobretudo os transportes e o "direito à cidade". Houve quem se fixasse no uso das novas mídias ou no modo pelo qual as tradicionais retrataram o protesto. Outros relacionaram o protesto à dinâmica capitalista. As análises circunscritas ao processo político se concentraram na resposta estatal repressiva e nos efeitos pós-junho.[18] Mas as teses servidas a quente, ainda em junho, seguiram o principal do menu: expectativas crescentes, crise de representação, inovação, sequestro.

O nome "jornadas" se fixou, prolongando, meio inadvertidamente, a associação a progressismo, rebeldia, "nova política", movida por "nova energia" doméstica ou caudatária de movimentos "emancipatórios" globais. O nome ganhou vida longa, a tese envelheceu cedo.

Sua concorrente, a do sequestro, fez carreira mais popular nas voltas do torvelinho político dos anos seguintes. Tornou-se o novo senso comum, tanto assim que a "nova esquerda" de 2013 perdeu ibope nas pesquisas universitárias, substituída, em obsessão, pela "nova direita". A eleição de Bolsonaro teria sido o ponto de fuga da "captura" das "energias emancipatórias" por "forças regressivas".

Opostos na superfície, tanto os que festejaram a "nova esquerda" quanto os que lamentaram a "virada conservadora" convergiram em assumir junho como uma mobilização unidirecional, de um rumo só. Aqui se argumenta que não foi isso *ou* aquilo; foi isso *e* aquilo; junho foi várias mobilizações simultâneas, um mosaico.

JUNHO COMO RESULTADO

Junho foi visto como um começo do que veio depois. Pouco se olhou, ao inverso, para seu sentido de resultado. Em vez de tomá-lo como ponto de partida, este livro procura entender como se chegou lá. O exercício obriga a retroagir ao momento de ascensão do primeiro governo de esquerda no Brasil desde o golpe militar de 1964.

A chegada do Partido dos Trabalhadores (PT) ao Planalto, em 2003, redesenhou as clivagens da política de rua. Quando o partido dos movimentos mudou de lado da cerca, a própria fronteira se redefiniu. Começava uma nova relação entre Estado e sociedade mobilizada. Os habituais organizadores de protesto viraram governo e líderes de movimentos alinhados ganharam cargo ou acesso a órgãos decisórios. Este lado deixou a manifestação de rua no segundo plano. O vácuo foi logo preenchido. Pelo lado esquerdo, por movimentos estabelecidos que se decepcionaram com o petismo e movimentos que foram nascendo longe de sua sombra. Quem acabaria também na rua eram os antes useiros das antessalas nas gestões anteriores, que se postaram à direita do governo petista, seu pesadelo. Vendo em suas promessas de mudança uma ameaça, organizaram-se para protestar. A história da rua de Lula a Dilma é a de crescimento e tensão entre esses campos de movimentos sociais, dois à esquerda e outro à direita do PT.

A rua não age, reage. Quem ocupa o Estado pauta. Sombreia ou ilumina temas no debate público ao propor ou engavetar mudanças. O caminhão de promessas de Lula rendeu a maioria nas urnas, não o consenso acerca de seu governo. Suas tentativas de reforma suscitaram reações organizadas nas instituições, até mesmo ali onde antes Lula reinara, na rua. Abriram-se então três zonas de conflito, em torno das quais movimentos se manifestariam ao longo de seus dois governos e do de sua sucessora.

Na zona de conflito em torno da redistribuição de recursos, acessos e oportunidades, ações governamentais em favor dos estratos baixos, políticas em torno da posse de terra, no campo e nas metrópoles, suscitaram protestos contra a extração de recursos da sociedade "empreendedora" pelo Estado, de um lado, e por aprofundamento das reformas, de outro. Esse foi um pomo de discórdia transferido de Lula a Dilma.

Outra zona de conflito assomou em torno dos princípios de orientação moral da vida coletiva. No regramento da vida privada, protestos surgiram quando Lula pautou e despautou o aborto no primeiro e no segundo governos, tema que também produziu protestos em direções opostas. Dilma recuou do vespeiro, mas decisões do Supremo Tribunal Federal (STF) açulariam conflitos ao redor dos costumes. Na outra face da moralidade, a pública, movimentos por moralização da política proliferaram a partir do Mensalão.

Terceira zona de conflito se formou em torno da violência estatal legítima, isto é, dos limites aceitáveis de uso da força pelo Estado. Aí se sobrepuseram duas agendas, a da segurança pública e a dos crimes políticos do Estado durante a ditadura. O governo Lula tentou andar em uma, com o Plebiscito do Desarmamento, e cogitou outra, uma Comissão Nacional da Verdade (CNV), na qual Dilma insistiu, destampando a guerra entre as vítimas e os viúvos saudosos da ditadura militar.

Cada uma dessas zonas de conflito ganhou alento novo e ritmo próprio a partir de 2011. Dilma adubou e colheu o que Lula plantou. Movimentos em direções contrárias, pleiteando aprofundamento ou impedimento de reformas, estavam já organizados em torno de redistribuição, moralidade e violência legítima, mas malograram em carregar multidões às ruas nos dois primeiros governos petistas.

De um lado, porque os movimentos de oposição ao governo

tiveram eles próprios que encontrar métodos para se organizar e promover manifestações. Estilos de ativismo, isto é, simbologias e performances políticas que indicam como se portar durante o protesto, forneceram modelos: o neossocialismo repaginado pelo zapatismo, o autonomismo, caudatário dos movimentos de justiça global desde os protestos de Seattle, e o estilo patriota, mistura da tradição nacional da redemocratização e o que se vira no Tea Party. Os três deram receitas para protestos desde os anos Lula. Mas mobilização grande transcende a ação de convocadores. Requer a disposição de cidadãos comuns para sair à rua, em vez de esperar as eleições. Disposição preparada entre elites sociais pela difusão da crença de que a sociedade organizada é mais capaz que o Estado para resolver problemas coletivos. A retórica do "empoderamento da sociedade civil" se disseminou por comunidades morais distintas, mas todas desconfiadas do governo. Redes cívicas antiestatais forneceriam ativistas para movimentos sociais e aderentes para protestos que, ajuntados, dariam a "multidão" dos anos Dilma.

Junho de 2013 resultou desse processo de longo prazo. O terceiro mandato petista encontrou zonas de conflito abertas, movimentos organizados de contestação, com estilos de ativismo atraentes para membros de redes cívicas antiestatais. A chama foi acesa nos anos Lula, mas as grandes manifestações explodiram no colo de Rousseff. Eclodiu o que cozinhara em fogo lento.

As manifestações não configuraram um movimento social unificado, mas um ciclo de protestos,[19] composto de muitos movimentos, de orientações distintas, agendas próprias (e mesmo opostas), que foram à rua em simultâneo, numa justaposição. Junho foi um mosaico de diferentes. A única partilha era de alvo, a contestação às políticas dos governos do PT.

Este argumento estrutura o livro e se desdobra ao longo de seis capítulos. O primeiro trata do realinhamento das relações entre Estado e movimentos com a chegada do PT ao governo e as tentativas de reforma que abriram zonas de conflito em torno de moralidade, redistribuição e violência legítima. O seguinte aborda a conformação de campos de ativismo e redes cívicas ao longo dos anos Lula, cruciais para a configuração dos protestos futuros. O terceiro adentra o governo Dilma, acompanhando o aprofundamento de tensões e os protestos resultantes em cada uma das zonas de conflito. O quarto capítulo segue a rua do início à metade de junho, documentando o baixo interesse nacional pelas manifestações até o dia 13, quando se alterou a posição da mídia e de elites sociais acerca de sua legitimidade. O quinto destrincha o auge da mobilização, em compasso com a Copa das Confederações. A lupa incide sobre o perfil dos manifestantes, os temas e as táticas das manifestações. O último capítulo trata das respostas institucionais ao ciclo de protestos e de seu epílogo. A conclusão aponta os desdobramentos nos anos seguintes, sem se deter neles.

No conjunto, aqui se conta a história da relação entre a política de rua e o governo entre 2003 e 2013. Um jogo intrincado de ações e reações, em que muitos atores jogaram ao mesmo tempo, sem que nenhum lograsse controlar o resultado. Os nomes próprios escasseiam porque a protagonista aqui é a rua.

1. Zonas de conflito

1. O REI DA RUA

Eram milhares e sorriam e se abraçavam e nem acreditavam. O vermelho das bandeiras se prolongava nas camisas, enquanto ecoavam pelas ruas os coros "Olê, olê, olê, olá! Lula, Lula lá" e "Sem medo de ser, sem medo de ser, sem medo de ser feliz". Depois de 22 anos de espera, às 20h53 de 27 de outubro de 2002, a felicidade petista transbordou da avenida Paulista a Garanhuns, da Cinelândia a Porto Alegre. Houve música e dança. E até bolo. O eleito aniversariava e ganhava de presente de 52,7 milhões de brasileiros as chaves da República.

Banhado em lágrimas, próprias e alheias, enxugadas por incontáveis abraços, o novo presidente decretou: "A esperança venceu o medo". O sentimento vencido residia no lado adversário, enunciado por Regina Duarte durante a campanha eleitoral: "Eu tenho medo".

A parte amedrontada dos 33,3 milhões votantes no derrotado José Serra ficou em casa, enquanto os esperançosos tomaram a rua. E enlouqueceram quando Lula, emocionado e sorridente, venceu o trânsito humano e alcançou o palanque. Zumbido de caixas de som ao fundo, microfone em punho, a voz rouca abafou todas as outras, no agradecimento à companheirada que o aclamava do asfalto. Estava muito à vontade ali, onde era senhor absoluto — na rua.

Lula chegou lá a bordo do estilo de ativismo político que dominara a política de rua desde a redemocratização. Os movimentos sociais entusiastas de suas candidaturas e o sindicalismo operário, no qual nascera, eram useiros do estilo de ativismo socialista alastrado ao longo do século xx, com seus símbolos vermelhos, suas marchas e seus comícios. Tudo aquilo de que Lula tanto se serviu na longa estrada para Brasília. Mas, ao se plantar no Planalto Central, descobriria que política de rua é uma coisa e governo é bem outra.

2. A RUA NO GOVERNO

Depois de subir a rampa, em 1º de janeiro de 2003, aclamado por uma multidão, o eleito discursou para o Congresso abarrotado. Antes silenciado pela ditadura, desta vez o foi pelos aplausos — 27 vezes. "A esperança, finalmente, venceu o medo, e a sociedade brasileira decidiu que estava na hora de trilhar novos caminhos." Sua fala equilibrou menções à reforma agrária e à da previdência. Mais que o discurso, pesou o discursador como o que era, um símbolo. Trazia a promessa de ascensão social, lembrou, inscrita na sua trajetória "de retirante nordestino, de menino que vendia amendoim e laranja no cais de Santos, que se tornou torneiro mecânico e líder sindical, que um dia fundou o Partido dos Trabalhadores e [...] que agora assume o posto de supremo mandatário da nação [...]".[1]

Chegou com o "apoio da imensa maioria das organizações e dos movimentos sociais" para lutar contra "a fome, o desemprego e a desigualdade social". Carregava a agenda redistributiva, o léxico socialista — "meus companheiros", "minhas companheiras" — e "os anseios de mudança que se expressaram nas ruas". Sua posse, concluiu, era o "reencontro do Brasil consigo mesmo".[2] Lula herdou dos tucanos uma relação amistosa entre o Executivo federal e os movimentos sociais. Foi Fernando Henrique o presidente que pediu perdão aos negros pela escravidão — nos mais de cem anos anteriores, nenhum outro se lembrara de fazê-lo. Seu governo institucionalizou a Parada do Orgulho GLBT (como era a sigla entre 2005 e junho de 2008) e se abriu a demandas de feministas e ambientalistas,[3] incluídos em comitês e comitivas internacionais. Mas nos anos FHC a política corria, sobretudo, dentro do Alvorada, e houve tensão com o protagonista da rua, o Movimento dos Trabalhadores Rurais Sem Terra (MST). Houve repressão e ocupações de terra, mas também grande volume de assentamentos.[4] A relação governo-movimentos foi, assim, ora cooperativa, ora de conflito.

Com Lula, água virou vinho. A casa se abriu para a companheirada. Um funcionário longevo do Alvorada resumiu a transição de estilos na mudança dos frequentadores do cinema do palácio. Durante os tempos tucanos, a alta cultura assistia a filmes de arte, sorvidos sob silêncio cerimonioso e comentados em fino jantar subsequente. Sob Lula, quem ia eram trabalhadores do prédio, de assessores a faxineiras. Com presidente e família, e munidos de refrigerantes e pipocas, comentavam *blockbusters* entre lágrimas ou risos.[5] A ideia era o povo no governo. O PT era um partido de movimentos, levou-os consigo. A aspiração era de um governo movimentista a funcionar, disse o presidente, em regime de "mutirão cívico".[6]

O estilo socialista de ativismo se transmutou em estilo de

gestão. Na retórica, o governo enalteceu a participação direta dos cidadãos na gestão pública, desvalorizando o sistema representativo — os "trezentos picaretas", a que o presidente se referira uma década antes da eleição.[7] Falava-se de governo do povo, pelo povo, para o povo, sem mediações. Munido de auréola dupla, a origem humilde e o carisma, Lula construiu sua persona presidencial amalgamando representante e representados, corporificou o povo. Tudo embalado numa simbologia que ia do uso obsessivo do vermelho às homenagens a heróis do socialismo. Além de escuta, houve inclusão administrativa. Ativistas viraram gestores. Líderes de movimentos do campo socialista assumiram funções de gerência e formulação de políticas públicas. A incorporação chegou ao primeiro escalão: cerca de um terço dos ministros (dezessete) vinha de sindicatos e 43,8% eram oriundos de movimentos sociais (28). Crescimento enorme em relação a FHC, com seus onze ministros (28,2%) no primeiro mandato e catorze (25%) no segundo vindos dos movimentos e apenas dois de sindicatos.[8]

O governo Lula levou a rua para dentro em quadros e em métodos. Na agenda, a operação revelou-se menos simples. É que, como notou Mario Cuomo, políticos fazem campanha em versos, mas têm que governar em prosa.[9] A plataforma petista tinha face dupla, participacionista e redistributiva. Era mais fácil instituir conselhos e audiências públicas, de reluzente simbologia política, do que mexer no Orçamento. Não havia de tudo para todos. Recursos são escassos; burocracias, morosas; e poder se disputa. A festa foi se tornando seletiva, com favoritos e preteridos. Descobrindo que nem todas as bandeiras virariam políticas públicas, movimentos entraram em competição entre si dentro da administração.

Além das brigas em casa, havia o bando a postos para arrebentar a porta. Lula viveu, como todos os governos, o purgatório das pressões cruzadas, mas experimentou como poucos a gangorra céu-inferno. A fronteira entre ascensões e quedas não veio das urnas. O divisor de águas foi o Mensalão. Em 2005, aos dois anos de governo mal completos, explodiu a maior crise política brasileira desde o impeachment de Fernando Collor. Como em 1992, o presidente estava no centro dela, golpeado por denúncias de corrupção. Lula foi às cordas. Reagiu jogando vários de seus melhores marinheiros ao mar. Salvamento de alto risco e alto custo. Na relação com a rua, giro radical, que dividiu o governo Lula em dois, em periodização descasada com a dos mandatos. O governo movimentista durou dois anos. Depois do Mensalão, novas alianças, quadros e programas restringiram a participação de ativistas. Alguns sobreviveram nas áreas consideradas prioritárias. O resto foi dormir no sereno.

O recuo gerou dilemas para a sociedade organizada à esquerda, tendo que lidar com um governo simpático às suas demandas, mas que nem sempre agia em favor delas.[10]

Seguiram fiéis ao governo sindicatos e movimentos do campo socialista envolvidos em proposição e gestão de políticas setoriais. Mas, ocupados em disputar entre si recursos, acessos e oportunidades, descarregaram energia mais em lobby que em protestos. Ao deixar a rua meio desocupada, esse campo abriu a temporada de competição por seu domínio. A política de rua, que o PT dominara por três décadas, saiu de seu controle e se fragmentou, passou a ser disputada, e a relação movimento-governo se diversificou.

À esquerda, a briga foi dupla. O MST antes recebia sem esforço nem muita concorrência a insatisfação juvenil com o governo de turno. Ao passar a aliado do Planalto, perdeu o dom da atração automática da juventude. Dois campos passaram a fascinar a nova geração de potenciais ativistas, sobretudo estudantes de universidades públicas e de colégios de elite dos maiores centros

21

urbanos. Um feixe era de movimentos neossocialistas, como o Movimento dos Trabalhadores Sem-Teto (MTST), costela desgarrada do MST em 1997. Eram os frustrados tanto com as concessões petistas à governabilidade quanto com a adaptação da "velha" esquerda de rua à negociação. Apostaram no protesto. Outro campo cevou-se de simbologia e modelo de organização no anarquismo. Autonomeados autonomistas, galvanizaram o interesse da nova geração para questões identitárias, com as quais o PT e os movimentos socialistas nunca tinham lidado bem. Longe do sol governista, mas também dos eflúvios esquerdistas, brotou o terceiro campo no deserto à direita. Floresceu em polinização gradativa esse ativismo dos antipáticos não só ao petismo como a qualquer "esquerdismo".

O governo movimentista teve que se haver, assim, com três oposições de rua, independentes entre si. Esses campos distintos não se manifestaram nem juntos, nem sempre, ao longo dos anos Lula. Protesto, contraintuitivamente, quem insufla é governo, quando iniciativas suas afetam grupos sociais com condições de reagir — a favor ou contra. Reformas efetivadas ou apenas ensaiadas pelos governos Lula abririam zonas de conflito prolongadas para além de seus mandatos. Cada qual com seus temas, movimentos e desfechos.

3. CONFLITOS REDISTRIBUTIVOS

Recursos e oportunidades sociais

O governo começou reformas pelo terreno em que era incontestavelmente legítimo, o do trabalho. De saída, frustrou a esquerda. A Carta aos Brasileiros foi cumprida: não haveria gestão classista. Houve logo concessões a empresários e ao mercado financeiro. Nem bem esquentou cadeira, o presidente cristalizou essa direção engatando a marcha rápida da reforma da previdência. Assim neutralizou muitos dos que tinham "medo do Lula". O pragmatismo teve, no entanto, efeito colateral em casa. A decepção campeou entre os sindicalistas. A reforma da previdência dividiu a Central Única dos Trabalhadores (CUT). Parte sustentou o governo, apesar de tudo, mas costelas suas se desgarraram, originando a Coordenação Nacional de Lutas (Conlutas), a Intersindical e a Central de Trabalhadores e Trabalhadoras do Brasil (CTB). De outro lado, a Força Sindical se fortaleceu como voz sindical crítica ao governo.[11]

A reforma da previdência fez o fósforo do fogo amigo riscar também no partido do presidente. Parlamentares petistas julgaram excessivas as concessões à "política tradicional", adveio celeuma, crise e, por fim, cisma. Uma facção acabou expulsa do PT nem bem havia começado o mandato. Um dos expurgados resumiu o enrosco: "A lógica de governança, a lógica de alianças que o PT fez era algo que eu não me via dentro. Eu não tinha condições de ser base de um governo — não como parlamentar, mas como militante — [...] que tinha [...] figuras como Renan Calheiros, como Sarney".[12]

Rachar o PT teve preço elevado, que Lula pagou com presteza. Assim, aprovou a reforma da previdência e pariu um partido de oposição, o Partido Socialismo e Liberdade (Psol), formalizado em 2005. O Psol somou-se ao Partido Socialista dos Trabalhadores Unificado (PSTU) na orquestração dos movimentos de oposição à esquerda do governo, sobretudo nos temas redistributivos. Passaram a disputar com o PT o epíteto de "partido dos movimentos" e a posição de vocalizadores legítimos da agenda socialista.

Lula quitou a fatura sem pestanejar porque tinha um foco: o subsolo da estrutura social, a cujos habitantes prometera café, almoço e janta todo dia. Sua grande aposta foram programas de redistribuição de renda. Seus efeitos seriam fartos e são conhecidos. Nem tudo é mérito petista. Havia o ganho da estabilidade monetária, que controlou a erosão de salários e sobreviveu à provação das grandes crises econômicas (mexicana, 1995; asiática, 1997; russa, 1998; brasileira, 1999; argentina, 2001). Mas partindo da herança tucana, os governos Lula avançaram políticas redistributivas eficazes e de efeito rápido. O Bolsa Escola, na gestão FHC, atendeu 3,6 milhões de famílias; o Bolsa Família, criado em fins de 2003, unificou programas de assistência com o Cadastro Único e, em 2006, atingiu sua meta, beneficiando 11 milhões de famílias.[13] O salário mínimo cresceu 63,2% entre o primeiro e o último ano das gestões Lula.[14] Foi a saída do poço sem fundo da miséria. O crescimento de curto prazo da renda familiar, sobretudo dos mais pobres, foi inédito na história brasileira.

De outro lado, a maré cheia do "boom de commodities" engordou os setores médios. Contingente da ordem dos milhões adentrou o consumo de massas. Entre 2004 e 2008, o estrato C cresceu 18,72%.[15] Essa gente avançou sôfrega sobre circuitos antes exclusivos dos estratos altos: do tênis de marca ao aparelho ortodôntico, das compras em shopping ao turismo internacional.

A política redistributiva deu popularidade a Lula, mas movimentos à esquerda do governo julgaram o custo exorbitante. Guilherme Boulos, que ingressara no MTST em 2002, viu ali uma quimérica aposta no "ganha, ganha", uma política que não mexia nos fundamentos da hierarquia social, "uma ilusão, por algum momento, de que a luta social estava encerrada", mas com "a manutenção de estruturas em que os de cima continuaram ganhando — o mercado financeiro, os empresários".[16]

Se para esse lado era pouco, para outro era muito. O feixe de processos democratizadores acendeu alerta para estratos médios e altos estabelecidos. Embora sem perdas econômicas, sentiram a depreciação do patrimônio simbólico. Em situações de ameaça a seu status, quem está acima inventa modos e modas caros para se distinguir: etiquetas complexas, bens exclusivos, espaços vips.[17] Outro jeito de se proteger é estigmatizar quem ameaça invadir sua praia. Foi assim no Brasil nos anos Lula.

Quando espaços antes exclusivos da elite social, como shopping centers e aeroportos, mesclaram-se socialmente, a presença dos "sem modos" foi rechaçada. A estigmatização dos ascendentes escalou de alusões à falta de elegância ao ataque focal aos que acumulavam traços sociais e físicos tidos por negativos: os negros. Queixas contra sua presença se multiplicaram. Em 2007, um funcionário das Lojas Americanas abordou o filho de um auxiliar administrativo, que estava em companhia do pai: "Você, crioulinho, pegou alguma coisa da loja? [...] São todos negros, não valem nada". O mal-estar de estratos altos com a perda de status relativo se enunciou em incidentes cotidianos, como em 2010, quando moradores de um bairro nobre de São Paulo rechaçaram a construção de uma estação de metrô no bairro, argumentando que atrairia uma "gente diferenciada".[18]

A exasperação, como nos Estados Unidos dos anos Obama, se voltou contra o que se via como a causa da mexida na estrutura social: as políticas governamentais que premiavam a ascensão "sem esforço".[19] Multiplicaram-se ataques às políticas redistributivas como "esmolas" a "vagabundos", às custas da parte produtiva da sociedade, os "empreendedores" extorquidos via impostos.

O incômodo com a sacudida dos princípios arraigados de hierarquização social se estendeu — além de renda e raça — para o acesso ao diploma. Desde o começo da nação, cursos superiores eram quase exclusivos dos estratos superiores. Alta escolaridade e alta renda eram sinônimos, com as exceções provando a regra. As melhores oportunidades foram apropriadas, geração após geração, pelos mesmos grupos sociais, com filhos de médicos assumindo consultórios paternos e netos de advogados herdando

25

escritórios de reputação consolidada. O padrão começou a ser desafiado nos governos tucanos, que expandiram as vagas no ensino superior.[20] Lula dobrou a aposta ao ampliar a oferta às universidades federais, que passaram de 45 para 59, distribuídas em centenas de novos campi, alcançando perto de 600 mil novas vagas. Houve estímulo ainda para a propagação de faculdades particulares, via incentivo fiscal, crédito e bolsas.[21] Foi assim que, em 2010, o país chegou a 5 449 120 universitários, aumento de 26,7% em relação ao início do governo.[22]

A expansão levou aos bancos escolares gente de baixo, mas a democratização do acesso continuava mais fácil para brancos. Em 2003, a Universidade do Estado do Rio de Janeiro (Uerj) instituiu, pela primeira vez no país, cotas para negros. No ano seguinte, a Universidade de Brasília (UnB) fez o mesmo. Começou uma grande e longa controvérsia. O assunto entrou no Ministério da Educação (MEC), mas sem resultar em política específica. A inclusão, por mão federal, foi indireta, via Programa Universidade para Todos (Prouni): 48% das bolsas, entre 2005 e 2010, ficaram com os negros,[23] que dobraram sua presença nos campi.[24]

Assim, nos anos Lula as faculdades acolheram um volume significativo de membros de um estrato social e de uma etnia que antes passavam longe delas. Insuflou-se a aposta no diploma como meio de ascensão social.

Mas o diploma era símbolo de status por ser escasso. Essa barreira permaneceu levantada nos cursos de mais prestígio social, a medicina e as engenharias. O acesso foi efetivo em cursos de baixa concorrência, os de humanas, e de ampla oferta, caso do direito. Em 2010, havia 1240 cursos para formar esses "doutores". A hiperinflação de canudos corroeu seu valor de face no mercado de trabalho. E como as humanidades formam para a política, cresceu o volume dos candidatos à carreira em partidos e movimentos.

O mercado de recrutamento para o ativismo político foi afetado pelo aumento de volume dos recrutáveis, mas também pela diversificação dos recrutadores. O PT e movimentos vinculados, sobretudo o MST, foram, por décadas, senhores da "formação política" dos universitários, com o Partido da Causa Operária (PCO) e o Partido Comunista do Brasil (PCdoB) operando nas franjas. Uma vez no Estado, o PT perdeu o maior trunfo persuasivo na captação de ativistas: a crítica ao governo. Abriu-se a competição pelos corações dos jovens. Os novos partidos à esquerda, Psol, PSTU, e novos movimentos redistributivos disputaram com o PT o legado socialista. Sobressaiu-se o MTST. Autonomizado do movimento-mãe, o MST, nos anos 2000, marcou distância do governo: "Com a corrente hegemônica do PT temos profundas divergências. [...] o Brasil precisa urgentemente trilhar um processo de ruptura com a dominação imperialista [...]".[25] O MTST julgava o PT conciliador e partiu para ação direta contra o "latifúndio urbano" com a ocupação de prédios e terrenos urbanos. Em 2003, seu poder de arregimentação era visível: pôs 10 mil pessoas acampadas em terreno público doado à Volkswagen.[26] Sua pressão sobre o governo ficou contínua. Em 8 de julho de 2009, cerca de duzentos membros do movimento tornaram a acampar, desta vez em frente à casa de Lula, em São Bernardo, e, a cada dia sem negociações, um se acorrentava às grades do prédio.[27] As performances disruptivas atraíram "uma juventude que tinha crescido no governo lulista, [...] estava querendo mais. Já não estavam tão gratos quantos os pais poderiam estar por todas as coisas; queriam mais".[28] Movimentos desse campo socialista passaram a recrutar uma parte dos universitários insatisfeitos com o PT.

Outro conjunto de movimentos nasceu ainda mais longe do governo. Era um flanco de ativismo identitário que explodia tanto aqui como mundo afora. Muitos "coletivos" foram se formando para contestar a dominação masculina, fosse pelo lado feminista, fosse pelo LGBT (como a sigla passou a ser escrita em 2008).[29] Ajuntavam membros da nova geração mais interessados em sua própria identidade do que na agenda redistributiva. Eram críticos tanto do governo quanto de movimentos socialistas, agrupados no mesmo saco heteronormativo. Aí se situavam também minúsculos movimentos parentes do redistributivismo, caso de coletivos como o MPL. De outra parte, o movimento negro aproveitou rápido e bem o aumento do afluxo de negros aos cursos superiores, cresceu em número de movimentos e ativistas. E investiu numa estratégia de visibilização, via a ostentação de características físicas, como os cabelos e o vestuário inspirados em costumes da África, como marcações de identidade. Era uma política da presença contestando a dominação branca por meio do comparecimento a espaços antes tacitamente vedados a negros. Ao mesmo tempo que reconhecia as ações do governo, que criou a Secretaria de Políticas de Promoção da Igualdade Racial (Seppir) em 2003, o movimento negro pressionava por mais.

A diversificação da esquerda movimentista gerou conflito. Os campi viraram terreno de disputa entre a esquerda neossocialista não petista, com sua agenda redistributiva, e os coletivos, que carregavam na tinta identitária. Contra inimigos comuns, se misturavam, mas os campos competiam em episódios invisíveis para o resto da sociedade. Caso da eleição para o comando da União Nacional dos Estudantes (UNE), a mais estabelecida associação estudantil, dominada pelo PCdoB, aliado ao governo: "Desde quando principalmente o PT assumiu o governo, a UNE passou a ter uma política que naturalmente era mais de conciliação com o governo do que de enfrentamento".[30] Proximidade desafiada por associações estudantis rivais. Em 2009, a Assembleia Nacional dos Estudantes — Livre (Anel), vinculada ao PSTU, venceu a eleição para o Diretório Central dos Estudantes (DCE) da Universidade de São Paulo (USP).

A nova configuração foi cristalizando dois campos de movimentos críticos ao governo do PT pelo lado esquerdo, um controlado por pequenos partidos e movimentos neossocialistas, outro por coletivos autonomistas, avessos a partidos. Mas a competição operou também pelo outro lado, à direita do governo.

As mudanças redistributivas dos governos Lula afetaram o acesso a oportunidades coletivas tanto na educação superior como no consumo de bens socialmente valorizados. O mal-estar de estudantes de setores altos e médios estabelecidos, antes a maioria no ensino superior, se exprimiu inicialmente de modo difuso: "Negro só se for na cozinha do R.U. [restaurante universitário], cotas não!", apareceu pichado, junto a uma suástica, num muro de frente à Faculdade de Direito da Universidade Federal do Rio Grande Sul, em 2007. Próximo dali, o complemento: "Voltem para a senzala".[31] Longe de isolado, o episódio formou série com similares na Pontifícia Universidade Católica (PUC-Rio), Fundação Getulio Vargas (FGV-SP), Universidade Estadual Paulista (Unesp), Mackenzie. Virulência disseminada nos cursos centrais para a reprodução intelectual da elite econômica, os de engenharia e de medicina, e no mais invadido pelos ascendentes, o de direito.

Além do rechaço sem rosto, veio a reação politicamente organizada dos que consideraram excessiva a intervenção do Estado na vida coletiva. Eram os herdeiros, a nova geração dos filhos das "boas famílias" de empresários e profissionais liberais das áreas classicamente povoadas pela elite social, que se sentiram afetados pelas reformas. Os irmãos Chiocca, formados na leitura de Milton Friedman, são um caso. Um começou malufista, depois atendeu ao chamado de Fernando Collor para sair às ruas de verde e amarelo, em 1992. O outro definiu-se como "marxista com o sinal ao contrário",[32] considerando o Estado um "mal desnecessário". Rechaço nascido da experiência familiar: a empresa paterna, uma metalúrgica para equipamentos de construção, falira, na interpretação do filho, por conta de multas e impostos.[33] Em vez de chorar no ombro do governo, os irmãos lutavam para libertar o "espírito animal" da economia, enjaulado por regulamentações estatais e pelo sorvedouro da arrecadação de impostos. Os Chiocca e similares se inspiraram nos Estados Unidos para organizar, a partir de 2003, o Dia da Liberdade de Impostos. Instalaram um painel eletrônico a céu aberto, o "arrecadômetro", que informava o percentual de impostos embutido em cada produto comercializado. O então presidente da Associação Comercial de São Paulo, Guilherme Afif Domingos, achou nome mais eufônico: "impostômetro". Na inauguração, em 20 de abril de 2005, o ator Paulo Goulart encarnou Tiradentes, apresentado como um rebelde anti-imposto. O cenário consistia em uma forca e enormes tecidos verdes e amarelos, sobre os quais explodiram fogos de artifício azulados.[34] A antitributação se promovia como uma causa patriótica.

O impostômetro paulista viajou para Porto Alegre e Rio de Janeiro. A recepção animou o projeto de um Partido Libertário. O partido empacou, mas floresceu a comunidade P-LIBER (depois P-LIB), que um dos Chiocca criou em 2005, no Orkut. Ali se criticavam chavismo e marxismo e se propalavam ideias de Ludwig von Mises e Friedrich Hayek, sempre sob o mesmo epíteto:

> li.ber.tá.rio adj+sm (fr. *libertaire*): Quem ou o que é partidário da liberdade. Defendemos a LIBERDADE em todos os seus aspectos, especialmente as Liberdades Econômicas e as Liberdades Individuais. Não somos nem esquerda, nem direita: somos LIBERTÁRIOS.[35]

Logo veio a Rede Liberdade, com 24 organizações entre paulistas, mineiros, cariocas e gaúchos. Em 2006, o Fórum da Liberdade[36] foi turbinado em Porto Alegre. Ao contrário dos fóruns de esquerda, não era para multidões. Restringiu-se a cerca de trezentos empresários brancos, devidamente acomodados num Sheraton. Um "público bom, do tamanho que a torre de marfim gostaria que tivesse".[37] Foi a pia batismal para o Instituto Millenium, abençoado pelo empresário Helio Beltrão Filho, que presenteou o recém-nascido com um fundo polpudo.

A sede ficou no Rio de Janeiro, mas Beltrão subsidiou instituto gêmeo em São Paulo um ano depois. Era o Instituto Mises Brasil, que ficou sob o pulso dos Chiocca.[38] Emulava análogo do Alabama, na nomeação em homenagem ao ícone da Escola Austríaca de economia. Usavam o Orkut para atrair "anarcocapitalistas" avulsos. Para propagandear a liberdade individual, o direito de propriedade e a economia de mercado, investiram em tradução, distribuição e divulgação de textos libertarianos.[39] Os libertários fincaram, pois, pé nas duas maiores cidades do país e ambicionavam a nacionalização.[40]

Saíram à rua em 28 de maio de 2008 numa versão nacional do Dia Mundial sem Impostos,[41] na linha dos protestos do Tea Party. Reuniram proprietários de postos de combustível, lojas, concessionárias e associações empresariais[42] e lograram que postos de vinte cidades, incluídas oito capitais — Manaus, Salvador, Vitória, Brasília, Belo Horizonte, Rio de Janeiro, Porto Alegre e Florianópolis —, vendessem combustível sem impostos. Em São Paulo, a iniciativa ganhou a parceria do Movimento Endireita Brasil (MEB), criado em 2006 por advogados e empresários sob o comando de Ricardo Salles.[43] Funcionava assim: "[...] a gente parava no posto, a gente bancava parte da gasolina. E fazia fila, parava, era um evento que mexia com a cidade, aparecia em tudo que é mídia tradicional — na internet bombava. [...] fizemos em todos os anos [...]".[44]

Esses movimentos vinham proteger o indivíduo das garras estatais, que regulam, taxam e se apropriam do "direito natural" de propriedade — "imposto é roubo". O governo Lula era o avesso ao que aspiravam: "Nós sim temos o antipetismo. Por quê? Porque o PT é um subproduto do Estado unionista varguista [...], é um dos oponentes da nossa visão de mundo". Contra o petismo, conclamavam a "elite natural" a dar os rumos da vida coletiva. A democracia seria um regime injusto ao nivelar talentos e propriedades: "Por que o voto de alguém que paga um milhão de imposto é igual ao do cara que paga dez de imposto?".[45]

Era pouca gente. Na ironia do então vice-governador de São Paulo, Cláudio Lembo, restringia-se a um "pequeno segmento da elite branca" que "deve ter começado em Campos do Jordão". Elitismo com método de difusão: "O nosso instituto não é para a massa"; destinava-se, julgavam seus membros, a ser um "centro irradiador de ideias" propagadas para o resto da sociedade por "um escritor de talento, um videomaker de talento, um ator de talento". A iniciativa "nasce dentro da Torre de Marfim e depois ela vai se espalhando pelo corpo social".[46] Sem descer da torre, escorreriam suas ideias pirâmide social abaixo.

Esse proselitismo entrou na competição com os movimentos neossocialistas e autonomistas nas universidades. A campanha "Liberdade na estrada" visitou cinquenta campi em busca de novos ativistas. A preferência era pelos socialmente assemelhados aos ativistas libertarianos, mas sem desprezar os ascendentes que, pelo talento, poderiam elevar-se a membros da "elite natural". Emularam norte-americanos com seminários e grupos de estudo de autores libertários. Fomentaram movimentos de estudantes, caso da versão brasileira do Estudantes pela Liberdade. Investiram em editoras e publicações[47] e, partir de 2009, avançaram para as mídias então emergentes, o Twitter e o Facebook.

A retórica libertária se difundiu lenta, mas solidamente. O Dia da Liberdade de Impostos se tornou rotina em Porto Alegre, Belo Horizonte e São Paulo, ao longo dos anos Lula. E "a gente tinha cem mil, quinhentos, um milhão de seguidores [...]. Em 2010 a gente já estava totalmente massificado, espalhado, com gente no Amapá". Eram uma elite missionária, insuflando ódio ao estatismo e amor ao empreendedorismo. "Fomos vanguarda, porque fomos os primeiros."[48] Eram semeadores.[49] E semeando invadiram a terra antes dominada pela esquerda, a da cultura.

Disputa por terra

Outro temor na elite social era de que o governo petista interviesse no regime de propriedade, redistribuindo terra via reforma agrária ou liberando invasões de fazendas. Desconfianças fundadas na aliança entre o PT e o MST, o maior movimento social dos anos Lula.

Era movimento nacional, complexo, com especialização de tarefas, estratégias de comunicação e socialização de ativistas, que rodavam em torno dos 20 mil.[50] O MST vinha impávido dos anos FHC e ficou eufórico com a eleição de um presidente comprometido com suas bandeiras. Mas o alinhamento nunca foi completo. Nos dois primeiros anos petistas, explodiram as ocupações, na expectativa de que o governo legalizasse a maioria.[51] Foram 3129 mobilizações por reforma agrária, entre marchas e acampamentos.[52] A Comissão Pastoral da Terra (CPT) contou 623 170 participantes em ocupações de terra apenas em 2003.[53]

Mas o movimento também cooperou com o governo. Seus próprios meios de proselitismo ganharam subsídio estatal, o que facultou criar jornal (*Brasil de Fato*, em 2003, com tiragem de 50 mil exemplares), estação de rádio (Radioagência NP, no ar desde 2004) e agência de notícias (Agência Chasque, 2005, que distribuía reportagens para vinte rádios), além de uma universidade em Guararema (a Escola Nacional Florestan Fernandes) para formar quadros.[54]

A cooperação movimento-governo se materializou no Ministério do Desenvolvimento Agrário (MDA), que iniciou estudos para uma reforma agrária robusta e assentou, no primeiro mandato, 252 019 famílias (muito, ainda que menos do que FHC 1, que beneficiara 260 mil). MST, CPT e Confederação Nacional dos Trabalhadores na Agricultura (Contag) indicaram nomes para o segundo escalão do governo, caso do Instituto Nacional de Colonização e Reforma Agrária (Incra). Ampliou-se o crédito para agricultura familiar e assentamentos e instituiu-se o programa Luz para Todos, de eletrificação rural, que beneficiou 6,1 milhões de residências no campo, a base social dos movimentos agrários.[55] Com espaço no governo, MST e movimentos similares reduziram a pressão, preferindo o uso ritualizado das "Jornadas de Luta", que ajudavam o presidente a negociar com o Congresso.[56]

É que o outro lado também pressionava. Nessa batata quente da propriedade da terra rural, o governo viveu entre dois fogos, ambos necessários para sua sustentação nas instituições e na sociedade. Havia o compromisso programático com o MST, por um lado, e o pragmático, com a base ruralista no Congresso que escorava o governo, por outro.[57] A simpatia do presidente pelo MST, pela Contag e por assemelhados era patente na acolhida a seus líderes e na emoção ao falar aos liderados. Lula jamais criminalizou as invasões de terra, e apoiou eventos como a 2ª Conferência Internacional para a Reforma Agrária e o Desenvolvimento Rural, em Porto Alegre, em 2006.[58]

Mas o presidente sofria a reação da outra banda de apoiadores, os do agronegócio, que era parte do governo. O Ministério da Agricultura estimulava a agroindústria de exportação, em vez da agricultura familiar do MST. Solidária, a bancada ruralista embarreirava iniciativas dos movimentos agrários. Formou-se, para tanto, a Frente Parlamentar da Agropecuária (FPA), ressurreição expandida e modernizada da União Democrática Ruralista (UDR)

— aliás surgida em 1985, um ano depois do MST — que se imiscuiu em comissões parlamentares e órgãos governamentais relacionados ao mundo rural.[59] O empate entre opostos organizados em torno da terra municiou a briga nos confins. Os assassinatos de ativistas no campo galgaram de trinta, no segundo mandato de FHC, para 47, no primeiro de Lula, e as tentativas malsucedidas passaram de 56 para 73. As ameaças duplicaram.[60] Por isso, o MST seguiu na rua. Em maio de 2005, levou 12 mil em marcha até Brasília, à qual mais 8 mil se incorporaram na chegada à cidade.[61] Apertava, mas sem abandonar, e apoiaria Lula na reeleição em 2006.

O conflito andou também por outras terras, a florestada e a citadina. Os movimentos por moradia urbana orbitaram o governo no início. Em 2003, Olívio Dutra assumiu o Ministério das Cidades, carregando sua experiência com o orçamento participativo em Porto Alegre. Criou o Fórum Nacional da Reforma Urbana, agregando movimentos, e alocou no segundo escalão ativistas incumbidos de desenhar a agenda. Foi um dos acordos governo-movimento tragados pelo Mensalão. Dutra foi trocado por um membro do Partido Progressista (PP), que, por sua vez, trocou quadros e métodos.[62]

Na frente de batalha ambiental, a linhagem conservacionista do movimento ambientalista, que definia o ambiente como floresta, puxara a agenda nos governos José Sarney e Fernando Henrique. Lula levou Marina Silva, herdeira de Chico Mendes, quadro e herói do PT, para o Ministério do Meio Ambiente (MMA). Assim, a política guinou para o socioambientalismo, cuja retórica dos "povos da floresta" ajuntava questão ambiental e questão social, adicionando à mata seus habitantes: os povos indígenas e as comunidades tradicionais.[63]

Marina lotou o ministério com ativistas dessa facção do movimento ambientalista, sobretudo do Instituto Socioambiental

(ISA). A coalizão governo-movimento funcionou até que bem até 2008. Primeiro com efetividade e foco na Amazônia, onde surgiram o Instituto Chico Mendes e o Plano de Ação para Prevenção e Controle do Desmatamento na Amazônia Legal. A gestão Marina criou 270 unidades de conservação, 695 363 quilômetros quadrados de novas áreas protegidas e uma lei de gestão de florestas.[64] Tudo em acordo com o presidente, regozijo dos ambientalistas e palmas no estrangeiro. Mas depois do Mensalão, o compromisso ambiental de Lula bambeou. Sua solidez sempre fora relativa, dado seu pendor desenvolvimentista. Este lado do governo se encarnou em Dilma Rousseff, que, primeiro nas Minas e Energia e depois na Casa Civil, obstinou-se em desenvolver, com ou sem proteção ambiental. Marina viveu às turras com a colega, enfrentou derrotas e sabotagens. Conflitos aconteceram em torno da hidrelétrica de Belo Monte e da transposição do rio São Francisco.[65] A gota d'água no pote marinista veio de Lula. Açodado por governadores da Amazônia, arrancou a gestão da área das mãos da ministra para depositá-la nas da Secretaria de Assuntos Estratégicos. Marina pediu o chapéu, com estardalhaço e repercussão.

Dissidência de múltiplos efeitos. Os ativistas ambientalistas alojados no ministério acompanharam a ruptura com o governo e com o PT. Marina, que seria candidata contra Dilma, em 2010, virou logo um polo de aglutinação de movimentos ambientalistas e de grandes empresários ambientalmente corretos insatisfeitos com Lula.

Assim, as estratégias governamentais quanto à propriedade e aos usos das terras — rural, urbana e florestada — suscitaram arestas. Devagar, mas consistentemente, muitos movimentos de esquerda atuando nesses assuntos foram se apartando do petismo.[66] Abriu-se conflito onde antes havia pura cumplicidade. Medidas governamentais fincaram uma zona de litígio em torno da posse da terra. O vaivém do governo não agradou nem a parte da sociedade organizada, que reclamava de excesso de intervenção na estrutura fundiária, nem os movimentos que queriam terra para assentamento e proteção ambiental.

4. CONFLITOS MORAIS

Moral privada

Muito se falou nos inícios da sociedade moderna que a ciência desbancaria a religião como autoridade moral e que a autonomia dos indivíduos suplantaria os cerceamentos familiares. Ledo engano. A orientação tradicional nunca sumiu, resistiu. Modernos e tradicionalistas seguiram disputando a moralidade privada, se deixada à livre escolha dos indivíduos ou subordinada a chefes familiares e religiosos. Peleja exacerbada na questão de vida e morte das sociedades — a reprodução biológica.

O tradicionalismo meio tácito da sociedade brasileira ganhou cor política toda vez que desafiado. Tanto FHC quanto Lula toparam o desafio e perderam. O II Programa Nacional de Direitos Humanos (PNDH), em 2002, tencionava ampliar o espectro do aborto legal, mas, sob pressão, FHC, que recuara em 1999, tornou a fazê-lo. No governo Lula, o movimento feminista reavivou suas esperanças ao abocanhar a Secretaria Especial de Políticas para as Mulheres e emplacar uma liderança da Rede Nacional Feminista de Saúde como formuladora de políticas no tema dentro do Ministério da Saúde.

Lula bem que tentou, três vezes. No início do primeiro mandato, a ideia era avançar com normas técnicas do Ministério da Saúde que permitissem o aborto no Sistema Único de Saúde (SUS), em caso de estupro, sem boletim de ocorrência. Medida contestada via STF. Em 2004, o movimento feminista endossou o governo com as Jornadas Brasileiras pelo Aborto Legal e Seguro. Da aliança feministas-Executivo saíram o Plano Nacional de Política para Mulheres e, em 2005, uma comissão tripartite, que incluía também o Legislativo, com vistas a projeto de lei de legalização do aborto.[67] Em 2006, o presidente sancionou a Lei Maria da Penha, de penalização da violência de gênero.

Mas havia dissonância. E até dentro de casa: um deputado do PT criou a Frente Parlamentar em Defesa da Vida — Contra o Aborto. Embora o desarmônico tenha acabado suspenso do partido, a Frente se consolidou. O ano eleitoral de 2006 deu a oportunidade para a Plenária Nacional dos Movimentos Pró-Vida e a Campanha Nacional em Defesa da Vida, que pressionavam candidatos a se posicionar.[68] Montava-se a resistência moral.

Ao inaugurar o segundo mandato, Lula retomou a agenda.[69] Em sua defesa, apareceu a Frente Nacional contra a Criminalização de Mulheres e pela Legalização do Aborto. No ataque, três coalizões de congressistas, a Frente Contra a Legalização do Aborto — Pelo Direito à Vida; a Frente da Família e Apoio à Vida, e a Frente Parlamentar Mista em Defesa da Vida — Contra o Aborto.[70] A 1ª Marcha Nacional da Cidadania pela Vida, em Brasília, reuniu movimentos e organizações religiosas — católicas, espíritas e evangélicas — antiaborto[71] e arregimentou 20 mil pessoas. Tudo isso em 2007.

No ano seguinte, o mesmo ecumenismo religioso saiu vestido de nacionalismo: "Abertura da Marcha por quatro alas com camisetas nas cores da bandeira do Brasil". Cada qual ressaltava um argumento contrário ao aborto: "Sou Ser Humano desde a Concepção"; "A Maternidade Exige Respeito e Dignidade"; "Família, Lugar de Acolhimento da Vida" e "O Maior Destruidor da Paz é o Aborto". Marchas "em defesa da vida e da família" passaram a se repetir anualmente, contra a ascendência das feministas na formulação da agenda de governo e visando "impedir que o aborto seja descriminalizado em nosso país".[72]

Atiçado pelo apoio indireto do STF, que, em 2008, ratificou o direito de aborto para gestantes de fetos anencefálicos, o governo tentou, pela terceira vez, quebrar a resistência. Em dezembro de 2009, incluiu o aborto legal no III Programa Nacional de Direitos Humanos. Outra vez se sublevou o movimento contrário. A Marcha Nacional da Cidadania pela Vida seguiu na rua, com edições em 2009 e 2010.[73] Lula, uma vez mais, recuou. Embora com acordo apalavrado com os movimentos feminista e de saúde pública, era ano eleitoral, e o presidente tirou de vez o time de campo. Frustrou o movimento feminista sem contentar o pró-vida.

Conflito semelhante rondava a sexualidade. Em 2004, o governo criou a Secretaria de Educação Continuada, Alfabetização, Diversidade e Inclusão (Secadi), que propôs políticas de promoção da igualdade de gênero e contra a homofobia, formalizadas, dois anos depois, em projeto de lei. Andou lentamente. Mais rápida foi a resposta evangélica, encabeçada por Silas Malafaia, chamando a proposta de "Lei da Mordaça", contrária à liberdade religiosa. Quase ao mesmo tempo, a legalização do casamento entre pessoas do mesmo sexo era demandada na primeira conferência brasileira GLBT, como a sigla se escrevia em 2007.[74]

Redes de ativismo religioso se mobilizavam também contra outros gestos governamentais na linha da liberalização dos costumes, caso da educação sexual nas escolas. O lado oposto tampouco era lulista de carteirinha. Se o cultivo da origem popular facilitava o trânsito entre movimentos redistributivos, o perfil de homem do povo grudava em Lula o machismo característico do mundo operário e cristão, incomodando movimentos por direitos sexuais.

Ativistas mais velhos relevavam os comentários identitariamente incorretos de Lula porque tinha vivido com ele o frio das prisões e o calor das ruas durante a redemocratização. Mas para os mais jovens não tinha nada disso. A nova geração de ativistas em torno de gênero vinha, em larga medida, da classe média alta cosmopolita, que consumia, desde o ensino médio, o identitarismo em textos, performances, manifestos, filmes e livros, nos quais toda a sexualidade estava em debate, as fronteiras de gênero se erodiam e as possibilidades de expressão sexual se ampliavam. Identidade ganhou para esta geração a centralidade que a redistribuição tivera para a anterior. Daí juventude aderiu à facção mais ofensiva do movimento feminista e ao movimento LGBT. Esses movimentos andaram juntos na denúncia da dominação masculina em todos os campos, inclusive o linguístico e, naturalmente, o político. Lula, um político heterossexual pouco sensível às sutilezas da nova etiqueta, deixou de ser guia automático. Este campo floresceu ao largo de seu governo, em crescente incompreensão mútua. Nele proliferaram coletivos de orientação autonomista, acusando a insuficiência do redistributivismo e clamando por políticas identitárias. É dessa estirpe a Marcha Mundial das Mulheres, aparecida em 2000.[75] O governo os tratou como irrelevantes. Eram, de fato, microgrupos, mas fornidos de patrimônio de relações interpessoais e recursos intelectuais. Tornavam-se profusos em colégios de elite de corte humanista, nos campi universitários, sobretudo em cursos de ciências humanas — muito à maneira dos Estados Unidos nos anos 1990 —, e em circuitos de cultura underground das grandes metrópoles.

No polo oposto, cresceu o ativismo em defesa da família em seu formato tradicional. Aí se incluíam a "defesa da vida" — o antiaborto — e das crianças, ameaçadas por sexualização precoce e pedofilia. Para movimentos autonomistas, a sexualidade era espaço de liberdade e experimentação; para os conservadores, era um risco. E, para alguns, uma experiência concreta: "Tive uma filha violentada com três aninhos e foi por isso que eu realmente decidi rastrear pedófilos na rede social, com outros amigos, poli-

40

ciais, pessoas conhecidas". Este choque moral levou, em 2000, Marcello Reis a ajuntar suas relações no meio militar, investigadores, psicólogos e seus conhecimentos de informática para um movimento de caça a pedófilos. Por meio de perfis falsos entravam em comunidades do Orkut e identificavam um alvo. Em seguida, os policiais do grupo saíam no encalço do acusado de pedofilia. Bem-sucedidos, mas logo obsoletos, por conta da evolução tecnológica: "O que a gente fazia em uma semana o software faz em uma hora". Daí a mudança de foco: "Esse é o núcleo, essa é a raiz do Revoltados Online (ROL)". A revolta se diversificou, contra outras formas de violência, dirigida "a maus-tratos contra animais; violência contra a mulher; degradação do meio ambiente; combate à corrupção; e combate às drogas [...] daí o Revoltados Online cresceu rápido [...] em menos de um mês a gente já estava com 5 mil, 10 mil seguidores [...]".[76]

Noutro tema, insuspeitos se encontraram. Os psicotrópicos estavam na agenda por conta da Lei de Drogas de 2006,[77] que retirou a previsão de prisão para usuários e aumentou a pena para traficantes. Autonomistas, que logo criariam a Marcha da Maconha, defendiam o direito ao consumo, nisto acompanhados por libertarianos a favor das liberdades individuais de qualquer tipo.[78] Ambos eram contrarrestados por defensores da família heterossexual, baseada na hierarquia entre gêneros, conforme a Bíblia, e protetora da inocência infantil contra a corrupção moral, pelo sexo ou pelas drogas. O que para um lado era autonomia no uso do corpo, para o outro era ameaça à instituição social basilar, a família.

A moralidade privada estava em disputa, com opostos mobilizados nas vésperas da eleição de 2010.[79]

41

Moral pública

A busca por pureza moral na política brasileira cresceu a partir do Mensalão, mas não era nova. A anticorrupção fora o fulcro do movimento pró-impeachment de Fernando Collor e reaparecera em momento crítico do governo Fernando Henrique, com o Programa de Estímulo à Reestruturação e ao Fortalecimento do Sistema Financeiro Nacional (Proer). Sob Lula, ganhou momentum depois de uma entrevista do deputado Roberto Jefferson,[80] em junho de 2005. Começou aí o longo pesadelo petista. Todo o primeiro escalão do governo foi implicado, a começar pelo articulador político José Dirceu, defenestrado da Casa Civil. O escândalo animou o retorno ou a criação de movimentos anticorrupção.

Em 17 de agosto foi esse o tema de manifestação de 12 mil brasilienses. Convocado por PSTU, Psol, Partido Democrático Trabalhista (PDT) e Conlutas, contou com grupos autodeclarados apartidários, mas alinhados a partidos à direita do governo, caso do Partido de Reedificação da Ordem Nacional (Prona). Estudantes com as caras pintadas do Fora Collor reapareceram. Teve violência simbólica, com a queima de bandeiras do PT e de um boneco de Lula, e física, o confronto entre grupos punks e a polícia. O protesto se repetiu em São Paulo.[81]

O vermelho socialista e o verde-amarelo se apartaram já no mês seguinte. Força Sindical, Partido da Social Democracia Brasileira (PSDB), Partido Verde (PV), Partido Popular Socialista (PPS) e PDT elegeram a data nacional por excelência, o Sete de Setembro, para um ato anticorrupção. Sem a esquerda, a presença murchou para 2 mil na avenida Paulista. Oradores aventaram a solução Collor: uma "frente nacional contra a corrupção" para "impichar" Lula. Manifestantes usaram narizes de palhaço, e um grupo de metalúrgicos, como o presidente, fantasiou-se de irmãos Metralha.[82]

Em novembro, mais ou menos os mesmos arregimentadores — PDT, Partido da Mobilização Nacional (PMN), Partido Social Cristão (PSC), PV mais a Juventude do Partido do Movimento Democrático Brasileiro (PMDB) (liderada pela filha do pré-candidato Anthony Garotinho) — repetiram o protesto na Zona Sul carioca, com máscaras e fantasias. Cartazes de "Fora, Lulla" com o L duplicado reverberavam o Fora Collor. Uma paródia do Lula-lá acabava em: "Lula lá/ Eu te dei meu voto e agora eu quero seu impeachment já".[83]

Movimentos açulados, no começo de 2006, quando novas denúncias de corrupção no Judiciário e a CPI dos Bingos no Congresso apertaram o governo. Neste round, Lula perdeu ministro-chave, o da Fazenda, Antonio Palocci. O episódio animou o Movimento Endireita Brasil, o mesmo dos protestos antitaxação, a enfatizar um sentido positivo de "direita" como "moralização da vida pública" — sem esquecer a dimensão privada: antiaborto, antidrogas, e defesa da pena de morte.[84]

Em julho, empresários se uniram nos movimentos Reforma Brasil, Pensamento Nacional de Bases Empresariais (PNBE) e Quero Mais Brasil. O manifesto deste último pedia "ética e transparência nas relações privadas e públicas, eficiência na gestão pública e estímulo ao investimento para o crescimento".[85] O Reforma Brasil, nascido no Orkut, fizera uma Marcha pela Dignidade Nacional no ano anterior e já duplicara seus manifestantes — o que não foi grande coisa: de oitocentos passou para 1500. Eram poucos, mas influentes habitantes da torre de marfim, aglutinados, na internet, e apoiados pela Ordem dos Advogados do Brasil (OAB), com ações em vinte cidades, pelo "fim da corrupção, a moralização da política brasileira e a soberania popular".[86] O Reforma Brasil se modelou no Fora Collor ao adotar as camisetas pretas, como na reação a Collor, no uso estilizado da bandeira brasileira. Nos adesivos declaravam "eu tenho vergonha dos políticos brasileiros". Movimento dominado por homens brancos, na casa dos quarenta ou cinquenta anos, mas que concederam a uma senhora loura a leitura do manifesto no carro de som. Aí se declarava o apartidarismo do grupo, protestava-se contra o mau uso dos impostos e demandava-se "ética, moral e respeito". Como nas Diretas Já, a oposição chamou a si o Hino Nacional.

Protestos de encher kombi. O tema da corrupção por si foi insuficiente para levar a multidão à rua. O Mensalão avariou a popularidade do presidente junto à elite social,[87] mas os estratos baixos, a quem Lula não faltou com a palavra de garantir café, almoço e janta, tornaram a votar nele.

O resultado inconformou os esperançosos de que as urnas cansassem do petismo. Quem se cansou foi parte da elite social, que assim se nomeou: Movimento Cívico pelo Direito dos Brasileiros — Movimento Cansei. Nasceu em 2006, na porta da Federação das Indústrias do Estado de São Paulo (Fiesp), com empresários como o presidente da Philips na América Latina e João Doria, o líder. De novo a OAB e, como nas Diretas, artistas: Hebe Camargo, Ivete Sangalo e Agnaldo Rayol, que cantou o Hino Nacional. O publicitário Nizan Guanaes bolou a peça de propaganda para internet e tevê: "Mostre indignação". Nela, um senhor e um menino negros representavam a maioria brasileira; os demais rostos eram brancos. Cada figurante levantava um cartaz com o seu cansaço: impunidade, impostos, burocracia, tráfico, crime, crianças de rua, corrupção e o suplício recente dos ricos, o "caos aéreo" — tempero conjuntural vindo da ampliação de uso dos aeroportos.[88] O protesto ganhou matérias na grande imprensa e carregou 5 mil para a praça da Sé, escolhida por ter sediado os comícios pelas Diretas, em 1984.

Era um resto do calor eleitoral. Em 2007, Lula já reempossado, a nova Passeata da Grande Vaia — Fora Lula/ Movimento Fo-ra Lula! O Brasil Acordou!, convocada pelo Orkut, foi menorzi-nha. Da avenida Paulista à Assembleia Legislativa, os 196 mil da realidade virtual viraram 2 mil de carne e osso. O fiasco foi seme-lhante em dez capitais, nenhuma bateu na casa do milhar, e, em Brasília, apareceram meros oitenta. Esses atos miúdos, porém, iam fixando um roteiro para o protesto: trio elétrico, nariz de pa-lhaço, roupa preta, verde-amarelo na face e Hino Nacional.[89] A corrupção tampouco encheu a rua contra o presidente do Senado. O Fora Renan, em 2007, foi miúdo e sem efeito: Calhei-ros foi absolvido. No ano seguinte, a Operação Satiagraha, pren-dendo políticos, empresários, doleiros, diretores de banco e in-vestidores por caixa dois em campanhas eleitorais e tráfico de influência,[90] manteve o fôlego do ativismo anticorrupção. Mas sempre sem multidão. Esses pequenos protestos serviram, contu-do, para montar uma estrutura organizacional para o futuro. Aí estava a simbologia patriota, a ativação das redes de relaciona-mento entre membros da elite social, sobretudo a paulistana, com acesso franco à mídia, apoio de organizações estabelecidas, como OAB e Fiesp, e recursos financeiros.

Ao fim do segundo mandato de Lula, redes empresariais, se-minários, *think tanks* eram celeiros de movimentos anti-impostos e pela moralização da gestão pública.[91] Mas também o Movimen-to de Combate à Corrupção Eleitoral (MCCE), surgido em 2002, ajuntando Conferência Nacional dos Bispos do Brasil (CNBB), grupos de advogados e movimentos de esquerda, abraçou a mis-são de limpeza moral. Investiu em lobby na imprensa. A resposta do presidente ao aperto duplo, à direita e à esquerda, foi sancio-nar a Lei da Ficha Limpa, costurada pelo MCCE e aprovada no Congresso.[92] Assim foi que Lula, em seu último ano de governo, ratificou o arcabouço legal que o levaria, anos adiante, à prisão.

Os temas morais, tanto no mundo público (a corrupção), como no privado (os costumes), não sairiam mais de pauta. Mas a política nunca anda numa só direção. Lula tampouco. Permaneceu ambivalente. Sem negar direitos às minorias sexuais, retardou o passo. Acenou às igrejas neopentecostais, ao incluir a Marcha para Jesus no calendário oficial brasileiro, em 2009.[93] Ninguém ficou agradecido. No ano seguinte, em vez do vermelho petista, 5 milhões de manifestantes religiosos foram à Marcha envergando as cores nacionais na camisa. Era a simbologia da oposição.[94]

5. CONFLITOS EM TORNO DA VIOLÊNCIA LEGÍTIMA

Os temas a que o PT era menos afeito caminharam a passo de tartaruga. Assim foi no controle do crime. O governo Fernando Henrique iniciara campanha de entrega voluntária de armas ilegais. O Plano Nacional de Segurança Pública da campanha eleitoral de Lula se concretizou no Estatuto do Desarmamento, tornado lei ao fim de seu primeiro ano de governo.[95] Concentrava os meios de violência no Estado, retirando armas dos coldres particulares e restringindo posse e uso a militares, policiais e empresas de segurança — com uma válvula de escape: porte para desportistas, caçadores e quem mais a Polícia Federal autorizasse.

Em 2005, na toada participacionista, o governo levou a questão a plebiscito. Organizaram-se logo a Frente por um Brasil sem Armas e a Frente pelo Direito da Legítima Defesa, com braços dentro e fora do Parlamento. O governo capitaneou a campanha do "sim" (desarmar), amparado por Igreja católica, Frente Evangélica Desarma Brasil,[96] artistas, como Chico Buarque, e produtoras, como Conspiração, VideoFilmes e O2, que fizeram a propaganda na TV com apelos à paz e ataques à indústria armamentista.[97]

A campanha pelo "não" foi liderada por parlamentares (o embrião da "bancada da bala"), profissionais da segurança pública e simpatizantes do encarceramento massivo e da pena de morte. A liderança ficou com o ex-governador de São Paulo Luiz Antônio Fleury Filho, que ordenara o massacre do Carandiru, e o coronel reformado da Polícia Militar (PM) e deputado pelo Partido da Frente Liberal (PFL) Alberto Fraga (futuro bolsonarista). A tônica era o "salve-se você mesmo", o direito de o cidadão se armar para a autodefesa. Era a linguagem norte-americana da liberdade para a segurança. A campanha difundiu a disjuntiva "cidadão de bem" e bandido, ressoando o slogan malufista "direitos humanos para humanos direitos".[98] Por aí ia o Movimento Viva Brasil, formado em 2004, em prol da revogação do Estatuto do Desarmamento. Sua retórica tratava a autodefesa como um direito civil garantido pela Constituição. Ia na mesma direção o curitibano Instituto Defesa, misto de movimento social e clube de tiro.

Na Câmara dos Deputados, em 23 de setembro de 2005, depois de reclamar da irrelevância a que ficavam submetidos deputados como ele próprio, do baixo clero, Jair Bolsonaro, coordenador da Frente Pró-Armas no Rio de Janeiro, defendeu o voto contrário ao desarmamento. Elencou de seu lado os militares e, do lado oposto, o governo, partidos de esquerda, OAB, o movimento Tortura Nunca Mais e o MST: "Não podemos fazer a defesa do bandido, do crime organizado. O MST aderiu à campanha do desarmamento. Para quê? Para facilitar as invasões em fazendas produtivas".[99]

Na urna, a turma de Bolsonaro venceu a de Lula. E de lavada: 63,9% a 36%.[100] Derrota mais expressiva no Rio Grande do Sul e no Acre, e sobretudo na fronteira, em Roraima, onde a posse de armas teve apoio de 87% dos eleitores.

A vitória de um lado teve a ver com erros e desarranjos do outro, mas se enraizava na percepção pública de que o crime crescia ante à imobilidade do governo. Era cotidiano palpável no Rio, com sobreposição de tráfico de drogas e de armas, e ficou inegável em São Paulo, em 2006, na eclosão de uma série de rebeliões em presídios, incêndios de ônibus e suspeita de bomba em Congonhas — tudo orquestrado pelo Primeiro Comando da Capital (pcc). No 15 de maio, comércio, bancos, escolas e faculdades fecharam, e a população se trancou em autoconfinamento, estilo covid. O trânsito sumiu e a violência estourou: 150 atentados, 96 mortes, 55 feridos. O alvo era o Estado, por meio de pessoas, símbolos e edifícios da polícia.[101]

A segurança pública permaneceu o calcanhar de aquiles petista, cevado por duas frentes. Uma ia pela retórica libertária e explorava o direito individual de autodefesa, para além do combate à criminalidade: "O porte de arma não existe para nos defender de bandidos [...] o direito de portar armas e formar milícias [de cidadãos é] para que nós possamos combater o governo tirânico".[102] Queriam menos Estado. O outro lado era a linha dura contra o crime, clamando com seu Estado forte, um coro "no tempo dos militares era melhor".

Esses nostálgicos da ditadura se mobilizaram também quando o pt cutucou com vara curtíssima a memória do regime. E num momento de fragilidade, em 2005, quando bombava o Mensalão. Conta o então secretário nacional de Direitos Humanos, Paulo Vannuchi:

[...] o Lula vira pra mim e fala [...] "eu não estou satisfeito com a questão dos mortos e desaparecidos [...] eu não tenho o que apresentar para as famílias". [...] eu entendi "bom, então eu também venho com carta branca para mexer em um tema que estava bloqueado".[103]

O pedido era para remexer no vespeiro do qual os tucanos tinham fugido. fhc instituíra a Comissão Especial de Mortos e Desaparecidos e a Comissão da Anistia,[104] que apontavam a responsabilidade do Estado nos desaparecimentos e cogitavam indenizações. O governo Lula acenou no mesmo rumo, veio grito de todo lado: "O tema do direito à memória e à verdade, ele ocupou menos do que cinco por cento da nossa estrutura, do nosso orçamento, e ocupou 95% do impacto de mídia. [...] Porque era o tema não decifrado".[105]

Famílias de desaparecidos e presos torturados sobreviventes se postaram de um lado, os envolvidos em operações de tortura estatal e assassinatos políticos obviamente estacionaram no outro. A figura paradigmática para os dois lados era o coronel reformado Carlos Alberto Brilhante Ustra. Sua resposta, além dos gritos nas sessões públicas de que participou, veio em relato memorialístico. *A verdade sufocada: A história que a esquerda não quer que o Brasil conheça*, apesar do boicote de editoras e livrarias, saiu em 2006 e circulou muito nos meios militares, como síntese do ponto de vista da "Revolução", assim com maiúscula, contra o "terrorismo". As 567 páginas são dedicadas aos anos entre 1970 e 1974, quando o Departamento de Operações de Informação — Centro de Operações de Defesa Interna (DOI-Codi) esteve sob sua mão de ferro, e os "órgãos de segurança" teriam vencido as "organizações terroristas": "Na luta armada, lamentavelmente, tivemos cerca de quinhentas vítimas, de ambos os lados, um número bastante reduzido se o compararmos com os demais países da América Latina que também enfrentaram o terrorismo".[106]

Ustra investia no que nos Estados Unidos já se chamava "guerra cultural". Não lhe faltariam seguidores. Um deles, agradecido no prefácio do livro, atacou o "ato político" das vítimas ao processarem o coronel e acusou a mídia de parcialidade:

[...] chamam o militar diretamente de "torturador", negando-lhe o direito de ser considerado inocente até prova em contrário, recusam-se obstinadamente a publicar qualquer das alegações que ele apresenta em sua defesa no livro *A verdade sufocada*.[107]

Era Olavo de Carvalho que estimulava a criação de "organizações militantes de direita" e um "ativismo judicial" para a defesa dos, como Ustra, "perseguidos pelo petismo".

O governo apimentou a celeuma, em 2007, com a publicação do relatório da Secretaria Nacional de Direitos Humanos, "Direito à memória e à verdade", da Secretaria Nacional de Direitos Humanos, sobre repressão política durante a ditadura. No ano seguinte, a Comissão de Anistia se desdobrou nas Caravanas de Anistia, que informavam sobre os crimes do regime militar.[108] A questão ficou crítica em 2009, com o terceiro Programa Nacional de Direitos Humanos, que, além do que compunha seu nome, tratava de quase tudo: justiça, educação, cultura, desigualdade, relações Estado e sociedade, moralidade, laicidade, mídia, conflitos fundiários, e o que definia como "direito à memória e à verdade".[109]

Atiçou o braseiro. Uma medida prevista era simbólica: tirar nomes de homenageados da ditadura de vias e edifícios públicos. Outra ia ao âmago: previa, para o ano seguinte, uma Comissão Nacional da Verdade para apurar "violações de direitos humanos durante o regime militar".[110] Chiadeira enorme e imediata. Comandantes das Forças Armadas ameaçaram renúncia coletiva. O ministro da Defesa, que considerava investigar guerrilheiros, e o de Direitos Humanos, um ex-preso político, brigaram. Em fevereiro, uma carta com críticas de general de quatro estrelas à medida circulou na internet.[111] Na imprensa choveram críticas ao "revisionismo" do PNDH 3, por mencionar "crimes da ditadura", mas desconsiderar os do "terrorismo" e do "comunismo". Um membro do Millenium redigiu panfleto chamando "Protesto contra o PNDH 3" para acontecer no Leblon.[112] A *Veja* acusou "golpe de Estado branco", com vistas a um "Estado Novo lulista" ou a uma "ditadura dos companheiros". O "asqueroso proselitismo", de cepa "chavista", cancelaria a anistia para um lado só, já que "os terroristas de esquerda estão fora do alcance do decreto".[113] A presidente da Confederação Nacional da Agricultura e Pecuária do Brasil (CNA) atacou a "velha visão esquerdista e ideológica" embutida no plano.[114] Isso na *Folha de S.Paulo*, onde o jurista Ives Gandra Martins condenou o "viés ideológico ditatorial", "sob inspiração dos guerrilheiros pretéritos", e a cópia do modelo bolivariano e dos "referendos e plebiscitos venezuelanos".[115]

Documento de fim do segundo governo petista, o PNDH 3 sinalizava a linha do terceiro, em caso de vitória nas eleições de 2010. Unificava agendas e ressuscitava as empacadas: aborto, união civil entre pessoas do mesmo sexo, adoção por casais homoafetivos, proteção a LGBT e profissionais do sexo, proibição de crucifixos em estabelecimentos públicos. Alterava mecanismos de resolução de conflitos fundiários, dando peso a negociações extrajudiciais, mexia na educação e com os militares, comprava briga com a mídia, regulando os meios de comunicação. Enfim, declarava guerra a todo mundo ao mesmo tempo: grupos religiosos, proprietários de terra, militares, imprensa.[116]

Todos berraram ao mesmo tempo, e Lula recuou de novo, como recuara no primeiro mandato. Caíram o aborto e a proibição a símbolos religiosos em locais públicos. Soçobraram a regulação dos veículos de comunicação e a nova modalidade de tratamento dos conflitos fundiários. Na CNV, o corte foi grande. Em vez de apurar violações do regime militar aos direitos humanos, a nova redação tirou o sujeito da ação. Ficaram os "crimes", o que permitia apontar o dedo para os dois lados, agentes do Estado e guerrilhas.[117]

Para encharcar a fervura, em abril de 2010 o STF rejeitou ação da OAB questionando a anistia a agentes de Estado envolvidos em tortura, assassinatos e desaparecimentos durante o regime militar. A corte reiterou a anistia "ampla, geral e irrestrita". Em

51

janeiro o presidente havia apaziguado: "[...] não há por que ninguém ter medo de a gente apurar a verdade da história do Brasil [...]. Não se trata de caça às bruxas, trata-se apenas de você pegar 140 pessoas que ainda não encontraram os seus parentes que desapareceram".[118] Tudo insuficiente para baixar a temperatura. O PNDH 3, ao ajuntar as agendas melindrosas da redistribuição, da moralidade e da violência legítima, ajuntou também os inimigos.

6. DISSENSOS MORAIS

Nos anos 1990, fizeram sucesso nas ciências sociais as teses de Jürgen Habermas sobre consensos normativos. Dizia o filósofo que consensos substantivos são horizonte longínquo, mas regras para discuti-los poderiam ser consensuadas. Muitos leitores daí derivaram a existência de possível terreno comum no qual debater o funcionamento da vida coletiva e utopias da boa sociedade. O chão partilhado seria um princípio: a tolerância à divergência, a aceitação da legitimidade do adversário. Essa orientação intelectual inspirou ações políticas em muitos países, o Brasil incluído. No governo Lula, justificaram-se nessa linha as instâncias participativas.

O raciocínio tem pressuposto duplo. De um lado, consensos seriam mais legítimos que o princípio da maioria para orientar a vida coletiva, daí a preferência por criar mecanismos de participação direta, em vez de usar as vias do sistema representativo. De outro, conjeturava-se a possibilidade de acordo social acerca de um princípio basilar para a discussão de assuntos coletivos. Isto é, supunha-se a tolerância como um consenso moral.

Soa bonito em teoria, mas, quando se baixa à prática, a divergência nem sempre é negociável. A própria definição de quais procedimentos usar para tomar decisões é conflitiva. E nem todas as posições são aceitáveis por todos os participantes da mesma deliberação. É que nem todos são tolerantes; há os prontos a discutir e os que preferem a imposição.

O dissenso substantivo é mais agudo. Conflitos em torno de recursos, prestígio e poder são o eixo da vida coletiva, por isso, duríssimos de negociar. Sobretudo quando se trata de definir o básico, os modos de viver em sociedade. A compreensão sobre como reger a conduta, quais crenças, identidades e estilos de vida são aceitáveis aparta decisivamente. Grupos se afastam de posições que julgam intoleráveis e se insulam por similaridade em comunidades morais autônomas, com seus próprios princípios de bom, belo, certo. O consenso, no limite, vige dentro desses nichos, sem abranger toda a coletividade. Distintas comunidades morais convivem, competem e guerreiam dentro da mesma sociedade. Entre elas há dissenso moral, uma distância simbólica e valorativa e uma competição em torno de quais devem ser os princípios dominantes no ordenamento da vida coletiva.

Dissensos morais existem sem luta política direta, mas quando ações estatais afetam ou ameaçam crenças, estilos de vida e formas de ação consideradas inegociáveis por uma comunidade moral, seus membros tendem a se organizar politicamente para reagir. Abre-se uma zona de conflito. Conforme o tema, cada zona de conflito ganha uma circunferência de atores mobilizados, com apoiadores e contrários à mudança de direção que o Estado ensaia dar à sociedade.

As reformas implementadas ou apenas aventadas ao longo dos dois governos Lula abriram três dessas zonas de conflito, cada qual com seus temas, atores e lógicas.

A zona de conflito da *redistribuição* emergiu com as iniciativas governamentais que afetaram, ou ameaçaram afetar, o padrão de apropriação de bens coletivos, sobretudo território (urbano, rural e florestal), renda (políticas trabalhistas, de renda mínima e taxação) e acesso a oportunidades escassas (educação superior).

A efetividade de algumas políticas redistributivas desinflou movimentos socialistas, mas neossocialistas se organizaram contra as concessões do governo. De outro lado, foram tidas como instigadoras de decréscimo de status das elites sociais. Neste estrato social nasceram movimentos antirredistributivos de oportunidades e recursos, por menos taxação, contra o "assistencialismo" na regulação do uso e da posse de recursos naturais. Em torno da redistribuição, o governo sofreu, assim, pressões opostas.

Já a *moralidade* formou-se como zona de conflito bifurcada. Em torno da moral privada, movimentos se organizaram em reação a iniciativas estatais de regulação da reprodução biológica e das formas legítimas de usar o corpo (aborto, sexualidade, consumo de psicotrópicos) e orientar a vida coletiva (religiosas ou laicas). Um lado demandava mais intervenção estatal para garantir a liberdade individual; o outro queria tudo isso sob a tutela de família e religião. Na moral pública, a contenda era em torno das formas moralmente superiores de gerir o Estado e dos atributos morais de ocupantes de cargos públicos. O Mensalão reinseriu na agenda pública esse tema mortiço desde os anos Collor, e levou o PT, protagonista do impeachment de 1992, a perder o controle da retórica da ética na política. A corrupção adquiriu sentido ambíguo, significando tanto apropriação privada de recursos públicos quanto falha de caráter. Nessa zona de conflito, movimentos à esquerda e à direita chamaram para si a retórica moralizadora antes associada ao PT.

A terceira zona de conflito se configurou em torno da *violência legítima*, cujos meios, em princípio, se concentram no Estado. Aí também se abriram duas disputas. Uma surgiu em torno das tentativas governamentais de regular os usos lícitos da força pelos cidadãos. Conflito inflamado com o plebiscito sobre o desarmamento, quando se formaram frentes opostas de parlamentares, enraizadas em organizações civis, em disputas sobre segurança pública, legislação punitiva, porte de armas. A outra contenda foi em torno da legitimidade do uso da força pelo Estado. A proposta de Comissão da Verdade revitalizou tanto movimentos por direitos humanos como os de defesa do regime militar, que passaram a altercar em torno das funções legítimas das Forças Armadas, no passado e no presente.

As zonas de conflito se ativaram enquanto o PT perdia a hegemonia das ruas. Ao virar governo, o partido carregou consigo movimentos redistributivistas, mas negligenciou o recrutamento da nova geração de ativistas de rua. Deixou aberto um espaço que outras cepas à esquerda foram tomando, fossem os movimentos neossocialistas que viam no governo um redistributivismo tímido, fossem os movimentos autonomistas, que nunca se aproximaram, dados os titubeios governamentais nos costumes e nas identidades. Mas a rua foi sendo ocupada também por movimentos que se organizaram ou se reorganizaram em reação a agendas governamentais nas três zonas de conflito. A rua, que fora exclusiva da esquerda por décadas, passou a ser disputada pelo lado direito.

Os movimentos à direita e à esquerda do governo foram incapazes de arrastar multidões em qualquer tema. Nem o Mensalão suscitou megaprotestos.[119] O descontentamento ficou abafado pela onda econômica internacional positiva, pelas políticas sociais, por recuos e pela sustentação institucional de agronegócio, igrejas neopentecostais e empresariado sintonizado com o desenvolvimentismo. De modo que as ruas nunca vociferaram contra Lula na magnitude com que fariam contra sua sucessora.

Lula chegou ao Planalto nos braços do "povo" e assim saiu, com aprovação recorde de 87%.[120] Mas na "sociedade organizada" seu prestígio decresceu. Na esquerda, passou de unanimidade, em 2003, a líder de um reformismo acanhado: "no final do governo Lula, fica muito claro que há um afastamento do PT dos movimentos sociais".[121]

A direita, que nunca o engolira, se expressou sem meias palavras em movimentos e eventos. Somou-se um antipetismo difuso entre ilustrados na grande imprensa e em livros. O título de um deles resume a antipatia: *Lula é minha anta*.[122]

O reino antes lulista, a rua, foi sendo assoreado pelos dois lados, enquanto zonas de conflito em torno de dissensos morais fundos na sociedade brasileira subiam à superfície, puxadas por reformas efetivadas (que alteraram a balança de poder entre grupos sociais) e mesmo pelas malogradas (que ameaçaram fazê-lo). Quando encerrou o segundo mandato, Lula transmitiu à sua sucessora um caldeirão fervente. Logo transbordaria.

2. Os cidadãos contra o Estado

1. CAMPOS DE ATIVISMO

A ação de protestar, como tudo na vida em sociedade que parece espontâneo, segue roteiros. Por isso, toda novidade em política é relativa. Movimentos se anunciam "novos", mas, ao organizar protestos, reciclam a tradição de política de rua. Para orientar membros e seguidores sobre o que fazer na hora de protestar, pinçam fórmulas já consagradas do repertório de performances políticas disponível — o estoque coletivo de maneiras bem-sucedidas de protestar. Por isso, cada nova manifestação exibe um ar de família que evoca uma linhagem de antecessores.

Movimentos sociais adotam, deliberada ou inadvertidamente, um estilo de ativismo político dentre os que acham à mão.[1] Cada estilo é um feixe de referências, que orienta as escolhas dos manifestantes, desde como se paramentam até como identificam sua turma durante uma manifestação. O estilo comparece na estética, em roupas e cores preferenciais, na simbologia (cores, broches, adesivos, bandeiras), nas técnicas de organização, como recorrer a megafones e selecionar o local do protesto, e até nas ações que soam a improviso, como cantar, vaiar, marchar, depredar. Os estilos conferem o "jeitão" particular que demarca um campo de ativismo.[2] Da redemocratização ao início do governo Lula, dois estilos dominaram a maneira de protestar no Brasil. Um foi o socialista, com suas passeatas e greves, o uso farto do vermelho na indumentária e nas bandeiras, as técnicas de manifestação verticalizadas (com líderes, sempre masculinos, em carros de som), e a estrutura organizacional acoplada a sindicatos e partidos de esquerda. Virando governo, o pt obrigou ativistas que quisessem se dissociar a buscar estilos de ativismo alternativos.

Antes e durante os anos Lula, uma série de protestos rumorosos de escala internacional serviu de referência. A esquerda andava obsessiva atrás do "novo", depois da falência do socialismo real. Em vez de inventar, acabou na reciclagem. Espanou a poeira de dois estilos oitocentistas. Saíram do armário da história variantes do socialismo e do anarquismo, onde uma mofava e a outra ficara meio refugada por décadas.

O Fórum Social Mundial de 2001, em Porto Alegre, foi chave para pôr a nova geração de jovens pendentes à esquerda em contato com símiles estrangeiros e com os estilos neossocialista e neoanarquista que se configuravam pelo Ocidente. O Fórum foi tido e havido como divisor de águas pelos participantes, um revigoramento. Lá se discutiu um pouco de tudo o que se experimentava pelo mundo em técnicas, símbolos e táticas. Lá borbulharam utopias alternativas à tomada do Estado.[3]

As edições gaúchas seguintes, em 2002, 2003 e 2005, e a de Belém, em 2009, seguiram o serviço de difusão de estilos de protesto à esquerda entre a nova geração de ativistas. Os fóruns atraíam magotes de jovens chegando à faculdade. Tanto o governo Lula quanto o pt acolheram essa agitação com regozijo. Aplaudiram, compareceram, incentivaram. Viram aí um chão onde calçar sua

58

política participacionista. Mas a nova geração de ativistas brasileiros em formação queria distância do governo. Parte se entusiasmou com modalidades de neossocialismo e neoanarquismo em circulação. A espanada no mofo socialista veio do México. Em 1994, Chiapas despontou como farol mundial da esquerda. O zapatismo recuperou a mitologia agrária do campesinato, ao valorizar o modo de vida comunitário de grupos vinculados à terra. Aos pequenos agricultores, enaltecidos nos anos 1960, adicionou os povos indígenas. Amálgama possível por conta da agenda comum, em vez da utopia urbana, do operário fabril, a utopia agrária da comunidade autossuficiente e dona da própria terra. Ao contrário do socialismo tradicional, o zapatismo apresentava uma organização descentralizada e flexível e propagandeava o horizontalismo intracomunitário como meio de decisão política. Assim deslegitimava mecanismos de representação. Outro toque noviço foi a adição de tecnologia de última geração. Via internet, Chiapas fez transmissões para o mundo. Pulou o governo nacional e se dirigiu ao globo. Lenço no rosto, "Marcos" negou sua identidade de educado de alta renda sob um pseudônimo, negando assim o personalismo da liderança. Falaria por todos os oprimidos ao se apresentar como ninguém.

Permaneceu a mais tradicional das performances políticas, a marcha — "*el camino se hace caminando*" —, e parte da estética convencional revolucionária, com a barba, a boina e os símbolos socialistas. Agregaram-se outros, com remissões ao feminismo, como a iconização da mexicana Frida Kahlo. O zapatismo reavivou também formas de violência política: a prática, via bloqueios e ocupações, e a simbólica, com a glamourização da tradição latino-americana de guerrilhas. Marcos era, afinal, o "subcomandante do exército" zapatista, cuja origem era um levante camponês, o de Emiliano Zapata.[4]

Esse estilo de ativismo marinou na primeira década do milênio em encontros epifânicos, a Ação Global dos Povos.[5] Neles, parte dos jovens de coração à esquerda se fascinou e se converteu. Além de histórias repassadas em panfletos, vídeos e por boca a boca, o zapatismo foi vivido in loco por estudantes brasileiros:

> Em 2001 eu passei oito meses no México, [...] participei das mobilizações e dessa chegada da marcha zapatista. Isso foi muito importante para definir a minha forma de militância. [...] procurei militar de um lugar, de algum outro tipo de linguagem que não fosse a linguagem puramente partidária [...].[6]

Outro anzol fisgou a parte da nova geração brasileira de ativistas avessa ao velho socialismo. Foi um neoanarquismo batizado de "autonomismo". Esse estilo ganhou o olho internacional num protesto contra a cúpula de governos do G7, em Seattle, em 1999.[7] Foi manifestação cosmopolita em participação, com ativistas do mundo inteiro, e na cobertura midiática gigantesca. As táticas violentas dos ativistas e as respostas militares reverberaram pelo planeta e estabeleceram um parâmetro de relação movimentos-forças de segurança que voltaria incontáveis vezes, em muitos países, nas décadas seguintes. Seattle foi também uma enorme vitrine para o estilo autonomista de protesto, acelerando a disseminação internacional de suas estética, utopia e técnica organizacional.

A estética era anticonvencional, meio contracultura, meio punk, com predomínio do preto em roupas e broches e nas tatuagens com símbolos anarquistas. A utopia era a da justiça global. Céticos tanto em relação à democracia representativa quanto ao verticalismo socialista, movimentos autonomistas se apresentaram em Seattle como mobilizações *from below*, guerreando processos decisórios globais exclusivos de Estados ou restritos a grandes corporações. Clamavam por "autonomia" dupla, em relação ao poder estatal e ao capitalista.

O princípio de auto-organização se valeu de farto uso de tecnologias digitais, descentralização e horizontalismo. A recusa absoluta por qualquer hierarquia política era a pedra angular. Na tradução de uma adepta brasileira: "A gente não tem líderes". A "horizontalidade" envolvia a "tomada de decisão por meio de consenso". O estilo se apresentava nas técnicas de como se portar na rua, com performances lúdicas e artísticas, como as pichações e o passa palavra. Tudo "diz respeito a algum princípio e valores do movimento". O uso, "por exemplo, do jogral, ao invés do carro de som, é um posicionamento político, não é só uma coisa organizativa, metodológica, da manifestação".[8]

Combinava-se arte e política, em performances lúdicas e em ações disruptivas, envolvendo violência, justificadas por teóricos em moda, caso de Slavoj Žižek.[9] Violência tanto simbólica, com escrachos, eventos de ridicularização ao vivo de um indivíduo ou de um grupo de pessoas, quanto física, recuperada do anarquismo, que na Alemanha dos anos 1980 ganhara o nome de *black bloc*. Nos termos de outra ativista: "*Black bloc* é uma tática — existe em vários lugares do mundo. [...] O bloco negro é uma proteção contra a violência policial que permite muitas vezes bloquear a ação da polícia enquanto a manifestação consegue recuar".[10]

Proteção e ataque. Os alvos físicos são emblemas e edifícios capitalistas e estatais. Em vez de negociação, enfrentamento; à violência das estruturas políticas e econômicas seria premente e legítimo responder com a mesma moeda violenta. A Organização Anarquista Terra e Liberdade (OATL), criada no Rio em 2011, declarou em seu site a necessidade de "uma máquina de guerra capaz de fortalecer e fomentar as lutas contra o capitalismo, o Estado e toda forma de opressão".

Arredia à órbita da "velha esquerda", parte da nova geração de jovens desse lado do espectro político foi criando organizações a partir dos estilos neossocialista e autonomista, puros ou mesclados. Assim surgiram movimentos e coletivos nos anos Lula, minúsculos, mas numerosos, sobretudo nas metrópoles com grandes universidades. Muitos na zona de conflito da moralidade privada, caso de movimentos por direitos sexuais, como em torno da redistribuição, como os movimentos contra a remoção de populações de seus territórios, caso dos Copacs [Comitê Popular dos Atingidos pela Copa]: "A partir de 2010, as pessoas que tinham ido nesse Fórum Social [Mundial de 2009], elas começam a organizar, em todas as capitais brasileiras, os Copacs."[11]

Para quem se inquietasse com o governo, mas quisesse protestar à direita dele, a inspiração precisava ser outra. Desde a redemocratização, outro estilo de sucesso em manifestações era o uso da tradição política nacional. Não andava na moda, mas dominara os dois ciclos de protestos da passagem da ditadura à democracia. A campanha das Diretas Já chamara a si o verde e o amarelo contra o regime militar, modo de se apresentar como a genuína voz da nação. Brigou pelos símbolos nacionais e pôs o Hino na rua, na boca dos democratas, na voz de Fafá de Belém. A memória daquela campanha se revigorou em outra, na década seguinte: o Fora Collor. Como nas Diretas, o alvo era único, a redemocratização trocada pelo impeachment presidencial, e na rua estava uma coalizão de movimentos. Daí a relevância de simbologia unificadora dos diferentes. As cores da bandeira fizeram o serviço tanto nas camisetas de 1984 quanto nas caras pintadas de 1992. Esse estilo patriota de ativismo se fincou na memória brasileira, usado, nos dois casos, contra governos de direita. Durante os anos Lula, quem administrava era a esquerda, daí que quem se interessou pelo nacionalismo foram os movimentos que surgiam pelo outro lado.

Havia a tradição nacional como exemplos estrangeiros recentes de uso da tradição patriota à direita. O mais vistoso apareceu no vizinho presidido por Barack Obama. Em 2009, o Tea Party capturou atenção global com mobilização enorme e chamou a si o nome da pretérita rebelião colonial contra a taxação do chá, que desencadeara a Guerra de Independência. Uma marca imagética fácil de entender e emular. A estética era tradicionalista, combinando símbolos e referências a acontecimentos e heróis da história norte-americana somados a outros religiosos, como as rezas. As cores nacionais ficaram epidêmicas em roupas, adereços e bandeiras. A técnica era batida e conhecida: as aglomerações. O tradicionalismo de fundo combinou com a modernidade de técnicas de organização, as células descentralizadas, a pulverização de lideranças associativas e a presença perene das tecnologias digitais.[12]

Enquanto as Diretas Já e o Fora Collor usaram o nacionalismo à esquerda, o Tea Party deu o exemplo à direita. Sua agenda de face era o "libertarianismo", as liberdades individuais de consciência (religiosa), propriedade (inclusive armas), econômica (livre mercado) e autogestão da vida privada (Estado mínimo), em reação aos "excessos" do governo democrata em tributação, políticas sociais e ações afirmativas. Orientação acompanhada por uma reiteração da moral tradicional nos costumes, celebrativa do padrão heterossexual de família e da nação branca e cristã,[13] em reação à agenda de ampliação de direitos de minorias do governo democrata encabeçado por um negro.

Tanto o estilo patriota quanto a agenda acoplada, meio liberal, meio conservadora, atraíram brasileiros impacientes com o petismo, que, por frequência ou moradia nos Estados Unidos, conheceram a experiência de perto, caso de um ativista que adiante fundaria o Vem pra Rua e que lá residia: "As manifestações do Tea Party me chamaram mais a atenção porque começam a tocar em políticas públicas [...] [e na] relação entre carga tributária e serviço para a população".[14]

O estilo patriota, singelo e autocomunicante (pelo porte de cores nacionais) era fácil de entender mesmo para neófitos em ativismo político. Nunca saíra totalmente da rua no Brasil — vide as passeatas anuais da Sociedade Brasileira de Defesa da Tradição, Família e Propriedade (TFP) —, mas se revigorou com o exemplo do Tea Party. Durante os últimos anos de Lula, serviu de modelo para mobilizações que se organizavam à direita dos petistas, caso do Dia da Liberdade de Impostos.

Enquanto Lula governava, a nova geração de ativistas se educou nesses estilos de ativismo — patriota, neossocialista, autonomista — que estavam em uso global e contínuo. Quando a faixa transitava para Dilma, um ciclo de protestos ao longo de 2010 e 2011 pôs os três estilos em evidência internacional. Ora separados, ora misturados, compareceram nos Estados Unidos, com o Occupy Wall Street (2011), e em parte da Europa, no 15-M espanhol (2011), na Primavera Árabe da Tunísia (2010), Síria (2011) e Egito (2011).[15] Manifestações noticiadas pela imprensa, discutidas em fóruns de redes transnacionais de ativismo e mesmo assistidos por ativistas em processo de organização, como a futura líder do NasRuas: "Eu presenciei algumas manifestações na Espanha [...]; 200 mil pessoas na praça Mayor. E aquilo ali já me chamou um pouco a atenção, porque eu nunca tinha visto".[16] Para o líder do Esquerda Socialista "a da praça Tahrir, no Egito, as mobilizações dos indignados, na Espanha, por exemplo, foram mobilizações inspiradoras".[17] Do que se viu aí e no Occupy, opinião de uma das lideranças da Anel, várias coisas vieram para o Brasil".[18]

Os ativistas brasileiros que organizavam movimentos e coletivos conheciam esse ciclo de protestos de cor e salteado. Mas dele tiravam lições diferentes. Movimentos neossocialistas e autonomistas celebraram uma nova "primavera dos povos", enquanto movimentos à direita do governo petista redescobriam o nacionalismo.

Os grupos eram muitos e variados, mas os estilos de ativismo os agrupavam em campos de ativismo, famílias políticas com muitos movimentos imantados pelo parentesco, porém sem identificação completa. Aliados, não iguais.

À esquerda do governo petista postaram-se dois campos. O neossocialista agregava movimentos disputando agendas da zona de conflito da redistribuição, onde ficavam tanto os movimentos mais compreensivos com as agruras governamentais quanto os queixosos de que o PT abandonara suas promessas. Nas reivindicações, eram redistributivistas. Já o campo autonomista estava bem mais distante do governo. Embora apoiasse a agenda redistributiva, sua guerra central era na zona de conflito da moralidade. Eram muitos os coletivos em favor de liberdade sexual, autodefinição de gênero e compensações para mulheres, gays e lésbicas, negros, indígenas, enfim, as minorias com injustiças acumuladas. Esse foco marcava fronteira substantiva em relação ao campo socialista, que os autonomistas acusavam de práticas sexistas e de reproduzir hierarquias étnicas. Divergiam também no formato organizacional. Os neossocialistas e os velhos socialistas falavam de igualdade, mas acusavam os autonomistas, se restringiam à democracia participativa, de feição consultiva, sem anular a hierarquia base-liderança e a decisão pelo princípio de maioria. O campo autonomista se aferrava ao horizontalismo como marca distintiva, negando a liderança e considerando legítimas apenas deliberações por consenso. Terceira discórdia era técnica. Para o campo neossocialista, a violência política era legítima ante repressão policial e em processos de ocupação, caso de terra e moradia, e bloqueio de estradas, e cogitava até levantes, mas condenava a depredação meramente destruidora de bens capitalistas e estatais da tática *black bloc*.[19] Assim, embora convergissem em criticar o governo pelo flanco esquerdo, eram campos bem distintos da perspectiva de seus integrantes. Postavam-se lado a lado apenas quando agendas ou adversários coincidiam. Alianças estratégicas, instáveis, assoreadas por divergências de fundo e pela competição por adeptos e protagonismo público.

Já o terceiro campo de ativismo era um grande saco de gatos em lento processo de sedimentação à direita do governo. Englobava movimentos por menos tributos, menos Estado, pró-militares, por costumes tradicionais, anticorrupção. Não conformavam um bloco monolítico, uma "nova direita". Em cada uma das zonas de conflito, divergiam entre si, por exemplo sobre demandar mais e menos intervenção estatal. Daí a relevância do estilo patriota em ajuntá-los. A bandeira nacional recobriu esse espectro de ecléticos em moralidade e violência legítima. Na zona de conflito da redistribuição ficavam mais perto uns dos outros — todos antipáticos às políticas de esquerda — sem, no entanto, visar fins idênticos.

A separação entre os campos de ativismo era relativa e contingente, conforme a zona de conflito. A própria fronteira esquerda-direita turvava na moralidade. Movimentos libertarianos e coletivos autonomistas eram primos na moral privada, pela liberdade individual de definir o uso do próprio corpo. Na moral pública, a linha divisória era outra. Havia movimentos no campo neossocialista com tanta sanha purificadora anticorrupção quanto no campo patriota, tanto assim que se aglutinaram nos protestos do Dia do Basta de 2011. A fronteira entre os campos também embaçava na violência política, com coletivos autonomistas e alguns movimentos patriotas confluentes em reconhecê-la como legítima, enquanto os movimentos neossocialistas defendiam o uso seletivo. Para complicar, havia movimentos nos três campos que recusavam a violência in limine.

O emaranhado ilumina a relevância dos estilos de ativismo

como faróis para a localização no espectro político, um meio para cada movimento encontrar seu lugar na rua, perto dos seus parentes políticos, longe dos estranhos e do governo. São os traços dominantes que desenham as linhas finas entre três campos de ativismo, dois à esquerda e um à direita do governo, preenchidos cada qual por muitos movimentos com seus próprios matizes.

A geometria política da rua que Dilma herdou de Lula era este círculo de complicações. No centro estava o governo, isto é, o PT. Centro como a referência para o posicionamento de movimentos que se mexiam conforme decisões, indecisões e recuos governamentais em cada uma das zonas de confronto abertas na administração Lula. Centro, também, como miolo do alvo.

2. REDES CÍVICAS

Nos governos Lula, zonas de conflito e movimentos sociais de campos de ativismo diferentes já existiam, mas a soma de atores organizados e insatisfações com as políticas petistas foi insuficiente para gerar mobilizações taludas.

A timidez da rua tem a ver, de uma parte, com as estratégias governamentais. O executivo desistiu de agendas muito espinhosas e fez acordos. Outra parte diz respeito à vertebração incipiente da oposição de rua. Quem levava mais gente a protestos antes de 2003 eram movimentos do velho campo socialista, que desincharam a rua ao se alistarem no governo. Enquanto isso, movimentos dos campos neossocialista, autonomista e patriota faziam o trabalho de formiguinha do recrutamento. Nos anos Lula, eram anêmicos, carentes da solidez organizacional e do enraizamento na sociedade que enchem protestos.

É que movimentos sozinhos não fazem primaveras árabes. Ativistas regulares, daqueles que vão a toda assembleia, a todo protesto, se contam nos milhares, nas centenas, e, muitas vezes, nos dedos. A maioria dos movimentos não tem um exército de manifestantes de reserva. Os profissionais da política de rua camelam para persuadir os amadores de que vale a pena gastar tempo, energia e recursos indo a protesto, em vez de esperar a hora de ir às urnas.

A tarefa de persuasão é lenta e, como os movimentos revolucionários testemunham, quase sempre ineficaz. Os três campos de ativismo faziam proselitismo, organizavam, arregimentavam, mas seus chamados só frutificariam a ponto de atrair milhares de aderentes quando o terreno social estivesse fértil. Suas convocações apenas ecoariam quando cidadãos comuns estivessem confiantes na própria relevância cívica.

Confiança longe de natural. Que o envolvimento direto seja mais eficaz e legítimo do que via partidos e governos para solucionar problemas coletivos é uma crença. E, sendo crença, tanto se cria como se dissemina. Essa fé foi se sedimentando lentamente a partir de meados dos anos 1990 e escorrendo de cima para baixo na escada social, sendo "cima" elites intelectuais e instituições sob sua influência.

Teóricos das humanidades gastaram então muita tinta e muita página arrolando as vantagens de cidadãos deliberarem diretamente sobre assuntos coletivos, em vez de por meio de representantes, e de gerirem eles próprios tarefas antes típicas de parlamentos e governos.[20] Teorias que embutiam uma utopia, a da sociedade autogovernada, isto é, o princípio da gestão social pelos próprios cidadãos como a forma mais legítima e eficaz de política.

A utopia se espalhou, com variações e em graus, aos quatro ventos. A própria nomeação "sociedade civil" se difundiu a partir dos anos 1990.[21] Agências internacionais de *policy* e financiamento, como o Banco Interamericano de Desenvolvimento (BID) e o

Banco Mundial, passaram a supor indispensável, em protocolos de aprovação de projetos, a "participação da sociedade civil". É exemplar um documento destinado ao Brasil, de 2000, no qual "O Banco Mundial reconhece que o seu é um papel de catalisador na promoção da participação da sociedade civil".[22] Reconhecimento financiado larga e generosamente no país a partir de 1997. O estímulo alavancou a organização de grupos na sociedade para gerir tarefas e recursos, antes prerrogativas incontestes do Estado. Daí a "onguização" em larga escala, tão visível quanto estudada.[23] A imprensa também se enfeitiçou com o canto mavioso, exibindo as vantagens dos processos participativos para decidir ou avaliar políticas públicas. Ideia encampada por um pé do mercado, sempre desconfiado da mão do Estado.

Como política de governo, o princípio de mobilização da sociedade para decisão e gestão entrou nos anos FHC. Medidas de descentralização, desestatização, terceirização e "parceria" transmitiram muitas operações antes típicas do Estado para a "sociedade organizada". Embora críticos do afastamento estatal de várias frentes econômicas, caso da privatização, os petistas concordavam com a entrada da sociedade na gestão política. Nos anos Lula, o participacionismo vingou como retórica, em discursos, documentos e cartilhas, e como prática, na criação de fóruns, conselhos e assemelhados. Das prefeituras petistas vinham experiências em pequena escala de orçamento participativo, conselhos, mutirões, plenárias, fóruns, assembleias, audiências públicas, consultas, todos modos de auscultar movimentos organizados e grupos sociais afetados por políticas públicas. A chegada à presidência elevou a "democracia participativa" de local a nacional.

Ao longo dos mandatos lulistas, funcionaram 25 conselhos.[24] Havia também seminários, como os que o ministro da Cultura Gilberto Gil implementou para subsidiar o Plano Nacional de

Cultura e no qual 54 mil compareceram, em 1192 cidades. Até o fim do segundo mandato, ocorreriam 515 audiências públicas e 74 conferências nacionais sobre quarenta temas — como cidades, educação, juventude, cultura, meio ambiente, igualdade racial, mulheres, direitos sexuais —, mobilizando cerca de 5 milhões de pessoas e aprovando mais de 15 mil propostas e 2 mil moções.[25] Perto de 70% desse contingente vinha de associações organizadas, em maioria movimentos (34%) e sindicatos (15%) do campo socialista. Participação sobretudo masculina: 68,5%.[26]

O mesmo espírito orientou a formulação do Plano Plurianual da União, norte do primeiro mandato de Lula. Apenas no ano inaugural, houve consultas em todos os estados, com envolvimento de mais de 2 mil organizações civis, sem contar "mesas de negociação" e ouvidorias.[27] Esses canais tornaram o processo acessível mesmo a movimentos pequenos e locais. No segundo mandato Lula, a discussão do terceiro Plano Nacional de Direitos Humanos, o PNDH 3, foi toda participativa. Conferências estaduais e distritais elegeram 1200 delegados e indicaram oitocentos observadores para a preparatória 11ª Conferência Nacional de Direitos Humanos, em 2008. Daí saíram as bases para as 25 diretrizes, os 82 objetivos estratégicos e as 521 ações programáticas do documento.[28] Os membros do partido exultavam:

> No governo Lula as conferências foram incríveis, você tinha uma mobilização da base para o topo frenética [...] mais de dez conferências por ano, lembrando que as conferências nacionais começam pelos municípios, não é uma coisa simples de organizar.[29]

Assim, a administração petista alimentou a tendência de ir diminuindo o lugar simbólico do Estado, ao valorizar a sociedade organizada como caminho preferencial da mudança. Constituiu-se em um dos vetores que, no Brasil, transferiam, de mala e cuia, as esperanças de um mundo melhor do Estado para a "sociedade civil organizada". Não estavam sozinhos.

Grupos sociais de estratos altos em escolaridade ou renda adotaram a crença da auto-organização e a linguagem do "empoderamento" dos cidadãos, ávidos por planejar, decidir, implementar, gerir, enfim, transformar o país *from below*. Não de uma vez, mas topicamente — *small is beautiful*. O escopo administrável produzia resultados imediatos, visíveis, tangíveis.

A retórica da "sociedade organizada" como *o* agente de mudança positiva foi se difundindo por conexões concretas entre membros de mesmas comunidades morais, isto é, de círculos sociais baseados em laços concretos de relacionamento — parentesco, amizade, trabalho, vizinhança. Pessoas de estilo de vida semelhante, que compartilhavam experiências e apreciações estéticas, emocionais e morais sobre a vida coletiva. Em várias comunidades morais reverberou o mantra "arregaçar as mangas" para agir onde o Estado claudicava.

Em alguns casos, a retórica foi só isso mesmo, palavras ao vento. Mas noutros virou prática. Vínculos afetivos entre membros de comunidades morais se converteram em cívicos, voltados para a ação coletiva pública não estatal. As redes cívicas se configuraram como um engajamento político, sem vínculo necessário com movimentos sociais ou partidos, mas dedicadas a resolver problemas coletivos por meio da ação direta, em vez de deixar a gestão do cotidiano por conta do governo.

"Cooperativas", "empreendimentos", "coletivos" com esse espírito foram surgindo pelo país ao longo dos anos Lula. As nomenclaturas variavam, mas todas valorizavam a "troca" e a "parceria" entre os socialmente assemelhados. Foram chamando para si a execução do antes tido e havido por funções naturais do Estado, em questões econômicas, ambientais, educacionais ou culturais de pequena escala. Uma coordenação entre pessoas envolvidas em atividades paraestatais e mesmo antiestatais. Uma maneira de fazer política que nem soava como política e, por isso, podia se definir até mesmo como "antipolítica".

Redes solidárias

Algumas redes de civismo espocaram fomentadas pelo participacionismo governamental. Um tipo foi o cooperativismo, que, sem contradizer as políticas do governo, almejou a independência. Era dos que chegavam à juventude nos anos Lula ainda fascinados pela utopia socialista, mas não mais pelo governo da classe trabalhadora. O estatismo perdera o antigo charme. Supunham que o gigantismo e a morosidade davam ao Estado feição de paquiderme, mais empecilho que veículo da transformação. Jovens ainda crentes no socialismo, mas desacorçoados em relação ao Estado, se lançaram à resolução direta de problemas sociais, com iniciativas de autoconstrução de moradias, plantio conjunto de jardins ou hortas, ateliês de compartilhamento de técnicas centenárias de tecer, esculpir, costurar, trançar. De ourivesaria a cerâmica, de marcenaria a culinária, valorizava-se o trabalhador artesão, controlador de todo o processo produtivo. Ideal que seduziu profissionais liberais das artes não industriais e estudantes de faculdades públicas, de humanas, artes, arquitetura, que foram investindo em cooperativas auto-organizadas, autogeridas. Ações focais, concretas, de baixa escala, longe dos constrangimentos capitalistas e fora da sombra estatal, voltadas para a produção compartilhada e a troca intracomunitária.

Esse tipo de rede cívica forneceu contingente de simpatizantes e ativistas para movimentos do campo neossocialista, apartados do PT e do governo e orientados por ideias parecidas. O mais bem-sucedido nesse recrutamento foi o MTST, que transpôs técnicas de organização e autoconstrução comunitárias, testadas no campo pelo MST, para as periferias metropolitanas.[30] Logo se descolou do movimento-mãe e passou à ação direta contra o "latifúndio urbano", de ocupação de prédios e construção de acampamentos cooperativos. Anti-individualista, sua célula era a família. A organização interna mantinha o verticalismo socialista: acima, "quadros" e "militantes"; abaixo, o "povo organizado" em grupos de famílias, as "brigadas". Na liderança, apenas "militantes avançados", uma cúpula de duas dezenas.[31]

As formas de proselitismo misturavam ações convencionais, como marchas, e outras de feição cultural, caso de festivais de rap, hip-hop, capoeira, cinema, saraus e seminários. Em 2006, houve em São Paulo desde a inauguração da Biblioteca Bolivariana até uma "noite de guerrilha cultural", sem contar samba e feijoada.[32] Eventos de agregação e convívio, muitas vezes meio festa, mas sempre com o propósito sisudo de "formação política" de novos membros.

Esse ativismo se apartava do PT e do governo na prática, mas seus princípios eram vizinhos, com o primado na redistribuição. A diferença era de ênfase: a do governo recaía na renda; a do MTST, no território.

Outro tipo de rede cívica à esquerda cresceu ainda mais distante do petismo. Nasceu da recuperação de práticas da contracultura dos anos 1960, na crítica à sociedade de consumo e na busca por modos colaborativos de atividade econômica. Um estilo de vida de baixo impacto ambiental e social, aspirando à autossuficiência, por meio da cooperação horizontal, autogestionária, sem fins lucrativos. Foi o que inspirou redes de pequenos produtores de agricultura orgânica, feiras de produtos naturais e artesanais, jardins comunitários, como a Jardinagem Libertária, surgida em Curitiba, em 2007. A sensibilidade para com os animais animou o circuito vegano e o anticonsumismo, com troca, reciclagem e posse temporária de objetos, e "coletivos de publicação de zine, do veganismo, coletivo de arte".[33]

A resistência às estruturas econômicas capitalistas fazia parte do refugo a hierarquias de qualquer tipo. Daí a distância da cantilena socialista e o pendor por leituras neoanarquistas, descrentes em partidos e instituições, como os textos de Slavoj Žižek, ou críticas às hierarquias de gênero, donde a fascinação pelos estudos culturais norte-americanos, onde reinava absoluta Judith Butler.

O rechaço à moralidade tradicional implicou, nesses nichos cabeça, a contestação prática aos papéis de gênero, via afirmação de identidades de gênero fluidas, de relações interpessoais livres, de uma estética contrária a modismos e estereótipos, de aceitação do próprio corpo e de experimentos de ampliação da consciência. Uma filosofia de autoliberação parente do movimento hippie, com suas comunidades alternativas, o amor livre, o consumo de psicotrópicos. Entrelaçamento entre ativismo e privacidade: "A vida política não tá separada da vida cotidiana, como você ama, o que você fala, o que você veste, a maneira como você se porta, a maneira como você vivencia a cidade".[34]

Experimentos coletivos desse tipo geraram "territórios livres", nos quais se podiam vivenciar formas de vida pouco ou nada aceitas pela sociedade ampla. Espaços de acolhimento das diversidades sexual, étnica e de costumes, e de fomento à liberdade expressiva e à afirmação de si. Um mundo criado por e atraente para jovens educados cosmopolitas mergulharem em "experiências transformadoras".

Essas redes cívicas que se nomeavam "autônomas" se tornaram espaços de sociabilidade, criatividade e experimentação que abarcavam leque aberto das artes ao sexo, do anticonvencionalismo no vestuário ao consumo de substâncias ilícitas. Todo um modo de vida e opções de construção de identidade pessoal, nas quais gênero e etnia suplantavam classe.

Nessas redes cívicas contraculturais se formaram os "coletivos" autonomistas, forma organizacional "autogestionada", "horizontal" e "anti-hierárquica", com suas "rodas de conversa" e constante vigília contra a erupção de desigualdades de mando e fala. Coletivos que passaram a roubar, no nascedouro, os quadros que a esquerda socialista recrutava nos colégios de elite dos maiores centros urbanos e nas universidades e entre jovens profissionais liberais de humanidades e artes. Ofereceriam a efervescência cultural que o circuito socialista clássico tinha perdido. O Coletivo Desentorpecendo a Razão (DAR) foi um desses. Apareceu em 2009. Propugnando a legalização de drogas de uso recreativo, passou a organizar uma irreverente Marcha da Maconha. A agenda ia além: "libertária", "antiautoritária", "antimercadológica", "anticapitalista". Pregava uma política "autônoma" em relação a Estado e mercado: "A gente não acredita que o caminho melhor seja por meio da tomada do poder, da via eleitoral, da organização por meio de partido político".[35]

Coletivos autonomistas se distanciavam tanto dos partidos quanto do "centralismo" dos movimentos socialistas. A Assembleia Popular Horizontal de Belo Horizonte, em funcionamento debaixo do viaduto Santa Tereza desde 2007, era desse tipo: "espaço espontâneo, aberto e horizontal de debate que permitisse o levantamento das reivindicações populares e a organização da pluralidade de vozes de forma coordenada para obter resultados concretos". O formato implicava certa desordem, calculada e bem-vinda: "As assembleias de início eram extremamente caóticas [...] um evento anarquista", no qual "todo mundo podia falar", o que significava, por vezes, mais de uma centena de oradores. Essa "experiência muito viva [...] mostrou de certa forma que é possível se organizar, se ouvir e buscar algum tipo de encontro e de pauta em comum".[36] Sem mediadores.

Também em Belo Horizonte, o coletivo Conjunto Vazio apresentou-se, em 2006, como "anticapitalista e não hierárquico/horizontal de antiarte, intervenção urbana, performance, negação prática, masturbação teórica e experimentos de estratégias para charlatanismo crítico".[37] Era um discurso com léxico próprio e uma ação antissistema. O princípio era a intervenção político-artística permanente, com grafites e pichações em ruas e praças, ocupações de prédios abandonados, bloquinhos de Carnaval auto-organizados. Enfim, a "retomada do espaço público".

Redes contraculturais e coletivos autonomistas se disseminaram, ao longo dos governos Lula, nas grandes metrópoles — São Paulo, Belo Horizonte, Rio de Janeiro —, mas também no coração do país. O Espaço Cubo, criado por um estudante de comunicação social da Universidade Federal de Mato Grosso, em 2004, tinha moeda própria, os "cubo *cards*". Por meio deles, os associados, basicamente artistas independentes, trocavam produtos ou serviços entre si.[38] Desse grupo saiu, em 2005, o Circuito Fora do Eixo, que se ramificou com vinte "casas coletivas", sobretudo em capitais, caso de Fortaleza, Porto Alegre e Belém. Eram moradias compartilhadas onde se experimentavam o "poliamor", a "paternidade coletiva" e outras formas alternativas de família. A de São Paulo atraiu, a partir de 2011, "uma galera que não estava tão ligada à esquerda tradicional e que também queria ocupar a cidade".[39] Ali se gestou outro coletivo, avesso à mídia capitalista, o Mídia Ninja — Narrativas Independentes, Jornalismo e Ação, que colaborava intensa e extensamente com vários coletivos autonomistas do país inteiro.

O Fora do Eixo talvez tenha sido a iniciativa mais bem-sucedida do gênero. Envolveu-se em ou fomentou várias formas de sociabilidade e comunicação. Um *hub* de tudo o que se considerasse "independente" ou "alternativo" em cultura, economia e política. Ganhou escala nacional. Em 2011, agregava 73 coletivos artísticos, atuava em 112 cidades, e tinha 2 mil ativistas em tempo integral. Tamanho e diversificação, com editora, produtora, bar, num total de 57 iniciativas associadas.[40]

Autônomos na gestão, não no financiamento. A ação era anti--Estado, mas nascida dele. O Fora do Eixo beneficiou-se do Cultura Viva, política do Ministério da Cultura nas gestões Gilberto Gil e Juca de Oliveira, que, com fomento de Petrobras e Vale, criaram "pontos de cultura" pelo país.[41] À roda deles multiplicaram-se os coletivos artísticos,[42] que se espalharam, com adesão alta, onde a demografia ajudou. Em São Paulo, a Casa do Povo[43] reuniu, a partir de 2010, "uma dezena de grupos, movimentos e coletivos", que usavam "a arte como ferramenta crítica dentro de um processo de transformação social". Encaravam o público como "participante ativo que, além de visitar, também propõe atividades fazendo do espaço um local de encontro, de formação e de experimentação".[44]

Esses nichos tanto surgiam como se alimentavam de relações de amizade entre estudantes e artistas frequentadores de mesmos espaços culturais. A convivência fermentou a profusão de manifestações bem-humoradas de ostentação dos novos costumes e guerra ao tradicionalismo moral. Eram arte e eram política, e foram a origem de muitos coletivos de agenda comportamental, como a Marcha das Vadias e a da Maconha.

As redes cívicas cooperativas e autônomas fomentaram laços de solidariedade e ações concretas, baseadas na auto-organização cotidiana, sem mediação de partidos ou do Estado. Nesses circuitos de sociabilidade regados a política formaram-se ativistas ou simpatizantes de movimentos sociais críticos do governo pelo flanco esquerdo.

Redes empreendedoras

Nos anos Lula, outro conjunto de redes cívicas surgiu em torno da ideia de auto-organização da sociedade, mas com olho mais puxado para o mercado que para a solidariedade. Eram as redes de "empreendedores".

Respondiam a um diagnóstico de que o problema do país era a falta de uma "sociedade empreendedora". No artigo "A urgência do empreendedorismo", de 2009, o site Mundo do Marketing documentou uma nova moda nacional: "'empreendedorismo' é a palavra da vez! Não somos mais funcionários, e sim, colaboradores; chefes agora são líderes", ambos convocados a "empreender e inovar". E não só em política: "Ser empreendedor deve ser considerado um estilo de vida, não uma profissão".[45]

O proselitismo empreendedorista apareceu em best-sellers de autoajuda e romances como *O segredo de Luísa: Uma ideia, uma paixão e um plano de negócios: Como nasce o empreendedor e se cria uma empresa*.[46] Gerou até uma "pedagogia empreendedora", sistematizada em livro de 2003 e adotada por escolas da educação infantil ao ensino médio em cerca de 120 cidades.[47] Investia-se em empreendedores-mirins para lograr a futura nação de empreendedores.

Além dos livros, a Oficina do Empreendedor, apoiada pelo Serviço Brasileiro de Apoio às Micro e Pequenas Empresas (Sebrae) e pelo Conselho Nacional de Desenvolvimento Científico e Tecnológico (CNPq), operou em cerca de quatrocentas faculdades, difundindo a "atitude empreendedora", mistura de "estilo de vida, visão de mundo", "protagonismo, inovação, capacidade de produzir mudanças em si mesmo e no meio ambiente, meios e formas de se buscar a autorrealização".[48] A mudança coletiva devia partir dos cidadãos. Se cada um obtivesse o sucesso pessoal, a sociedade inteira seria bem-sucedida. Ao longo da primeira década do milênio, esse civismo baseado no autointeresse se espalhou pelo país, com membros persuadidos de sua relevância para o sucesso próprio e o coletivo.

O empreendedorismo vicejou entre jovens empresários, dotados de MBAS, com passagem ou residência no exterior, fascinados pelas novas tecnologias. Um mundo muito masculino, multitarefa, ultraplugado. Eram crentes no espírito animal e no mérito individual, com "drive" para o sucesso financeiro. Aglomeraram-se em nichos de "economia criativa", games, inovação. Compartilhavam insumos, espaços e tecnologias (como espaços hackers e oficinas *makers*) para baratear o *business*, fazer *networking* e achar *jobs*. Em 2011, o modelo de *coworkings* e *corporate refugees* se espalhava: "A possibilidade de relacionamento também atrai gente [...]. Tem diversos espaços como esse, compartilhados, pelo Brasil".[49] Ali surgiam *startups*, ancoradas em *crowdfundings* ou autofinanciamento, dos que ansiavam virar "unicórnios" a serem adotados por *angels*. O uso franco da língua inglesa atesta o quanto esses empreendedores se sentiam cidadãos globais.

Sua avidez por "ideias fora da caixa" e seus modelos de sucesso, como Steve Jobs, cuja biografia foi um best-seller mundial em 2011,[50] alimentavam uma alergia em relação ao Estado. Em vez de recorrer a seus subsídios, criavam seus próprios circuitos, que eram, a um tempo, econômicos, sociais e políticos. O San Pedro Valley, que apareceu em 2011, em Belo Horizonte, por exemplo, se definia como "comunidade" e "ecossistema". A colaboração entre os membros visava a "sinergia" entre *startups*, "incubadoras", "aceleradoras", "investidores", "*hacker spaces*", "*coworkings*" e "agências digitais".[51] Jovens dos escritórios das avenidas Berrini e Faria Lima, em São Paulo, foram tomadas por esse espírito empreendedorista.

Essas redes empreendedoras nasceram visando negócios, mas acabaram virando espaços políticos. Difundiu-se nelas e por meio delas o diagnóstico da ineficiência, da corrupção e do passadismo do governo de esquerda, com seu Estado mastodôntico, a sugar os empreendedores via taxação, sem devolver os benefícios "contratados". Na síntese de uma empreendedora que logo organizaria o movimento Juntos pela Vida: Acorda Brasil: "Eu já trabalho cinco meses por ano pra pagar imposto, eu faço meu trabalho muito bem-feito, eu cuido dos meus colaboradores com muito amor. Não sou eu quem tem que dar segurança. Quem tem que dar segurança é o governo".[52]

Das redes cívicas empreendedoras saíram ativistas e simpatizantes para *think tanks*, como o Millenium e o Mises, e para ao menos quinze movimentos partidários de mais mercado e menos Estado, formados ao longo dos governos Lula.

Nem todo o empreendedorismo privilegiava o sucesso individual. A versão evangélica transcendia o individualismo, estimulando a colaboração entre membros da mesma igreja na promoção do triunfo partilhado na fé. O empreendedorismo neopentecostal era uma espiral de colaboração entre irmãos. As igrejas o preparavam, tendo educado milhões de pessoas na crença do reconhecimento da salvação por meio do sucesso neste mundo, ao propalar a teologia da prosperidade[53] em cultos, publicações, rádios, televisão e sites. Operação de larga escala.

Essa ética fomentou um empreendedorismo cristão. Ao final do governo Lula, a revista *Exame*, destinada a empresários, destacou livros de autoajuda empresarial de pendão religioso.[54] Uns em inglês, outros traduzidos. Aí estava *A bíblia dos negócios: 10 novos mandamentos para trazer valores éticos para o local de trabalho*, do rabino Wayne Dosick, publicado em 2011. Dava o beabá do empreendedorismo inspirado na palavra divina. Eram mandamentos visando o sucesso, ilustrados, com "situações de negócios da vida real e textos espirituais bem escolhidos". Frisava que "os princípios não têm de ser sacrificados pelos lucros" e que "a ética espiritual pode conduzir à excelência nos negócios".[55] Eis aí a diferença desse empreendedorismo para o laico: o espírito animal individualista vinha enjaulado pela moralidade religiosa. O sucesso devia se alargar para os laços comunitários e de sangue. Conciliava-se o lucro nos negócios com a exaltação da família. Os mé-

80

todos seculares sofreram, por isso, adaptação e vicejaram em particular nos círculos neopentecostais. Cursos de "empreendedorismo cristão" visavam "tornar realidade o sonho do próprio negócio", mas eram ministrados por pastores.

O próprio estilo de vida era tomado por atividades que baralhavam lazer, fé e política. O Troféu Promessas, entregue em noite de gala emulando o Grammy, movimentou, em 2011, audiência de 5 milhões, que por internet ou sms elegeu nove ganhadores dentre 1600 inscritos em categorias musicais.[56] A vencedora do melhor clipe do ano — e uma das cinco finalistas de melhor música — foi a pastora (e futura ministra) Damares Alves. A cerimônia era, ao mesmo tempo, show e culto, religião e negócio.

Nesse tipo de rede cívica disseminou-se a compreensão de que a Igreja e a família eram mais relevantes que o Estado para decidir sobre assuntos coletivos, sobretudo na condução da vida privada. Movimentos em torno de agendas morais, com líderes como Damares, cresceram dentro das igrejas, sem que ativismo religioso e ativismo político se distinguissem. Nesse meio se enraizou a Frente Parlamentar Evangélica (FPE). Tudo junto e misturado: igreja e empresa, partido e movimento.

Terceiro tipo de rede cívica empreendedora era aparentado das urbanas, mas cozido em fogão de lenha. Vinha das fazendas. O anunciado fim do Brasil agrário, com a industrialização e a urbanização, nunca aconteceu. Nos anos 1990, o êxodo para a cidade estancou e, em 2010, reza o Censo, cerca de 30 milhões, ou 15,6% dos brasileiros, viviam na zona rural. Muitos (18,2%) no Mato Grosso, mas também na Bahia e no Pará, onde compunham cerca de um terço da população.[57] A elite agrária seguiu viva, apenas se modernizou. A nova geração de tocadores de fazendas estudou agronomia, veterinária, engenharia, administração. Os jovens desse mundo passaram a se definir como empresários rurais, cercados, como os urbanos, de tecnologia e técnicas de planejamento, sempre atentos aos mercados.[58]

Redes cívicas de empreendedores agrários se formaram a partir de hábitos comuns. O mar de chapelão, cinto de couro e botina lotava o divertimento preferido, o sertanejo universitário e as festas de peão. Em 2003, 31 milhões foram a 1200 eventos,[59] assistir cavalo e cavaleiro, e lá deixaram 2,5 bilhões de reais.[60] A indústria no entorno tinha avaliadores, leiloeiros, adestradores e celebridades, como os locutores. O proverbial Asa Branca descia de helicóptero na arena e desembestava em narrações regadas a religião e frases de duplo sentido, exaltando a providência, a virilidade e a violência.[61] Os astros sertanejos animavam os shows e exprimiam, em suas letras, um romantismo evocador da macheza. O carro se prolongava no cavalo — o clipe de "O Camaro amarelo" teve 37 milhões de visualizações no YouTube — e tudo se embalava em sexo, como nos sucessos de Michel Teló e Gusttavo Lima.[62] O amor no estilo "agroboy" foi a tônica de uma das canções mais tocadas no rádio em 2010, "Flor do meu sertão", de Leonardo: "Fonte de amor, flor do meu sertão/ Volta pros braços deste peão".

Como no empreendedorismo neopentecostal, a "sociedade civil" significava a comunidade dos iguais em estilo de vida, vinculados entre si por laços de família e de religião. Daí vinham os valores incontornáveis e inegociáveis, vinculados à terra, que para além de recurso econômico, era matriz afetiva, identitária, sempre ressaltada nas músicas sertanejas.

Redes cívicas agrárias tentavam influir sobre as políticas de Estado, mas sem deixar que o Estado entrasse porteira adentro. Criaram suas associações, nos moldes da antecessora famosa, a UDR. Sua estratégia usual, o lobby, adquiriu eficácia relativa nos governos Lula, tido por intervencionista, por conta das políticas de proteção ambiental e de demarcação de territórios indígenas. Ações que afetavam suas propriedades e seu modo de vida.

Nessas redes constituíram-se grupos políticos, que, como no mundo evangélico, não tinham o feitio dos movimentos de esquerda, mas eram também híbridos sociopolíticos, transitando entre a sociabilidade e a política. Nos anos Lula, sua maior expressão foi a Frente Parlamentar de Apoio à Agropecuária (FPAA) — depois abreviada para FPA, excluído o "apoio". Surgiu em 2002 e passou a operar para valer nos tempos petistas. Em Brasília, vários de seus membros se encontravam em espaços religiosos, a missa ou o culto, e, toda terça, em uma "reunião-almoço". Era quando conversavam sobre interesses comuns, a demarcação de territórios indígenas, a compra de terras por estrangeiros, o licenciamento ambiental.[63] Embora a maioria tivesse diploma parlamentar, a FPA funcionava como movimento social, organizando manifestações em prol de sua agenda, sobretudo a partir da presidência de uma empresária pecuarista, Kátia Abreu.

Das redes cívicas agrárias surgiram movimentos de resistência a mudanças, sobretudo onde os conflitos entre terra produtiva e terra protegida se intensificavam, no Centro-Oeste, onde se formou a Associação dos Criadores do Mato Grosso do Sul (Acrissul) e se vitaminou a antiga Federação da Agricultura e Pecuária de Mato Grosso do Sul (Famasul). Um ativismo que se plantaria também em São Paulo, logo após o fim da gestão Lula, com o Movimento Sou Agro.

Civismo versus estatismo

Ao longo dos governos Lula, redes cívicas nasceram no nível dos laços diretos e das ações cotidianas. Eram heterogêneas entre si, mas cada uma agregava seus homogêneos. Eram habitadas por comunidades morais, pessoas com mesmo estilo de vida, vínculos entre si, e com compreensões análogas sobre como o mundo é e como deveria ser. Eram fóruns de debate sobre problemas comuns e os modos de encaminhar soluções rápidas, tangíveis, diretas.

Embora discrepantes de face, redes cívicas solidárias e empreendedoras convergiam em dois pontos cruciais. Um era o valor atribuído à comunidade moral à qual pertenciam. Em cada tipo de rede, os membros eram semelhantes em estilo de vida e se reconheciam como iguais, parecidos em opiniões e comportamento, e, por isso, mais confiáveis uns para os outros do que a mídia ou os partidos.

Outra convergência era de crença. Embora variassem os vocábulos, disseminavam uma retórica de mesmo fulcro, o enaltecimento da auto-organização dos cidadãos. A sociedade organizada, fosse cooperativa, coletivo ou empresa, seria a forma mais legítima e eficiente para regrar as condutas individuais e gerir a vida coletiva.

Por diferentes razões e com distintos objetivos, as redes cívicas experimentavam em pequena escala uma nova relação entre cidadãos e Estado. Nelas circulava um rearranjo da divisão social de tarefas que retirava o governo da frente, fosse, para uns, da economia, fosse, para outros, da vida privada. Um mesmo lema valia para todas: mais sociedade, menos Estado. Almejavam igualmente o "empoderamento", anglicismo que popularizaram, da "sociedade civil".

As redes cívicas expressavam comunidades morais que viviam fora e longe dos partidos. Não era uma antipolítica, era uma modalidade de política que valorizava laços diretos de confiança e cooperação entre "parceiros", "colaboradores", "irmãos", em vez da abstrata representação política de indivíduos, como meio de administrar a vida coletiva.

Ao longo dos governos Lula, redes cívicas se multiplicaram e se espalharam pouco a pouco pelo país. Foram os circuitos de difusão direta da retórica do empoderamento da sociedade civil, que as conexões digitais, via Facebook, apenas amplificaram. A internet reativou antigos laços de confiança esmaecidos entre familiares distantes, colegas de escola ou de trabalho, vizinhos, amigos, conhecidos. Adensou vínculos entre os semelhantes em estilo de vida e compreensão sobre o mundo. Em vez de explodir, potencializou as comunidades morais.

Ao estimularem a organização da sociedade e difundirem visão antiestatista, as redes cívicas incubaram — termo do seu léxico — muitos movimentos sociais e um exército de aderentes potenciais a protestos contra o Estado.

Quando começou o terceiro governo consecutivo de um partido de esquerda no Brasil, havia redes cívicas difundindo o princípio da auto-organização da sociedade como meio de resolver problemas coletivos, havia vários pequenos movimentos sociais organizados dos dois lados de cada uma das três zonas de conflito (redistribuição, moralidade, violência legítima), com acesso a modelos frescos e bem-sucedidos de estilos de ativismo (neossocialista, autonomista e patriota) para orientar uma política de rua. Todos os ingredientes estavam na mesa. Só faltava acender o fogo.

3. Tensões em processo

Na primeira posse de Lula, o céu estampou o azul. Na de Dilma, choveu. A eleita não pôde confraternizar com os eleitores nem acenar em carro aberto. Ficou confinada ao banco traseiro do Rolls-Royce e entrou no Congresso semiclandestina, pela chapelaria. A primeira mulher presidente do Brasil teve de esperar para subir a rampa.[1]

O desalojado do Planalto foi seu escudeiro ao longo de todo o dia. A multidão acompanhava tudo, vinha recebê-la, mas sobretudo festejá-lo. Os petistas, que tinham adentrado o poder sob maus agouros, saíam nos braços não só do povo, como da elite social. Lula galvanizou os dois polos tanto pelo que fez na redistribuição como pelo que deixou de fazer. Preservou-se recuando nas delicadezas relativas à violência — a Comissão da Verdade — e à moral privada — o aborto. Mas o Mensalão e o auê em seu entorno passaram sem efeito eleitoral. A moralidade pública estava no rodapé das preocupações dos brasileiros: 6% apontaram a corrupção como problema, bem atrás de segurança pública (19%) e saúde (23%).[2]

Em seu discurso de posse, Dilma, por isso, insistiu na redistribuição. Mas também mencionou a ferida que parecia cauterizada. O bicho de sete cabeças para o partido presidencial, o Mensalão, iria a julgamento naquele ano. Dilma prometeu enjaulá-lo: "Não haverá compromisso com o desvio e o malfeito; a corrupção será combatida permanentemente, e os órgãos de controle e investigação terão todo o meu respaldo para atuarem com firmeza e autonomia".[3]

O tom incisivo na moralidade pública não se repetiu na moral privada. De direitos reprodutivos e sexuais, nem falou. Sobre o aborto, nó entre movimento feminista e as igrejas de que precisava para governar e do qual recuara na campanha, nem um pio. Restringiu-se ao simbólico, brandindo sua trajetória de mulher independente, sem homem que a escorasse, e a autodesignação como "presidenta".

Seu foco era outro. Ali onde seus dois antecessores frearam, acelerou. No ponto em que o discurso de posse de Lula fora conciliação, um "passou, passou", o de Dilma foi degelo do passado. Associou a questão à sua pessoa, a guerrilheira transformada em presidente, e homenageou seus companheiros da resistência ao regime militar:

> Entreguei, como muitos aqui presentes, minha juventude ao sonho de um país justo e democrático. Suportei as adversidades mais extremas infligidas a todos que ousamos enfrentar o arbítrio. Não tenho qualquer arrependimento, tampouco não tenho ressentimento ou rancor. Muitos da minha geração, que tombaram pelo caminho, não podem compartilhar a alegria deste momento. Divido com eles esta conquista e rendo-lhes minha homenagem.[4]

Disse e chorou. Nem todos se emocionaram. O ar se poluiu com o incômodo da lembrança da ditadura numa transmissão democrática de poder. O bode, que vivia preso num cercadinho nos fundos da República, adentrou a sala.

Sem respeitar a passagem de faixa, esta e as outras zonas de conflito abertas nos anos Lula permaneceram inflamadas. E a sociedade mobilizada em torno delas se expandira ao longo dos primeiros oito anos petistas. Dilma encontrou redes cívicas ativas e movimentos organizados prontos para a contestação ao governo, em direções contrárias.

Ao se instalar no Planalto, a presidente iluminou seu lado gestora, lançando ou reestruturando planos e programas. Mas presidência não é gerência. Requisita fazer política, e muita, com adversários e aliados, com os de casa e os de fora. A casa, como todas, tinha suas rinhas. Dilma era estranha no ninho petista raiz. Sua candidatura fora uma sobra, depois da terra arrasada do Mensalão, que limara quase todas as lideranças petistas. Trafegava longe do coração partidário, o que impedia o partido de responsabilizá-la por seus problemas, mas não lhe garantia acolhida calorosa nem no PT, nem nos movimentos mais chegados.

Ainda na transição, lulistas reclamaram do novo jeitão das coisas, de pouco papo e muita ordem. As diferenças de estilo entre os presidentes rearranjaram a relação entre governo e movimentos sociais. Formado na negociação sindical, Lula governara como negociador, carregando ativistas e pautas para o governo. Dilma fora burilada na disciplina e na obediência que a luta armada solicita. Em vez de encontros de cortesia, com os quais Lula acalmava pleiteantes rifados, prometendo o futuro, Dilma, se não tivesse o que oferecer, nem recebia. Priorizou o prático ao simbólico, mudando o vinho em água. Lula, na opinião de um membro das duas administrações, "sabia fazer, articular isso de forma política. [...] A Dilma eu acho que tinha um problema do projeto do governo que era mais tecnocrático mesmo e isso dificultou o diálogo com movimentos sociais".[5]

O campo de movimentos socialistas, ingressado nos primeiros governos, perdeu espaço. Líderes descreviam Dilma como um "Lula às avessas": fechada, sem paciência para ouvir e negociar.[6] Isonômica, fechou-se também aos movimentos neossocialistas e aos coletivos autonomistas. Ambos os campos foram logo para o protesto: "Dois mil e onze e 2012 eram dois anos onde você podia estar à esquerda da Dilma sem estar fazendo o jogo da direita".[7] Esse lado esquerdo açodou o governo com companhia. Movimentos liberais, conservadores e autoritários tinham crescido nos anos Lula e se espalhado por várias regiões do país. Em 2011, eram 55, estruturados e distribuídos por todas as regiões do país: estavam sobretudo no Sudeste (Minas Gerais, São Paulo, Rio de Janeiro), Centro-Oeste (Goiás, Mato Grosso do Sul) e Sul (Paraná, Rio Grande do Sul), mas já implantados em um estado de cada uma das outras regiões, no Pará e em Pernambuco. E, claro, operavam em Brasília.

A equação movimento-Estado se complexificara. Três campos de movimentos se opunham ao governo e entre si, uma triangulação de problemas. A dinâmica relativamente autônoma de cada zona de conflito, com movimentos mobilizados contra e a favor de temáticas particulares, cada qual recrutando seus aderentes nas redes cívicas, conformou um jogo mais intrincado e menos previsível que o jogado no governo anterior. Como no dia da posse, Dilma governaria sob mau tempo.

1. VIOLÊNCIA POLÍTICA E SEGURANÇA PÚBLICA

Ao tentar criar uma Comissão Nacional da Verdade, FHC e Lula[8] encontraram resistência vigorosa e retrocederam. Dilma insistiu. Buliu no vespeiro-mor da Nova República: a responsabilidade por desaparecimentos políticos durante a ditadura. A CNV azedou de saída a relação das Forças Armadas com a presidente. Um militar de alta patente chegou a dizer ao secretário-geral da Presidência: "Nós não tínhamos nada contra o presidente Lula. Mas com a Dilma tudo foi diferente, o tratamento mudou com a gente e ela cometeu alguns erros essenciais, o primeiro foi a Comissão da Verdade".[9]

A presidente empossou Maria do Rosário Nunes na Secretaria de Direitos Humanos. Escolha pontiaguda: a deputada fora membro da Comissão Especial sobre Mortos e Desaparecidos Políticos (CEMPD), vice-presidente da Comissão de Direitos Humanos e Minorias (CDHM)e coordenara o programa de direitos humanos da candidatura Dilma. Sinalizava uma direção frisada em seu discurso, disposta a esclarecer "torturas, mortes, desaparecimentos forçados, ocultação de cadáveres e sua autoria", e identificar as "graves violações de direitos humanos, com vistas à sua não repetição, com ênfase no período 1964-85".[10] Pediu endosso ao Congresso para a Comissão da Verdade. Meses depois, o ministro da Justiça faria a reparação formal: "Peço perdão ao povo brasileiro e àqueles que sofreram e foram anistiados. Que nunca mais possamos viver dias como aqueles".[11]

Açularam-se mesmo os ânimos mornos. Subiram à cena pública as vozes que desde a redemocratização se tentava afastar: a de ex-membros do regime militar e seus apoiadores. Denunciaram revisão espúria da Lei da Anistia de 1979. O ministro-chefe do Gabinete de Segurança Institucional tentou apaziguar:

> O que é o 31 de março de 1964? Golpe, movimento A ou B, não. O movimento de 1964, hoje, já faz parte da história. [...] Temos que ver o 31 de março como um dado histórico para a nação, seja com prós e contras, mas como um dado histórico. Da mesma forma, os desaparecidos.[12]

Um passado que não tinha passado. No Parlamento, falas fortes, deputados extremados, tumulto. Ao se apresentar como candidato nanico à presidência da Câmara, em fevereiro de 2011, Jair Bolsonaro atacou: "Eles não querem democracia. Eles querem humilhar ainda mais as Forças Armadas. A Comissão da Verdade não quer apurar crimes como execuções, não quer apurar carros-bomba. É uma comissão da mentira".[13] Para partidários da ditadura, *A verdade sufocada*, de Carlos Alberto Brilhante Ustra, era a única versão confiável daqueles tempos, o da "guerra contra o comunismo". Porque, lembrava o deputado, era disso que se tratava: "Fidel Castro financiou a luta armada" e os movimentos de esquerda "fizeram curso em Cuba, na Coreia, na China, de como matar, torturar".[14] O petista Domingos Dutra se exaltou, jogando a acusação de volta para o lado do regime: "Mataram, esquartejaram e não querem que a gente saiba o que aconteceu!".

É que se um lado ficou infeliz, o outro tampouco estava satisfeito. Nas vésperas da votação que aprovaria (ou não) a CNV, membros da Comissão Especial sobre Mortos e Desaparecidos Políticos e de movimentos por direitos humanos peregrinaram pelo Congresso. Não iam em apoio, mas à cata de assinaturas para tirar de pauta o projeto de lei. A CNV dilmista seria "uma farsa e um engodo", "um escárnio para os familiares dos mortos e desaparecidos". Isso por ter aceitado a dilatação temporal da investigação, para não focalizar a ditadura. Uma capitulação inaceitável, que levava a concordar com o inimigo: era "comissão de mentirinha".[15] Propunham abandono da proposta do governo e um recomeço, do zero, de "uma Comissão da Verdade digna desse nome".

Entre queixas de cá e lá, em 21 de setembro de 2011, a Câmara aprovou a instalação da CNV e delegou a briga para o Senado. Teve preço. O acordo ampliou a investigação, andando para trás, a começar em 1946 para incluir a ditadura Vargas, e para a frente, até a promulgação da Constituição de 1988. Assim se diluiu, nominalmente, o foco no regime militar. "Repressão política" foi riscado na redação final.[16] A CNV nasceu sem poderes punitivos, sob argumento de que assim não contrariaria a Lei de Anistia. E com prazo de validade. Teria dois anos para chafurdar a sanguinolência nacional, podendo requisitar dados, mesmo sigilosos, a órgãos públicos, encomendar perícias e convocar testemunhas e audiências públicas.

O abrandamento permitiu que até o Democratas (DEM) apoiasse,[17] embora sem consenso. Um de seus deputados do Rio dissentia: "Estamos mexendo numa ferida que já está cicatrizada que poderá voltar a causar problemas sérios".[18] Problemas que o Senado ignorou ao aprovar por unanimidade a instalação da comissão, em 26 de outubro. Os petistas contaram com os tucanos.[19] O relator na Comissão de Constitucionalidade e Justiça (CCJ), ex-guerrilheiro, defendeu o "foco temporal" do Ato Institucional nº 5 (AI-5), em 1968, à Lei da Anistia de 1979, quando a ação "de um grupo de energúmenos violentos acabou assumindo uma escalada, até se transformar em uma política de Estado de extermínio de adversários". Aloysio Nunes assim falou e repetiu a metáfora: tratava-se de "uma ferida que não vai se fechar nunca". Jarbas Vasconcelos lembrou o esquartejamento do corpo de Davi Capistrano, após a morte por tortura. Os pró-CNV discursavam em catarse e insistiam no direito à verdade.[20]

Sob o aplauso senatorial suprapartidário, de governo e oposição, e até de alguns militares,[21] a presidente sancionou a CNV em 18 de novembro de 2011 e julgou que "o Brasil inteiro se encontra, enfim, consigo mesmo sem revanchismo, mas sem a cumplicidade do silêncio".[22] Dilma escolhera a data para coincidir com seu primeiro discurso na abertura da Assembleia Geral das Nações Unidas e lá falou da "reconciliação do Brasil com seu passado".[23]

Durante a tramitação, movimentos em torno dos desaparecidos políticos clamaram por paradeiro dos corpos, indenização às vítimas ou às suas famílias, julgamento dos torturadores. Em 8 de novembro, a Marcha em Memória dos Mortos e Desaparecidos Políticos Vítimas da Ditadura Militar em Goiás e no Brasil ajuntou vários movimentos similares — a Associação dos Anistiados pela Cidadania e Direitos Humanos do Estado de Goiás; o Movimento Nacional de Direitos Humanos —, como de outras agendas — Associação Brasileira dos Advogados do Povo, Fórum Goiano de Mulheres; Sociedade do Samba Sebastião Saraiva Magalhães; Pró-Central de Movimentos Populares em Goiás; e movimentos de moradores e em torno de habitação popular. Foram também a CUT, parlamentares e artistas. A simbologia era religiosa: para cada um dos quinze goianos mortos ou desaparecidos carregava-se uma cruz.[24] Documentos em favor da CNV pululavam entre intelectuais e grupos de esquerda.

O outro lado também se articulava. E não se escondia. Em 2011, a Associação dos Militares Estaduais do Brasil, que na verdade era nacional e reunia os da ativa e da reserva, protestou contra a "desmoralização" das Forças Armadas pela CNV.[25] Um grupo de militares redigiu manifesto contrário à comissão que chegou a quinhentas assinaturas e marcou festa para o aniversário da "Revolução".[26] Como chefe das Forças Armadas, a presidente proibiu celebrações no 31 de março de 2012. Deu-se um jeitinho, adiantando a cerimônia. No 29 de março, o Clube Militar lembrou a "Revolução de 1964" em sua sede na avenida Rio Branco, no Rio de Janeiro. Quase instantânea, embora pequena, manifestação contrária se instalou na porta e gritava "torturador" para quem entrasse ou saísse, enquanto se queimava uma foto de Ustra. A polícia salvou os colegas de farda, prendendo dois manifestantes antiditadura.[27] Deputados contrários continuaram a fustigar a CNV em discursos, secundados por vozes da imprensa. Na *Veja*, o autor de *O país dos petralhas* acusou a comissão de aspirar a "tribunal da história", condenar um lado e enaltecer o outro: "A maior mentira será transformar os militantes daqueles grupos de esquerda em heróis da democracia — democracia que sempre repudiaram na teoria e na prática".[28]

O Levante Popular da Juventude, do campo neossocialista, promoveu uma série de escrachos ou "esculachos", um tipo de protesto que visibiliza e avacalha seu alvo e já fora usado contra torturadores na Argentina. Aconteceram entre março e maio de 2012, sempre visando um participante da máquina de tortura do regime militar. Em 26 de março, se espalharam por sete estados, e em 17 de abril, por dez.[29] No 14 de maio, oito esculachos vitimaram membros do regime militar lotados no Dops ou no DOI-Codi, em nove capitais e cidades menores, cobrindo onze estados.[30] Um dos esculachados, identificado no Guarujá, fora um dos torturadores de Dilma.

Dois dias depois, instaurou-se, de fato, a CNV, com sete membros.[31] Junto, instaurou-se um grupo organizado, armado, a postos para combatê-la.

Mas o apoio existia. O efeito demonstração produziu comissões e comitês da verdade em níveis estadual e local, no Espírito Santo, Maranhão, Paraíba, Paraná, Pernambuco, Rio de Janeiro, Rio Grande do Sul,[32] por iniciativa de associações civis, legislativos e executivos locais e incentivo da Secretaria Nacional de Direitos Humanos. A CNV assinou acordos com os entes locais.[33] Minas Gerais, então governado pelo PSDB, abriu seus arquivos; no Amazonas o comitê local, que contava com o Partido Comunista Brasileiro (PCB), sobrepôs duas zonas de conflito, associando a violência de Estado ao "genocídio" de 2 mil Waimiri Atroari na construção da BR-174 durante a ditadura.[34] Em São Paulo, comissão dupla: a da Verdade e Justiça dos Jornalistas de São Paulo e a da Verdade de São Paulo, chamada Rubens Paiva (CV-SP).

A CNV gerou todo o tempo todas as reações, sobretudo nos depoimentos mais momentosos. E não satisfazia ninguém. O movimento de familiares de mortos e desaparecidos levava constantes demandas.[35] Chegavam manifestos por aprofundamento das investigações, caso de cinquenta associações, na maioria comitês estaduais da CNV, que em agosto pediam que se investigassem crimes contra povos indígenas e colaboracionismo de empresários.[36]

O repúdio ao formato da CNV aparecia também em manifestações chamadas com outra pauta. No Sete de Setembro de 2012, grupos pedindo intervenção militar compareceram com seus cartazes a protesto anticorrupção convocado pelo ROL.[37] O verde-oliva conviveu em paz com o preto de movimentos punks e autonomistas, como o MPL, que lá também estavam.

Em fevereiro de 2013, nove meses depois de instalada, a CNV se reuniu com seus filhotes estaduais e soltou uma estatística cabeluda: 50 mil vítimas, desde sindicalistas até sargentos resistentes à quebra da legalidade.[38] Nomeava agentes envolvidos em prisões e desaparecimentos. A intenção era ouvi-los todos. Embora inimputáveis, dada a Lei da Anistia, podiam ser processados se recusassem a intimação para depor.

O movimento dos familiares de desaparecidos achou pouco, exigiu que a CNV divulgasse o que estava sob sigilo de Estado e reclamou punições. Em 25 de março de 2013, a CV-SP ouviu guerrilheiras torturadas em sessão pública.[39] Noutra cerimônia de eloquência simbólica, as famílias receberam a certidão de óbito revista do jornalista Vladimir Herzog e a da anistia do estudante Alexandre Vannucchi Leme.[40]

Dias depois era o aniversário do golpe, e movimentos de defesa do regime tornaram a se pronunciar. Os presidentes dos clubes Militar, Naval e da Aeronáutica criticaram, em nota, a unilateralidade da CNV, que estaria "limitando sua atividade à investigação apenas de atos praticados pelos agentes do Estado, varrendo "'para debaixo do tapete' os crimes hediondos praticados pelos militantes da sua própria ideologia".[41]

Esse lá e cá imprimiu a ditadura no cotidiano como objeto de debates, artigos de jornal, manifestos e protestos. A animosidade entre os lados desabrochou em 10 de maio de 2013, quando o torturador-símbolo do regime depôs à CNV. Movimentos tomaram a plateia da Assembleia Legislativa do Estado de São Paulo (Alesp). Carlos Alberto Brilhante Ustra chegou de óculos escuros e bengala. Fragilidade logo trocada pela insolência. Declarou que permaneceria calado, mas não se aguentou. Quando o rosário de seus crimes começou a ser desfiado, autopropagandeou seu *A verdade sufocada* como a única versão crível dos fatos. Incluiu a presidente na lista de membros de quatro movimentos armados que teriam atacado trezentos bancos, e reiterou a justeza do combate, que comandara com mão de ferro, a quarenta grupos "terroristas", fazendo malograr seu objetivo de "derrubar os militares e implantar o comunismo".

Quando contraposto a documentos, negou as evidências de assassinato no DOI-Codi e atalhou a mesa diretora dos trabalhos — "Não me interrompa!". A coisa transbordou com a proposta de acareação com uma das vítimas, que estava na plateia. Ustra respondeu: "Não faço acareação com terrorista". A réplica: "O senhor, sim, é terrorista".[42] A tréplica veio de um general reformado, que se levantou para endossar Ustra. Manifestantes do lado contrário passaram a gritar "Assassino!". A sessão foi interrompida, mas a controvérsia seguiu em jornais e na internet, com multiplicação de testemunhos de vítimas do coronel.[43] A CNV aproveitou o debate para adotar a denominação que se popularizara entre historiadores: "ditadura civil-militar". Assim ficava mais fácil convocar colaboradores civis, a começar pelos empresários financiadores da Operação Bandeirantes.[44]

Visando salvar a honra, mas também o soldo, no dia 28 de maio, a Associação Nacional dos Militares do Brasil convocou protesto. Pedia 28,86% de aumento, aprovação da Proposta de

Emenda à Constituição (PEC) que equalizaria o piso salarial de policiais estaduais no país, e acusava a CNV de "revanchismo".[45] O líder do movimento era da reserva e havia precaução quanto à presença dos que não o eram: "O pessoal da ativa que comparecer vai estar fora do serviço. Será uma manifestação pacífica. Ninguém vai aparecer armado". A convocação era dirigida a militares e suas famílias. A data era o aniversário da batalha do Riachuelo, o 11 de junho de 2013: "Decidimos tomar uma posição mais drástica. Pelas vias da conversa o governo não está nos ouvindo".[46]

O terrorismo passado era o foco dos movimentos contrários à CNV. Já o governo se preocupava com o terror no futuro. O país sediaria em breve a Copa das Confederações, em 2013, e a do Mundo, em 2014, que abririam avenidas de oportunidades para atentados de motivação política. Daí dois projetos de lei, o PL 707, de novembro de 2011, que definia como crime "a prática, por motivo político, ideológico, filosófico, religioso, racista ou separatista, com o fim de infundir terror";[47] e o PL 728, que incrementava a segurança e restringia o direito de greve durante os eventos. Discutia-se ainda o PL 6578 de 2009, uma Lei de Organizações Criminosas, que podia vir a incluir atividades políticas.[48]

Movimentos sociais do campo patriota se preocupavam mais com outra violência, a do crime organizado, que crescera sob governos petistas, com regiões inteiras sob o controle de traficantes, em São Paulo e no Rio de Janeiro, onde operações policiais, em vez de resolver, açulavam a criminalidade. A polícia contribuiu para tornar o problema candente, manifestando-se na forma de movimento social. Em Salvador, em fevereiro de 2012, policiais civis em greve ocuparam a Assembleia Legislativa. Houve saques, e os homicídios dobraram ao longo da semana, gerando um dominó de cancelamentos de espetáculos e aulas.[49] Em agosto, a greve pegou entre os policiais federais em todos os estados, exceto no Rio. Houve manifestação em São Paulo, no Monumento às

Bandeiras, em setembro.[50] Greve em cadeia deu margem a motim de presos em Rondônia, no primeiro dia de maio de 2013. Logo, agentes de presídios, bombeiros, policiais civis e militares também pediram melhores condições de trabalho no Mato Grosso do Sul, em Santa Catarina e no Ceará, onde a Associação das Esposas dos Praças e Militares do Estado do Ceará (Assepec) foi a protagonista.[51] A polícia fazia política.

Também havia mobilização social em apoio à linha dura na segurança. Em abril de 2013, o assassinato de um estudante por um menor em São Paulo motivara passeata por redução da maioridade penal. Ao longo de maio, marchas por segurança tomaram São Vicente (SP), Vales (MG), Cascavel (PR) e Cuiabá (MT). Em Maceió foi noturna, à luz de velas.[52] Eram cidades onde assassinatos gratuitos ou violentos causavam comoção pública. Demandava-se mais polícia.

Outro lado da sociedade se organizava por menos. Movimentos do campo neossocialista — Instituto Periferia Ativa, Comitê contra o Genocídio da Juventude Negra, MTST — e autonomista — a Fanfarra do M.A.L e o MPL — ocuparam a Secretaria de Segurança Pública de São Paulo em 14 de maio, contra a violência policial.[53]

Mesmo o campo socialista protestava. Ainda em maio, o MST manifestou-se durante julgamento de assassinos de ativistas, em Felisburgo, no Vale do Jequitinhonha,[54] e, junto com a Pastoral da Terra, Associação Nacional dos Magistrados da Justiça do Trabalho, outros movimentos e parlamentares, protestou, contra a transferência de comarca de julgamento similar, no qual os processados eram latifundiários.[55]

Na violência política, como na criminalidade, a sociedade organizada estava clivada, com protestos por mais e menos uso da força pelo Estado. Os partidos também. O PSDB propôs ao Congresso punição severa para menores que cometessem crime hediondo. O ministro da Justiça se opôs.[56] De sua parte, a maioria dos cidadãos comuns não se bifurcou, tomou um lado: 92,7% escancararam seu sim à redução da maioridade penal no começo de junho de 2013.[57]

2. REDISTRIBUIÇÃO NA BERLINDA

Nos governos Lula, as mobilizações redistributivistas desincharam dadas as políticas de elevação do salário mínimo, extensão dos programas de renda mínima e do quase pleno emprego. A nova presidente tentou o mesmo trilho. Manteve e ampliou programas sociais. O Brasil sem Miséria, de junho de 2011, focalizou transferência de renda, microcrédito e acesso à água. Os programas de eletrificação rural e cisternas visavam, respectivamente, 257 mil e 650 mil famílias,[58] a serem atendidas até o fim do mandato. O Brasil Carinhoso, de maio de 2012, aumentaria o valor do Bolsa Família para casas com crianças de até quatro anos.[59] Protestos não vieram desse tipo de beneficiário dos recursos públicos, a base da escada social; vieram dos outros degraus.

E mesmo de dentro do Estado. Movimentos e sindicatos de funcionários públicos reclamavam de represamento na contratação de aprovados em concurso e na suspensão dos previstos para 2011. Carregaram uma cover da presidente com a faixa "Dil-Má" para a abertura da 34ª Exposição Internacional de Animais, Máquinas, Implementos e Produtos Agropecuários (Expointer), na região metropolitana de Porto Alegre, em 27 de agosto. A presença da presidente em cerimônia oficial de servidores das universidades federais do estado, dos Correios e da Polícia Civil foi recepcionada com vaias e demandas de reajuste salarial.[60] Ameaçava-se greve. As de funcionários públicos, em 2011, foram 296, mais da metade do total de 554.[61] Em 2012 seriam 877, crescimento de 69,3% em relação ao ano mais grevista do governo Lula, 2009.[62] Entre o início do mandato de Dilma e maio de 2013, totalizaram 2281.[63]

Mas, na zona da redistribuição, o que pegou mesmo foi a propriedade da terra. Sempre litigiosa, amainara sob Lula, dados a proximidade do presidente com o MST e o bom trânsito com os ruralistas. Com Dilma, as relações deixaram de ser macias. O PNDH 3 previra mudança de regras na reintegração de posse em invasões de terras. A ministra dos Direitos Humanos pediu ao Congresso que aprovasse expropriação para a reforma agrária de propriedades onde se identificasse trabalho escravo. Assim, o governo Dilma atiçou conflitos em torno da terra desde o seu comecinho, que cresceram nas três modalidades de território — florestado, indígena e urbano.

Lula deixara brasas em torno do novo Código Florestal, que tramitava desde 1999. Seu segundo governo passou uma versão na comissão especial da Câmara, em julho de 2010, anistiando desmatamento pregresso e uso de propriedades de até quatrocentos hectares (definidas como "pequenas") para a agropecuária. Enfurecera, assim, o movimento ambientalista — "É uma anistia ampla, geral e irrestrita para aqueles que fizeram crime ambiental, para aqueles que ocuparam de forma irregular" —[64] sem satisfazer o agronegócio, que reclamava redução de reservas nativas obrigatórias em médias e grandes propriedades. O clamor foi reavivado em abril de 2011, quando a matéria foi para o plenário da Câmara. O movimento ambientalista achou aliados, como o PV, para protestos ainda em abril, como em agosto, novembro e dezembro de 2011.[65]

Acusado tanto de ambientalista demais quanto de ambientalista de menos, o governo perdeu as rédeas. A tramitação tensa gerou rusgas entre a presidente e o PMDB, dela com ruralistas e com ambientalistas liderados pela ex-ministra do Meio Ambiente de Lula. Impedir a anistia virou ponto de honra para Dilma, que ameaçou vetar o item.

O governo perdeu no voto. Em maio de 2011, a Câmara passou o texto-base. Isentava os "pequenos produtores" (aqueles de até quatrocentos hectares). Mantinha a emenda 164, dos ruralistas, que transferia a regulação de áreas de proteção ambiental aos estados e reintroduzia, por essa porta lateral, a possibilidade de anistiar desmatadores. A medida importava para todo o Centro--Oeste e para Santa Catarina, onde, dizia sua bancada, a medida afetaria a maior parte de terra produtiva. Sem a emenda, bradava--se, o agronegócio quebraria. Para aprová-la, o lobby ruralista virou movimento ruralista, organizando protestos.

Em 18 de julho de 2011, nasceu na sede da Fiesp o Movimento de Valorização do Agronegócio Brasileiro — Sou Agro[66] Reunia 35 associações, sobretudo de Mato Grosso e São Paulo, de pecuaristas, produtores de papel, de grãos, algodão e açúcar, multinacionais de alimentos, como a Nestlé, de sementes, de fertilizantes e de venenos, como a Monsanto.[67] Executivos na casa dos quarenta tocavam essa frente, falando em modelos modernos de gestão e "parceria", desenvolvimento sustentável, ética e lucro.[68] Era a rede cívica do empreendedorismo rural feita política. À frente, Roberto Rodrigues, ministro da Agricultura do primeiro governo Lula e que já passara pela Organização das Cooperativas Brasileiras e pela Associação Brasileira de Agribusiness. Foi quem convidou Lula para o evento em que se batizava a ação. Lá estavam ainda Lima Duarte e Giovanna Antonelli, estrelas da campanha publicitária.[69]

Sob essa pressão, o Código seguiu para o Senado em dezembro, onde o governo fez as alterações que podia, o que forçou o retorno à Câmara no ano seguinte. Em 25 de abril de 2012, por fim, foi aprovado. Manteve a recomposição de mata na beira dos rios, como pediam os ambientalistas, mas os ruralistas derrubaram a definição como lei ambiental, que incluía compromisso com "modelo de desenvolvimento ecologicamente sustentável" e a exigência de cadastro ambiental rural para obter crédito agrícola. Uma vitória do agro, que celebrou no plenário. O movimento ambientalista e o estudantil — convocado pelo Juntos! — protestaram nas galerias, com cartazes de "Veta, Dilma".

Entre aprovação e sanção, a campanha de mesmo nome virou *hashtag*. Nas redes, quilos de artistas aderiram, como Fernanda Torres e Wagner Moura. Camila Pitanga usou a cerimônia de outorga de título de doutor honoris causa que cinco universidades federais cariocas concediam a Lula para demandar o veto à presidente. Até o personagem Chico Bento entrou na roda. Mauricio de Sousa o desenhou no Twitter com o balãozinho: "Veta tudim, dona Dirma". Mais vistoso foi o enorme "Veta, Dilma" estampado num balão de 35 metros, obra conjunta de SOS Mata Atlântica e MST, que provocou o adversário, sobrevoando o Agrishow de Ribeirão Preto, em maio.[70] Na Cúpula dos Povos, evento paralelo à Rio+20, em junho, movimentos "ecologistas, quilombolas, sem-teto, sem-terra, feministas, homossexuais, professores universitários em greve, hare krishnas, e evangélicos", coisa de 15 mil pessoas, também pediram o veto: "O povo tá na rua. Dilma, a culpa é sua". Debocharam da presidente com bonecos gigantes.[71]

A Frente Parlamentar da Agropecuária fez a campanha oposta: "Não veta, Dilma". Seu manifesto mencionava a perda de 33 milhões de hectares para a agricultura e exortava: "A tinta da caneta da presidente é verde-amarela".[72] A caneta escreveu para o lado verde, em outubro de 2012. Foram doze vetos e 32 modificações, cancelando a anistia ao desmate e restaurando o princípio do Código como lei ambiental. O líder da Frente deu nome guerreiro aos bois: "Nós achamos que houve um golpe, e nós certamente vamos reagir a esse golpe".[73]

Contendores dessa batalha se repetiam em outra, em torno das terras indígenas. Havia 335 demarcações empacadas e 348 terras reivindicadas por povos indígenas. Os dois primeiros anos de Dilma demarcaram apenas dez, nos estados do Amazonas, Pará e Acre.[74] Era pouco porque era difícil.

Conflitos entre movimentos opostos em torno do projeto da hidrelétrica de Belo Monte, no Pará, acharam reverberação internacional. Empresários rurais a descreviam como indispensável para desenvolver a região. Do lado contrário, estavam movimentos indígenas e de pequenos agricultores, em nome do total de 50 mil pessoas habitantes das terras a serem alagadas. Era mais um contencioso começado nos anos que Lula e que ficou agudo quando se iniciaram as obras, no primeiro ano de Dilma.

Manifestos e abaixo-assinados contrários arrebanhavam adeptos pela internet. Um deles, com 483 mil signatários, foi entregue à presidente, em fevereiro de 2011, por duzentos membros de movimentos ambientalistas e indígenas.[75]

Já no ano seguinte, aproveitando a Rio+20, em junho, surgiu o Movimento Xingu Vivo para Sempre. O nome dá a impressão de um, mas era uma coalizão de muitos movimentos. O ISA, a mais importante organização ambientalista brasileira, que assessorara Marina Silva quando ministra, liderava o grupo. Mas todas as cepas ambientalistas, mesmo as globais Amazon Watch e International Rivers, faziam parte, assim como movimentos de outras agendas: direitos humanos, mulheres, estudantis e negro.[76] Havia ainda apoio do Movimento dos Atingidos por Barragens, Movimento dos Trabalhadores Desempregados, CPT, Conselho Indigenista Missionário (Cimi) e de sindicatos. Tantos e diversos amealhados na Frente de Resistência Contra Belo Monte. Sem contar as alianças com a Coordenação das Organizações Indígenas da Amazônia Brasileira[77] e com associações científicas, caso de Associação Brasileira de Antropologia (ABA) e Sociedade Brasileira para o Progresso da Ciência (SBPC). Somava-se a mão amiga do Ministério Público Federal (MPF), que impetrou vinte ações contrárias à obra.[78] A coalizão de movimentos organizou vigílias e protestos nas imediações da obra, como o encontro Xingu+23. Em 3 de setembro de 2012, houve protesto contra ocupação de terras indígenas em Brasília, invasão de fazenda no Mato Grosso e fechamento de estrada em Rondônia.[79]

O governo sofria aperto desse lado e do contrário. O movimento pró-hidrelétrica, que contava com prefeituras da região, se formalizou no Fort Xingu, reunião de 178 organizações de empresários, igrejas evangélicas e sindicatos rurais, que fez campanha em favor da obra, espalhando outdoors por Altamira.[80] Não era só na Amazônia que o conflito campeava. Em 2013, a terra indígena voltou a ser pomo da discórdia no Mato Grosso. Em Coronel Sapucaia, em 5 e 6 de abril, fazendeiros protestaram contra a Fundação Nacional dos Povos Indígenas (Funai), por conta de Termo de Ajustamento de Conduta (TAC) chancelado pelo MPF, garantindo a demarcação das terras dos Guarani Kaiowá no sul do estado. Uma campanha avançou pelo Facebook, com usuários mudando seus sobrenomes nos perfis para "Guarani Kaiowá". A Coordenação das Organizações Indígenas da Amazônia Brasileira conclamou a mobilização contrária. Sua líder, Sônia Guajajara, convocou: "A Constituição de 1988 está na mira. Precisamos lutar para que ela não seja destruída, mas colocada em prática". Um membro do Cimi acusou: "O ruralismo faz uso de terrorismo político no ataque aos povos indígenas no Brasil".[81]

Era mesmo pé de guerra. No 11 de abril, a Câmara dos Deputados criou comissão para apreciar a PEC 215/2000, que transferiria do Executivo para o Parlamento a demarcação de terras indígenas e quilombolas. O assunto pegou fogo na Comissão de Agricultura e Reforma Agrária. A incendiária era Kátia Abreu, liderança repetida nos conflitos em torno de terras florestadas e indígenas, sempre na defesa do agronegócio: "A Justiça lá [no Ministério] só funciona para os índios, só funciona para o Cimi. Virou uma representação de classe. Não existe Justiça para os fazendeiros". Indignava-se: "Terra indígena é uma expropriação [...] o sonho dos índios não pode custar o meu sonho; o sonho dos sem-terra não pode custar o dos produtores rurais".[82]

Na Câmara, o movimento ruralista colheu assinaturas para abrir uma CPI para investigar a Funai. A ministra da Casa Civil foi convocada à Comissão de Agricultura e Reforma Agrária para esclarecer a posição governista sobre demarcação de terras indígenas. No Senado, o ruralismo focalizou outra comissão, a de Meio Ambiente. À frente dela estava Blairo Maggi, premiado pelos dois lados do conflito: "Rei da Soja" e "Motosserra de Ouro", títulos que honrava:

> [...] os radicais não querem nada! Querem que o país volte a ser uma floresta só, que vivamos pendurados em árvores comendo coquinhos por aí. Como Adão e Eva. Ninguém quer isso. Quer ter energia elétrica, boas estradas, andar de automóvel [...]. Uma vida boa, moderna, bacana.[83]

O assunto tinia em Brasília e nos confins. Em começos de 2013, havia conflitos entre movimentos ruralista e indígena nas regiões Sul e Centro-Oeste. Em 16 de abril, o segundo protestou no Planalto e pediu audiência. A presidente não os recebeu.[84] Os indígenas, então, tomaram o plenário da Câmara e impediram os trabalhos.[85]

Ao longo de maio, Belo Monte virou o epicentro de tudo, quando 180 pessoas das etnias Munduruku, Arara, Juruna, Kayapó, Xipaya e Kuruaya[86] invadiram as obras no Pará e lá acamparam.[87] Lá foi também a Força Nacional. Ao mesmo tempo, terenas demandavam a completude da demarcação de seu território.[88] No dia 15, 1,6 mil membros de várias etnias invadiram quatro fazendas em Sidrolândia, no Mato Grosso do Sul. Coisa de interior, mas também de capital, pois as fazendas estavam a setenta quilômetros de Campo Grande. E numa capital sempre tem política. O proprietário de uma das terras invadidas era ex-deputado estadual, o que explica a velocidade da ordem de reintegração de posse, expedida no dia da invasão. A Polícia Federal foi desalojar os ocupantes duas semanas depois, no 30 de maio. O confronto transcorreu das sete da manhã às quatro da tarde, quando os indígenas saíram das terras, apenas para tornar a invadir uma das fazendas no dia seguinte.

Ao mesmo tempo, desenrolava-se o conflito em torno de terra rural, com o MST de protagonista. Nos dois primeiros governos petistas, 72 122 famílias tinham sido beneficiadas por reforma agrária, perto de 9 mil por ano, em média. O primeiro biênio de Dilma ficou muito abaixo: 5368. As expropriações caíram de 76 ao ano, sob Lula, para 38 na primeira metade do governo de sua sucessora.[89] O MST reclamou por meio de 149 ocupações (cinquenta em São Paulo, 36 na Bahia e 27 em Pernambuco), que mobilizaram 17 924 famílias em 2011.[90] O movimento conseguiu que 24 deputados petistas divulgassem nota, reclamando da pouca atenção da presidente à reforma agrária.[91]

O ano de 2012 correu na mesma batida, com a Jornada Nacional de Lutas pela Reforma Agrária, carreada pelo MST. Foi série de ocupações em sete estados,[92] reclamando assentamentos e crédito. Em 3 de janeiro de 2013, o movimento quilombola protestou, na praia em que a presidente descansava, contra reintegração de posse de áreas ocupadas.[93] Tornou a fazê-lo, acompanhado de MST e de movimento de pescadores, no 6 de março, quando invadiram o prédio da Advocacia-Geral da União, no centro de Salvador.[94] Ainda em março começou uma ocupação de três meses no Eixo Monumental, o Acampamento Hugo Chávez, que abria a Jornada

Nacional de Lutas das Mulheres por Reforma Agrária e Soberania Popular.[95] Em abril, a coalizão de quarenta movimentos, incluída a Federação dos Trabalhadores na Agricultura (Fetag) do estado de Minas Gerais, lançou a Jornada Nacional de Lutas da Juventude Brasileira. UNE e União Brasileira dos Estudantes Secundaristas (Ubes) iam à frente, mas a pauta era rural: reforma agrária, melhoria de escolas no campo e modernização tecnológica do ensino. Agregava-se um pouco de tudo: antirracismo, democratização da mídia, transporte público.[96] Foi em Brasília e acabou com 4 mil jovens se banhando no espelho d'água do Congresso.

Dilma não teve trégua nem sossego. Além das ocupações,[97] em 2013 vieram os bloqueios. A interdição da BR-101, em Natal, em 20 de maio, foi aquecimento para o Grito da Terra, do MST e da Contag, três dias depois. Ainda em maio, um pecuarista acusado de ser mandante do assassinato de extrativistas no Pará foi a julgamento. Ante sua absolvição, o MST cercou e atacou o fórum de Marabá.[98]

A técnica invadir-ocupar, usada por MST e movimento indígena, no interior do país, o MTST aplicou nas cidades desde que Dilma se aboletou no Planalto. Em fevereiro de 2011 houve marcha rumo à prefeitura de Santo André; invasão de uma secretaria em São Paulo e ocupação do Ministério das Cidades em Brasília por nove dias. Em março, o movimento bloqueou ruas próximas ao acampamento Zumbi dos Palmares, em Sumaré; armou protestos em Taboão da Serra e em frente à prefeitura de Embu das Artes (SP); marchas em Manaus e em Santo André; e bloqueio da rodovia Anhanguera. Em agosto, o MTST invadiu outro ministério, o dos Esportes. Entre esse ano e o seguinte, ocupações se espalharam por Santo André, Planaltina, Curitiba, Uberlândia.[99] A de mais repercussão foi Pinheirinho, em São José dos Campos. Foi em 22 de janeiro de 2012, quando a PM e a Guarda Civil Metropolitana executaram uma ordem judicial de reintegração de posse, com farta distribuição de espancamentos. Entre feridos e presos estava seu líder em ascensão, Guilherme Boulos.[100]

Além de tudo isso, o mtst se engajava na coalizão de movimentos que contestavam a remoção de moradores de baixa renda para construir estádios e a especulação imobiliária no entorno: "Aumento de aluguel em Itaquera superou 300% no período em que se anunciou o estádio até a construção".[101] Por isso, em abril de 2012, mtst invadiu as obras do Itaquerão.[102] No Rio, mobilização similar, misturando Copa e moradia, ajuntou movimentos na Aldeia Maracanã: "Havia essa ameaça de remoção desse espaço, que é um espaço cultural", situado entre a Uerj e o Maracanã, para dar lugar ao Porto Maravilha. A obra levaria à "expulsão de várias ocupações de várias famílias".[103]

A mobilização anti-Copa vinha se organizando nas doze futuras cidades-sede. Comitê Popular da Copa (Copac) era nome comum de muitos movimentos,[104] meio autônomos, meio conectados, planejaram usar uma Copa, a das Confederações, em junho de 2013, para desencadear os protestos contra a outra, a do Mundo. Os estádios eram para ser uma vitrine do governo Dilma, mas seriam também para os movimentos contrários. Além de desalojar moradores, o governo ficara devendo a promessa do plano original de turbinar a malha de transportes de Recife, Fortaleza, Rio, Belo Horizonte, Brasília e São Paulo. E os movimentos anticorrupção apontavam problemas na licitação e gestão de verbas.

Enquanto junho não chegava, sobrou para o tatu-bola Fuleco. O boneco mascote da Copa foi destruído, em outubro de 2012, em protestos em Porto Alegre, Brasília e São Paulo.[105] Em novembro, as manifestações anti-Copa foram no Rio,[106] e em dezembro, em São Paulo.[107] Tudo meio lúdico e muito pequeno. No começo de 2013, vigorara o mesmo padrão. Quando a Arena Fonte Nova foi reinaugurada pela presidente em 28 abril,[108] teve festa em Salvador. Distribuíram-se as "caxirolas" inventadas por Carlinhos Brown para uma batucada coletiva no estádio. O público deu outro fim ao instrumento, arremessado no gramado.[109] No Maracanã, também em abril, o grito foi contra a corrupção. Ativistas do Femen apareceram com "Fuck World Cup" pintado no dorso nu. E uma modelo apareceu vestida apenas com tintura nas cores nacionais. Eram poucas, mas a polícia respondeu com cavalaria, tropa de choque, gás lacrimogêneo e tiros de borracha.[110]

Os estádios viraram vidraça das autoridades e alvo dos manifestantes. No 18 de maio de 2013, a presidente e o governador foram inaugurar o Mané Garrincha.[111] Dentro do estádio, a internet não funcionou. Fora, MTST e Copac deram "um cartão vermelho para a Copa".

A terra gerava todos esses conflitos por sua situação de recurso basilar da estrutura social brasileira desde sempre. O outro pilar da estratificação, a raça, fora trazido à tona com o ingresso de negros, dada a ampliação do ensino superior e do mercado de trabalho nos anos Lula, em espaços de prestígio que antes lhes eram vedados. Fora efeito de políticas não direcionais, pois a lei de cotas não passara de cogitação. Por isso, no governo Dilma, o movimento negro fazia manifestações. Na véspera do aniversário da Abolição, em 2011, a 15ª Marcha Noturna pelos 123 anos da Falsa Abolição da Escravatura saiu às ruas paulistanas. Mas foram poucos os protestos no primeiro ano de Dilma. O foco era mais o lobby que a rua, porque a lei de cotas voltara à discussão.

Nesse debate, dois lados se mobilizaram: um, convicto de que o Brasil era e devia continuar sendo um país mestiço e sem preconceitos; outro, de que era um país racista a reclamar corretivos via políticas de Estado. Em fevereiro do segundo ano de Dilma, o Comitê contra o Genocídio da Juventude Negra, agrupando 27 movimentos, insistiu na segunda tese, protestando no centro de São Paulo e com passeata por bairro branco de renda alta, Higienópolis. Foram denunciar episódios de racismo. Segundo um dos organizadores: "Este ato nasceu de uma necessidade, porque desde o início de dezembro nós temos enfrentado uma onda racista na cidade".[112] Onda que cresceria com a aprovação da Lei de Cotas para as universidades federais, que Dilma sancionou em 29 de agosto. Saiu mista, meio racial, meio social. Asseguraria 50% das vagas em 59 universidades e 38 institutos federais para egressos do ensino público e uma parte exclusiva para pretos, pardos e indígenas, conforme sua representação demográfica em cada estado.[113] A vigência ficou para o ano letivo seguinte: 2013.

A presença negra já crescera na elite escolar com o Prouni, que, no início de 2012, celebrara um 1 milhão de bolsas concedidas em mais de 1300 faculdades privadas distribuídas por 1354 municípios.[114] A Lei de Cotas significaria aumento drástico e inédito dessa população em nichos de excelência e prestígio antes cativos da elite social.[115] Parecia pouco e era muito.

Daí o protesto imediato de quem se viu ameaçado. Em agosto de 2012, em Goiânia e Brasília, estudantes de colégios particulares em idade de vestibular se manifestaram contra as cotas nas federais. Eram todos brancos. Os goianos quebraram a monocromia com camisetas verdes e o vermelho do nariz de palhaço. Queriam igualdade de competição, afinal, "é um país muito miscigenado".[116] Em sentido oposto foi o protesto pró-cotas na USP, em setembro.[117]

As cotas dividiram a opinião pública. Na imprensa, debate longo e acirrado, no qual muitos intelectuais, atingidos pela mudança do alunado universitário, se posicionaram contra. Para uns, a medida mimetizava os norte-americanos e "racializaria" o Brasil. Outros insistiam que a desigualdade era econômica, tornando inócua a distinção entre brancos e negros. Havia desde quem visse nas ações afirmativas um paliativo até quem nelas enxergasse ameaças ao estado de direito e à qualidade do ensino.[118] Num debate no qual ninguém se declarava racista, eufemismos se esfumaram quando entrou na agenda a PEC 72,[119]a "das domésticas". As cotas afetavam a reprodução do prestígio social das camadas altas via universidades públicas; a nova PEC impactava a gestão da vida privada dos estratos altos e médios. Impunha salário mínimo como piso, jornada de oito horas, recolhimento de FGTS e multa para demissão sem justa causa. Em princípio, não tinha nada de mais, apenas levava porta adentro das residências direitos que os trabalhadores tinham fora delas desde a Constituição de 1988.[120] Mas, assim como as cotas, a "PEC das domésticas" atingia em cheio a maneira centenária e racializada de conceber a hierarquia social no Brasil. A babá, a cozinheira, o caseiro, o motorista particular eram todos "da família", como os escravos domésticos, e como eles, sem horário fixo nem direitos claros. A PEC punha esse sistema em xeque.

Começou a tramitar em março de 2013 e ganhou relatoria de potente carga simbólica: Benedita da Silva, mulher, negra e ex--doméstica ela própria. A PEC passou rápido pelo Parlamento, em 3 de abril,[121] quase sem controvérsia. Jair Bolsonaro foi o único deputado a votar contra. Mas fora do Congresso, o protesto foi imediato. Não protesto de rua, mas manifestação da sociedade organizada via imprensa. Artigos frisaram três males da nova lei. Um era a perda de status da classe média, incapaz de arcar com o ônus a pagar. Aí se acusava o PT de boicotar o sonho que estimulara nos anos Lula, o do país de classe média. Outro brandia a retórica da ameaça: os benefícios seriam falsos porque o aumento dos custos desempregaria a categoria em massa. O terceiro, preferido nas charges, era a inversão da hierarquia entre empregada e patroa, com a segunda à mercê da primeira.

Para os estratos médios, combinavam-se perda simbólica e perda econômica. Mas para os mais ricos, o problema tinha outra magnitude. Embora a PEC não representasse dano relevante no bolso, afetava um estilo de vida enraizado na disponibilidade de subalternos. Socialites soltaram a voz na fronteira entre o escárnio e a indignação. Danuza Leão expressou vários desgostos com o governo num único artigo: "O medo, o luxo, a PEC". O medo era da desproteção dos ricos, exemplificado pela invasão de um hotel por grupos indígenas, na Bahia, e a do próprio apartamento por assaltantes, no Rio. O luxo ameaçado aparecia ilustrado por amigos, "um casal muito, muito rico [...] que não suporta a ideia de ter um livro de ponto em casa, e ao mesmo tempo quer ter o direito de pedir um chá às dez horas da noite". Com a PEC, concluía a colunista, "o governo está interferindo um pouco mais do que o tolerável na relação entre empregado e empregador no trabalho doméstico".[122] Para o topo da elite social, o Estado regulava a vida privada para além do aceitável.

A mobilização defensiva ganhou outra forma nos trotes universitários. No curso de direito da UFMG, em 15 de março, fotografado e viralizado, uma moça acorrentada e pintada de preto teve cartaz pendurado no pescoço: "caloura Chica da Silva". A corrente era puxada por um branco sorridente. Outros três se fizeram fotografar ao lado de um calouro amarrado, fazendo a saudação nazista.[123] Racismo explícito graças à internet, onde tudo isso circulava.

A fronteira simbólica entre brancos e negros estava em perigo. Insatisfações contra a democratização de espaços sociais antes de elite — as universidades, os shoppings, os aeroportos — eram difusas, mas tinham direção. Em pesquisa do Data Popular, em 2012, metade (48,4%) dos entrevistados dos estratos A e B reclamou que a ampliação de acessos afetaria a "qualidade dos serviços". Outro tanto (55,3%) sugeria manter as fronteiras simbólicas, diferenciando produtos em "versões para rico e para pobre". Sem pudicícia, 49,7% preferiam "ambientes frequentados por pessoas do mesmo nível social". Menos numerosos, mas longe de insignificantes, eram os empenhados em barrar malvestidos (16,5%) e a expansão do metrô para seus bairros, porque atrairia "gente indesejada" (26%).[124]

3. MORALIDADES EM LITÍGIO

Perto da posse de Dilma, o G1 fez série sobre gargalos nos quais a presidente poderia entalar: infraestrutura (destaque para aeroportos saturados), trabalho (aumento do gasto público e desaceleração da atividade econômica), qualidade dos serviços públicos em saúde e educação, inclusão digital e segurança pública.[125] No rol de prioridades, excluía-se a moralidade. Para o maior veículo de imprensa do país, conflitos morais não eram tema nem problema. A rua discordava.

Moral privada

Coletivos antiproibicionistas, feministas, LGBT (nova nomenclatura que o movimento adotou em 2008, para incluir transgêneros e travestis) cresceram ao longo e ao largo do governo Lula. Tiniam no início de Dilma. Pequenos, mas ostensivos ao exibir estilos de vida antitradicionais como plataforma política. Essa contestação em bloco à moral tradicional — descriminalização das drogas, direitos de mulheres e minorias sexuais — era longe de tolerável para outra parte organizada da sociedade. Nos dois primeiros anos de mandato, a presidente viu a rua se mexer nas duas direções, ancoradas em comunidades morais opostas.

Um embate muito provocativo, mas de pequeno volume, dizia respeito ao controle dos sentidos. A maior mobilização era em prol de retirar família e Estado da gestão do consumo de psicotrópicos de uso médico ou recreativo. Nessa direção vinha desde 2008 a Marcha da Maconha. Era um movimento com a irreverência da contracultura. Cartazes cheios de humor, música e malabarismo, artistas e adereços. Organização autonomista, negava a liderança: "A Marcha da Maconha é um movimento social organizado em rede de forma descentralizada. Então, cada cidade onde a Marcha da Maconha é organizada tem as suas próprias demandas e a organização própria".[126] Também se afastava de partidos, o que complicava o financiamento. Como não existe protesto grátis — a Marcha custava cerca de 15 mil reais —,[127] o sustento veio das redes cívicas contraculturais, via *crowdfunding*. Auto-organização e autofinanciamento.

Marcha pequena, pobre, e, desde a primeira edição, proibida. No Rio, em 7 de maio de 2011, aconteceu a terceira. Compareceram 5 mil pessoas, numa contagem benigna. Fenômeno Zona Sul, de jovens de estratos médios e altos, que marcharam, pela orla, do Leblon ao Arpoador. Um dos organizadores era soviólogo, a maioria dos participantes vinha das artes ou das humanas, caso do advogado que conseguiu habeas corpus preventivo para a realização[128] do protesto. Foi tranquilo.

Já a de São Paulo, no 21 de maio, quase nem aconteceu. Antes da data, a PM deteve três panfletistas[129] e, no dia, desbaratou, com gás lacrimogêneo e uma prisão. A repressão atraiu apoios. Além do organizador local, o Coletivo DAR, aderiram os 73 coletivos do Fora do Eixo. Assim se alargou a pauta, para incluir rechaço à ministra da Cultura do "retrocesso". A aliança DAR-Fora do Eixo redundou em chamada para nova passeata. O DAR propôs nomear como Marcha pela Regulamentação das Armas Não Letais. O Fora do Eixo desgostou: "Eram em tese o movimento mais criativo da cidade e eles propuseram um nome que não cabia num tuíte".[130] A contraproposta que vingou foi "Marcha da Liberdade". Um manifesto convocou todo o campo autonomista: "grupos de teatro, dança, coletivos, povos da floresta, grafiteiros 'hackers', 'anarcos', estudantes, ciclistas, feministas, vegetarianos, pedestres, LGBT, negros, ambientalistas". Para esse arco de movimentos, estrutura frouxa, mantida apenas pela defesa da liberdade

Não somos uma organização. Não somos um partido. Não somos virtuais. Somos REAIS. Uma rede feita por gente de carne e osso. Organizados de forma horizontal, autônoma, livre [...] uma obra em eterna construção. Acreditamos que a liberdade de expressão seja a base de todas as outras: de credo, de assembleia, de posições políticas, de orientação sexual, de ir e vir. De resistir. Nossa liberdade é contra a ordem enquanto a ordem for contra a liberdade.[131]

Marcha convocada, marcha proibida pelo Tribunal de Justiça de São Paulo.[132] Proscrita, mas realizada em 28 de maio, mediante acordo com a PM. O Fora do Eixo divulgou e transmitiu ao vivo a Marcha da Liberdade, com seus 5 mil participantes.[133] A interdição esmoreceu o evento noutras capitais. A de Natal teve mil pessoas, bandas, termo de ajustamento de conduta, escolta da PM e hora para acabar.[134]

O embargo judicial perdurou. A Procuradoria da República impetrou ação no STF, alegando apologia ao consumo de drogas. O Supremo decidiu rápido e por unanimidade, em 15 de junho de 2011, pelo direito constitucional de reunião e expressão.[135] A Marcha, então, saiu celebrativa em quarenta cidades. Foi trocista e festiva, com artistas, fantasias, flores e gente fumando, ou simulando fumar, como diziam, a erva. A galhofa apareceu no nome em Brasília: Marcha da Pamonha.[136] A maior foi na maior cidade. E mesmo em São Paulo, apenas 2,5 mil manifestantes.

Miúda e incômoda, a Marcha se tornou rotina. As alianças no campo autonomista somavam demandas: por direitos para negros e LGBT em São Paulo, pelo casamento de pessoas do mesmo sexo e proteção de florestas em Fortaleza. E por outra legalização, a do aborto no Rio.[137] Em Minas, somou-se à Marcha das

Vadias. No segundo ano de Dilma, tudo do mesmo jeito, com eventos, em junho, em Campinas e Florianópolis.[138] Em Copacabana, plantaram-se 420 réplicas de folhas de *Cannabis*. A jardinagem acabou em gás lacrimogêneo.

Os manifestantes sempre enfrentavam a polícia, mas passaram a enfrentar também um movimento oposto. Na edição paulistana de 2011, dois punks atacaram a Marcha.[139] Em março de 2012, a Associação Brasileira de Estudos do Álcool e outras Drogas (Abead), de profissionais de saúde, e a Associação Parceria contra Drogas[140] inventaram marcha contrária, a Caminhada Nacional contra a Liberação da Maconha — pela Vida. No 2 julho, oitocentos enfrentaram a garoa paulistana, fantasiados de hippies, para ridicularizar os adversários, ou com camisetas com o letreiro: "A família brasileira diz não à liberação da maconha".[141]

Reação aparecida no momento em que a Marcha da Maconha se espalhava e se propunha anual. Em 2013, aconteceu em abril, em São Paulo e no Rio de Janeiro, e, em maio, em Belo Horizonte, Brasília, Salvador, Natal, Vitória, Curitiba, Fortaleza, Porto Alegre, Juiz de Fora, Nova Iguaçu, Foz do Iguaçu, Blumenau e São Gonçalo. Sempre no mesmo estilo e com o mesmo efeito. Era sequência de uma série nacional que alcançaria cinco outras capitais e mais seis cidades em Minas, Santa Catarina, Paraná e Rio de Janeiro.[142] Sobravam fagulhas para o governo do PT por causa das ressalvas da ministra da Casa Civil à descriminalização.[143]

Família era o centro nervoso da disputa na moralidade privada. O dissenso moral em torno das drogas se repetia na sexualidade, com manifestações por mais e por menos direitos. O governo Dilma patinou aí. O aborto fora sua unha encravada na campanha eleitoral, quando a pressão religiosa foi tão gigante quanto bem-sucedida em calar a candidata. Mas a Secretaria de Direitos Humanos comprometera-se com o PNDH 3 e seus metros de pano para manga: descriminalização do aborto, união civil entre pessoas do mesmo sexo, combate à homofobia e à exploração sexual de menores.

Promessa feita em janeiro e desafiada em abril e maio. Foi quando as frentes parlamentares antiaborto nascidas do primeiro governo Lula se reinstalaram para resistir à descriminalização do aborto. Uma era a Contra o Aborto e em Defesa da Vida. A outra, a da Família, em Apoio à Vida, renasceu taluda, com 205 deputados e senadores,[144] durante o IV Encontro Brasileiro de Legisladores e Governantes pela Vida, em pleno Senado. Ação legislativa plantada na sociedade. O Movimento Nacional da Cidadania pela Vida — Brasil sem Aborto apresentou um apensamento[145] ao projeto de Estatuto do Nascituro, que circulava desde 2007, situando o direito do feto de nascer acima do feminino de interromper a gravidez.[146]

Manifestações antiaborto se somaram. No 26 de maio, a 3ª Marcha Goiana da Cidadania em Defesa da Vida saiu apoiada pelo governador, do PSDB. Enorme faixa no chão exibia uma pegada azul, a do teste do pezinho, que completava o verde e o amarelo da bandeira. Noutra, o núcleo azul fazia as vezes de útero. Justaposição de simbolismos, misturando a reprodução biológica da família e a defesa da pátria.[147]

A capital federal entrou na roda. Em 31 de agosto, a 4ª Marcha Nacional da Cidadania em Defesa da Vida tomou a Esplanada dos Ministérios. À frente iam o Brasil sem Aborto e líderes de três grandes religiões, a católica, com a CNBB e a Arquidiocese de Brasília, a neopentecostal, com o Fórum Evangélico Nacional de Ação Social e Política, e a Federação Espírita Brasileira. Coalizão entre partidos, movimentos e igrejas na mesma campanha "Brasil sem aborto".[148] Vários parceiros, um só objetivo: levar ao presidente da Câmara as 50 mil assinaturas apoiando o Estatuto do Nascituro:

[...] para garantir os direitos do bebê em gestação, desde o primeiro instante de vida, ou seja, desde a concepção. Mobilize sua família e sua comunidade para, mais uma vez, participar desta mobilização popular em defesa da vida de nossas crianças por nascer.[149]

Em outubro foi a vez da v Marcha Arquidiocesana em Defesa da Família — "Sim à Vida!", no Recife. Mês de esforço concentrado no feriado de Nossa Senhora Aparecida, que coincide com o Dia da Criança. Em gesto imantado de religiosidade, a líder do Movimento Nacional da Cidadania pela Vida e seguidores entraram na Basílica carregando fotos de fetos.[150] No 27, evento ecumênico no Pará incluiu até hare krishnas, embora a maioria fosse de grupos espíritas, e originou o comitê paraense do Brasil sem Aborto.[151] Outra manifestação, em Belo Horizonte, rearticulou o braço local do movimento.

Ações casadas de movimentos, Parlamento e instituições religiosas. As igrejas davam a base sólida e multilocal para a mobilização, o que os atos seguidos e a estratégia de fundar e refundar associações corroboravam. Assim se travou qualquer agenda em torno da sexualidade no governo. Prisioneira da promessa de campanha e bloqueada pela coalizão rua-Parlamento, a presidente recuou.

Se a Marcha da Maconha precisou do stf para existir, as mobilizações pró-aborto e a união civil entre pessoas do mesmo sexo também ganharam um empurrão do tribunal. O Supremo açulou o conflito ao pautar para abril de 2012 o julgamento da legalidade de "antecipar parto em caso de feto anencefálico".[152] O Parlamento pôs água quente no caldo, discutindo revisão do Código Penal, que previa descriminalizar aborto e eutanásia.[153] Movimento feminista e parlamentares da esquerda endossavam. Os contrários falaram pela voz do líder evangélico Eduardo Cunha, que propôs emenda inversa: prisão e cassação de registro do médico que interrompesse gestação.[154]

O conflito alternava entre instituições e rua. Na semana anterior à sessão do Supremo, a CNBB aproveitou a Sexta-Feira Santa para instruir os bispos a promover uma "vigília de oração" contra o "aborto das crianças portadoras desta deficiência" [anencefalia].[155] Na véspera da leitura dos votos dos ministros, o Legislação e Vida fez outra vigília, em frente ao STF. A propaganda envelopava o tradicionalismo da mensagem (família e religião) em modernidade de meios, com uso de Facebook e Twitter — a *hashtag* #BrasilSemAborto chegou à lista dos *trending topics* nacionais do Twitter.[156] A musa da campanha era Elba Ramalho.

O Brasil sem Aborto botou fogo na rua com marchas em Brasília, Manaus, Goiânia, Fortaleza, São Paulo, Rio de Janeiro, Recife, Belo Horizonte, Manaus, Porto Alegre e Salvador. Umas em junho, outras em outubro de 2012. Aproveitava-se o ano eleitoral. Em Recife, "o chamado" uniu evangélicos, católicos, espíritas, umbandistas e maçons.[157] A adesão foi minúscula — a manifestação de maio de 2012, em São Paulo, teve 2 mil pessoas —, mas constante, reinstalando o aborto no debate público.

Planejamento nacional, com rede entre associações estaduais, mas ações focais. O movimento se harmonizou com o Legislativo de João Pessoa, onde a Câmara Municipal encaminhou um projeto de "proteção integral ao nascituro".[158] Em setembro, a Frente em Defesa da Vida avançou em Brasília, com audiência pública. No mês seguinte, coleta de assinaturas em apoio ao Dia do Nascituro num parque da cidade.[159] As eleições municipais abriram oportunidades políticas para o novo comitê regional em Goiás do Brasil sem Aborto e para marcha de apoio a candidatos associados, no Recife,[160] com o slogan "A vida depende do seu voto".[161] No segundo turno em Fortaleza, ação conjunta do Brasil sem Aborto e do Movimento pela Vida e não Violência (Movida).

Lá estava, de novo, Elba Ramalho,[162] que vocalizou a sobreposição fé-política:

Estamos correndo um sério risco de ter esse ato criminoso legalizado, isso que tanto afronta a nossa sociedade cristã. [...] Aquela vida está no útero da mulher não pertence à mãe. Venho defender o direito de nascer, pois só quem pode tirar a vida é Deus.[163]

A retórica moralizadora e tradicionalista invertia a do inimigo: em vez dos direitos da mulher, os do feto. A simbologia da campanha contrapunha a proteção ao bebê desamparado à sexualidade irresponsável da mulher, tida por motivação para abortar. Reprodução biológica e reprodução social, família e religião deviam ficar acima da egoística liberdade feminina de gerir o próprio corpo.

Quem defendia essa autogestão se frustrou com o congelamento da agenda nas instituições. Veio uma sequência nacional da Marcha das Vadias, emulando as Slut Walks, que tinham começado em abril de 2011, no Canadá. O nome remetia ao pejorativo (*slut* = puta) usado pela polícia para se referir às ativistas em Toronto. O evento de mesmo nome no Facebook ganhou o slogan "Não significa não" e reverberou mundialmente, com emulações nacionais imediatas da marcha. A primeira no Brasil aconteceu em São Paulo, em 4 de junho, seguida por Brasília e Campinas e, depois, em trinta outras cidades[164] de oito estados.

Se o Brasil sem Aborto ia pela religião, a Marcha das Vadias, como a homóloga, a da Maconha, apelava à contracultura. Pinturas faciais e corporais e performances artísticas exibiam corpos descobertos e com pelos, rostos sem maquiagem, que contestavam a figura da esposa-mãe arrumadinha. Se a imagética antiaborto eram os bebês, as "vadias" iam de vermelho menstrual. As duas retóricas trombaram no Rio, com um "peitaço", em frente à igreja católica durante uma missa.[165]

A Marcha inverteu o sinal dos pares obrigação familiar/liberdade individual e pureza/vadiagem. Associou o direito ao aborto (cautelosamente situado pela geração anterior de feministas na casela da saúde) à liberdade sexual. O manifesto de Brasília, em 2012, "Por que marchamos?", denunciou violência sexual e hierarquia de gênero e proclamou o autogoverno do corpo: "Não queremos Legislativo, Judiciário ou Executivo interferindo em nossos úteros para nos dizer que um aborto é pior que um estupro". Denunciavam a "cultura patriarcal", "voltada ao prazer masculino" e declaravam: "Enquanto, na nossa sociedade machista, algumas forem invadidas e humilhadas por serem consideradas vadias, TODAS NÓS SOMOS VADIAS".[166]

Como o lado inimigo, ajuntamento modesto, sem passar de trezentas pessoas na sua primeira edição,[167] ainda assim porque operava em coalizão. Quem puxava eram coletivos autonomistas, secundados por movimentos e pequenos partidos socialistas. Na de Campinas, por exemplo, estavam movimento estudantil, sindicatos, PSTU e Psol.[168]

Já em 2012, a Cúpula dos Povos, paralela à Rio+20 na capital carioca, deu ensejo para as feministas gritarem contra o governo e a religião: "Ô Vaticano, vai se foder, existe aborto independente de você".[169] No aniversário da Independência do Brasil, ativistas do Femen (uma era a futura bolsonarista Sara Winter), chamaram a atenção em Brasília menos pelo slogan — "Brasil colônia da exploração, da violência e do machismo" — que pela falta de roupa. Vestiam calcinha e pinturas corporais. Acabaram presas, mas nas capas dos jornais.[170]

As coalizões entre movimentos e parlamentares pró e contra o aborto eram quase as mesmas em torno da sexualidade e bateram de frente nas duas contendas.

Uma foi puxada pelo Legislativo, em torno da criminalização da homofobia (PL 122). Formou-se, em março de 2011, a Frente Parlamentar Mista pela Cidadania LGBT na Câmara. Alistaram-se contra ela líderes evangélicos, a começar por Silas Malafaia, e deputados, como Magno Malta e Jair Bolsonaro, que, no *CQC* da Bandeirantes, atacou a filha de ex-ministro do governo Lula: "Preta [Gil], não vou discutir promiscuidade. Eu não corro esse risco e meus filhos foram muito bem-educados. E não viveram em ambiente como lamentavelmente é o teu". Abriu-se controvérsia, da qual o deputado não fugiu: "É só você ler no site dela, ela dizendo que já participou de sexo com mulheres, que participa de suruba". O deputado, pastor da Assembleia de Deus e cantor gospel Marcos Feliciano correu em apreço: "Amamos os homossexuais, mas abominamos suas práticas promíscuas!".[171] Em 9 de abril, o deputado boquirroto foi exaltado por uns e guerreado por outros em protestos opostos na avenida Paulista, que a polícia apartou com gás de pimenta.

A outra briga foi obra do Executivo. No Plano Nacional de Promoção da Cidadania e Direitos Humanos, o Ministério da Educação incluiu o "Escola sem Homofobia", filmetes e cartilha antidiscriminação sexual, para o ensino médio. De imediato, a bancada evangélica ameaçou com CPI contra a ONG contratada para elaborar o material. Animado com a repercussão de suas diabruras, Bolsonaro lançou um apelido que colou: "um 'kit gay' que estimula o homossexualismo e a promiscuidade. [...] Esse material dito didático pelo MEC não vai combater a homofobia, ele vai estimular a homofobia lá na base no primeiro grau".[172] Discurso prolongado em panfletaço no Rio, no 11 de maio. Distribuiu 50 mil cópias de cartilha em porta de metrô, escola, igrejas evangélicas e condomínios da Zona Sul. Contraprotesto, por sua vez contraprotestado pelo movimento Arco-Íris, que atacou o deputado.[173]

Dilma acatou a pressão de um dos lados, o mais forte. Mix de parlamentares evangélicos e católicos ameaçava retaliar com CPI para investigar o superministro da Casa Civil. Entre Palocci e o "kit", a presidente preferiu o ministro, e no dia 25 de maio suspendeu o "Escola sem Homofobia".[174]

Fora do controle presidencial, tramitava a criminalização da homofobia. Aprovado na Câmara, em 2006, o assunto tinha andado no Senado, aprovado em comissão em 2009, até emperrar na Comissão de Direitos Humanos, por falta de acordo. A possibilidade de que avançasse motivou manifestações simultâneas no dia 1º de junho de 2011, na altura da Catedral de Brasília. A Marcha pela Família, no seu hábitat, a igreja, e com símbolos cristãos, irmanou evangélicos e católicos acima da média de rua naqueles tempos: 20 mil pessoas — sem contar o abaixo-assinado com mais de 1 milhão de signatários enviado ao Senado.[175] Malafaia liderava. O carro de som emanava ecumenismo partidário, com Partido da República (PR), PP, Partido Liberal (PL), o peessedebista presidindo a FPE e até um petista. Magno Malta deu o tom: "Se Deus criou macho e fêmea, não vai ser o Senado que vai criar um terceiro sexo com uma lei".[176] A Associação Brasileira de Lésbicas, Gays, Bissexuais, Travestis e Transexuais, o Grupo de Pais de Homossexuais e o Psol, na pessoa de Jean Wyllys, puxaram passeata oposta rumo ao Congresso. Vestiram roxo e apitaram, entre cartazes enaltecendo "famílias diversas", "família plural".[177] Separados pela polícia, os lados se xingaram reciprocamente de "gayzistas" e "fascistas".

A próxima comoção desse junho de 2011 foi no seu estertor. No 26, Eduardo Cunha enviou à Câmara PL instituindo o Dia do Orgulho Heterossexual. Ação casada com a de um dos organizadores da Marcha para Jesus, que propusera o mesmo, dias antes, para o município de São Paulo.[178] E voltou a "cura gay". O presidente da FPE propôs veto para permitir que o Conselho Federal de Psicologia referendasse a "correção" de orientação sexual, isto é, tratá-la como doença.[179] Os dois presidentes, da FPE e da Frente LGBT, debateram acerbamente. O primeiro retrucou as críticas do segundo: "Você pode discordar de todos nesse país, mas se discordar de militantes homossexuais você é homofóbico".[180]

A tensão espremeu a presidente, que, no finzinho de seu primeiro ano de governo, fugiu da 2ª Conferência Nacional de Políticas Públicas e Direitos Humanos de Lésbicas, Gays, Bissexuais, Travestis e Transexuais.[181] A ausente, embora tendo enviado três ministros, foi vaiada: "Dilma, que papelão, não se governa com religião". Nem sem ela. O governo precisava do bloco contrário no Parlamento. Mas nem membros de seu partido entendiam assim. Dentre os vaiadores, vários portavam broches do PT.[182]

Considerando o tempo quente em torno da sexualidade, a prefeitura de São Paulo separou em meses diferentes — junho e julho — a Parada LGBT e a Marcha para Jesus de 2012. Ambas tematizaram "kit gay" e "cura gay". Estava no tema da 17ª Parada: "Homofobia Tem Cura: Educação e Criminalização — Preconceito e Exclusão, Fora de Cogitação!". Cartazes e sites organizadores convocaram escola e família a combater a homofobia.[183] No Rio, quinze carros de som e o lema "Coração não tem preconceitos. Tem amor".[184] Teve mesmo, sem confronto nem pancadaria. A Marcha para Jesus, tocada por igrejas neopentecostais, contou com o mesmo número de trios elétricos que a Parada carioca, quinze, mais 34 músicos gospel. Como a Parada, a Marcha foi meio política, meio festa. O tema era "Reinando com Cristo", mas só entrava no reino quem fosse contra o pecado do "casamento gay".[185]

Os dois eventos paulistanos em torno da moralidade privada foram as maiores manifestações de rua do segundo ano da presidente. À Parada compareceram 3,5 milhões de pessoas, segundo os organizadores e a mídia. O pessoal da Marcha alegou 5 milhões — mas o Datafolha cravou 335 mil.[186] Disputavam a moral e a maioria.

A presidente fechou 2012 sob pressão dessas comunidades morais opostas, que não arrefeceriam. Duplamente acossada, faltou à Parada e se ausentou da Marcha.[187]

Quando começou 2013, os contenciosos em torno de aborto e união civil entre pessoas de mesmo sexo estavam misturados, com ativismos opostos na rua. Em abril, a FPE requereu CPI sobre a intervenção estrangeira na legalização do aborto, acusando o governo de tramar a transposição do modelo do Uruguai e a Fundação Ford de financiar o movimento pró-aborto. Insistia em aprovar o Estatuto do Nascituro e reformar o Código Penal para agravar a pena de "abortistas".[188]

A resistência à mudança de costumes se infiltrou até onde a esquerda se achava rainha: nas universidades. Pichações homofóbicas apareceram na faculdade de direito da UnB.[189] Em resposta, houve um "beijaço" gay.[190]

O conflito moral se politizou de vez quando, em um dos acordos por governabilidade, o governo entregou a Comissão de Direitos Humanos e Minorias da Câmara, tradicionalmente ocupada pela esquerda, a um perfeito representante da FPE e notório avesso aos direitos sexuais, que dissera em setembro: "A aids é o câncer gay".[191] Tratava-se de Marcos Feliciano. A eleição deu em tumulto e acabou cancelada. Quando afinal aconteceu, em 7 de março de 2013, o petista, cujo mandato findava, renunciou para não transmitir o cargo a Feliciano. Manifestantes tinham sido impedidos de entrar na sala para evitar a repetição da briga e protestaram do lado de fora. Os pró-direitos sexuais se deitaram no saguão de acesso. Foram desafiados pelo deputado Bolsonaro: "Voltem para o zoológico". Ao que responderam com "homofóbico" e "racista".[192]

O conflito incandesceu. Sob Feliciano, a Comissão iria na direção contrária à extensão de direitos. Por isso, ao longo de março, o movimento LGBT deslanchou a série de manifestações "Fora Feliciano", no Rio, em São Paulo, Vitória, Belo Horizonte, Goiânia e Salvador, onde o Olodum acompanhou o Grupo Gay da Bahia na rua. Teve protesto até em Londres e Buenos Aires. A maior foi em Brasília, em 24 de abril, com 20 mil presentes convocados pelos movimentos LGBT, feminista,[193] estudantil, além de sindicatos. Marcharam rumo ao Congresso com simbologia indecisa. Havia performances teatrais e cores do arco-íris, mas também bandeiras do Brasil e máscaras do Anonymous.[194] Em seguida, membros do Conselho Federal de Medicina declararam-se pró-aborto,[195] um cutucão na presidente. No fim do mês, em Minas, malhou-se um judas com a cara de Feliciano.[196]

O transbordamento da vida privada no debate público ficou incontornável por graça do STF. Como no aborto, a mão do Supremo entrou na cumbuca ao deliberar sobre a legalidade da união civil entre pessoas do mesmo sexo. O julgamento seria em 14 de maio de 2013, mas o simples anúncio da data levou o assunto à capa dos jornais.

Movimentos a favor festejaram com shows e música especial dos Tribalistas.[197] As feministas promoveram uma nova série da Marcha das Vadias em Belo Horizonte, São Paulo, Florianópolis, Recife, Porto Alegre, Aracaju, Salvador e Fortaleza.

Outros viram uma ingerência do STF na vida privada dos cidadãos. Um professor de direito da Federal do Ceará chamou de "golpe de Estado" e conclamou a resistência:

> Os cartórios devem se manifestar contra tal decisão, devem recusar cumpri-la. As igrejas e os cidadãos devem protestar e resistir. […] a favor da lei, da Constituição e da democracia. Chamo isso de resistência ao autoritarismo.[198]

A moralidade era assunto nas capitais e no interior. O Dia Nacional de Combate ao Abuso e à Exploração Sexual de Crianças e Adolescentes, em maio de 2013, gerou caminhada, em cidades mineiras, e "abraço simbólico" em gaúchas com o mesmo lema: "Todos contra a Pedofilia". Em Piracicaba, o movimento Tropa de Elite contra a Pedofilia, inspirado no filme e tendo a caveira como símbolo, vinculou conflito moral e violência.[199] Foram famílias, psicólogos, bombeiros e atiradores do tiro de guerra. E uma bandeira do Brasil.

Quando maio de 2013 acabou, a moralidade privada era disputada nas instituições e na rua. Os contenciosos em torno da liberdade de consumir drogas, abortar e casar dividiam grupos mobilizados em torno do essencial, a orientação moral da sociedade. De um lado, a reafirmação da ordem tradicional, enraizada na família. De outro, um estilo de vida centrado na autonomia individual. Duas coalizões pequenas, heterogêneas e aguerridas, enraizadas em moralidades inegociáveis.

O governo morava entre ambas. Estilhaços da rinha atingiam Dilma pelos dois lados. Por fim, abandonou Feliciano. Mas a nomeação em si e a demora em revertê-la a indispuseram com o campo autonomista, ao passo que o recuo enfureceu os de fé rígida. A presidente estava entre a antipatia dos que iriam à Parada LGBT, no começo do mês, e os que se preparavam para a Marcha por Jesus, no final de junho.

Moral pública

O conflito também vinha encorpando na outra face da moralidade, a pública. O governo Dilma começara sob os auspícios da discussão da Lei Ficha Limpa no Supremo. Embora em vigor desde junho de 2010, fora contestada por contrariar a presunção de inocência. O julgamento da possível inconstitucionalidade fora interrompido três vezes. Em fevereiro de 2011, cravaram-se a decisão e a vigência da lei para as eleições do ano seguinte. O ministro Joaquim Barbosa frisou em seu voto: "É chegada a hora de a sociedade ter o direito de escolher e de orgulhar-se de poder votar em candidatos probos sobre os quais não recaia qualquer condenação criminal e não pairem dúvidas sobre malversação de recursos públicos".[200] O STF dava uma contribuição para manter a corrupção na agenda pública.

A imprensa deu outra. Em maio de 2011, a *Folha de S.Paulo* noticiou que o patrimônio de Antonio Palocci aumentara vinte vezes entre 2006 e 2010. No início do governo, Dilma enfrentara escândalo de corrupção em Furnas e trocara rapidamente o titular da estatal. Dessa vez, a substituição era mais custosa. O tiro acertou em cheio o cérebro da administração. O governo se desarranjou. Depois de malho diário da imprensa, Palocci caiu em junho. Embarcou numa nau de náufragos do primeiro ano de governo, que derrubou o ministro das Cidades, o dos Transportes e até o mais chegado da presidente, Fernando Pimentel, do Desenvolvimento.

O escândalo municiou os movimentos anticorrupção ativos desde os anos Lula. O ROL intensificou postagens e lives no YouTube. Em 2011, Carla Zambelli,[201] uma gerente de projetos recém-retornada da Espanha, saiu desse movimento para criar outro, o NasRuas, que em cinco meses se fixou em dezessete estados e cinquenta cidades e angariou 50 mil curtidas no Facebook. Fundou ainda a escola de samba Unidos Contra a Corrupção e adotou por mentor o jurista Ives Gandra Martins.[202] Em julho, animado com as adesões, o NasRuas chamou, via Facebook, um protesto, pela "nova independência do Brasil". Zambelli bolou a propaganda, com o desenho de "um mapinha do Brasil vomitando" e a chamada "Contra corrupção, dia 7 de setembro".[203]

Assim nasceu a Marcha contra a Corrupção, na mesma data na qual o campo socialista fazia seu Grito dos Excluídos — e levando mais gente. Em Brasília, começou com 2 mil pessoas, mas com feriado e desfile atingiu 25 mil.[204] Lá estava o presidente da OAB local: "A única bandeira comum entre todos os participantes é o combate à corrupção. É tudo muito heterogêneo e caótico, tem gente de todos os tipos aqui".[205] Heterogêneo, mas nem tanto. As bandeiras da Juventude do PSDB e a do PSTU foram baixadas na vaia: "Qualquer bandeira de partido não é aceita, é um movimento espontâneo da sociedade civil".[206] Já as do PT tiveram destino radical: foram queimadas.

Em São Paulo, foi acanhado, 4 mil, com máscaras do personagem de V de Vingança, e a maioria, como em Brasília, pintou a cara de verde e amarelo e carregou uma bandeira nacional a tiracolo. A alusão ao Fora Collor era dupla, na simbologia e na agenda, e óbvia, já que o movimento organizador do ato paulistano se chamava Caras Pintadas. Marcharam ao som do Hino, mixado com buzinas de quarenta motos a título de batedores.

O protesto carioca foi um fiasco, com meras cinquenta almas. Em Salvador, foi mistura. Quem convocou foi a esquerda, o Coletivo Dia do Basta, em apoio ao combo "ficha limpa, fim do foro privilegiado, corrupção como crime hediondo". A anticorrupção atravessava os lados do espectro político. A diferença é que "no Sul, pra lá, tinha uma perspectiva do processo de enfrentamento a quem era de partidos políticos, tinha esse viés conservador que trazia a perspectiva do pensamento da direita".[207] Não era apenas no Sul. Em Brasília, o Movimento Brasil contra a Corrupção (MBCC) fazia reuniões preparatórias para protestos: "A gente elencava umas três a quatro bandeiras, assim, duas nacionais e duas locais". A central era a Ficha Limpa, em torno da qual "a gente fez muita campanha na internet".[208]

Novos movimentos contra a corrupção surgiram, demandando coordenação: "Em 3 de dezembro de 2011, a gente fez a primeira reunião dos movimentos contra corrupção". Era bem mesclado: "Tinha movimento de esquerda e tinha movimento de direita",[209] um hibridismo tenso. Havia disputa por rumo: "Dia do Basta era movimento de esquerda e depois o NasRuas se tornou movimento de direita. O Dia do Basta com o NasRuas trocavam muita farpa". É que, além da corrupção, discrepavam no resto: "a pauta deles sempre era: mais Estado; a pauta mais de esquerda, no sentido socialista da coisa. E a nossa pauta se tornou uma pauta mais de menos Estado, menos corrupção. Existia uma briga por liderança".[210] Briga que invadia a direita. Se a esquerda se dividia em autonomistas e neossocialistas, o outro campo tampouco era coeso. ROL, NasRuas, MBCC e similares disputavam dentro do mesmo perímetro. A união era circunstancial, contra a esquerda. Cada movimento sozinho arrastava pouco, mas aliados iam encorpando.

As pessoas iam às ruas e à internet. Pelas redes cívicas circulavam o acontecido e o verossímil, notícia e opinião. Mais que criar ab ovo, a tecnologia estimulou o ativismo portátil,[211] caso do Anonymous Brasil, que em dezembro difundiu uma receita de ação política. A conexão entre movimentos e redes cívicas era sobretudo o Facebook, a maior rede digital, com 31,5 milhões de usuários no Brasil em 2011.[212] Ali movimentos anticorrupção multiplicaram páginas de estímulo à mobilização e divulgavam reuniões e protestos.

Ainda em 2011, ante perigo similar ao que rondara Lula no Mensalão, a presidente traçou linha demarcatória, de tolerância zero com "malfeitos". Entrou no "modo faxina". Em agosto, demitiu o ministro da Agricultura; em setembro, o do Turismo; e, em outubro, o dos Esportes dançou a valsa da despedida. O do Trabalho se adiantou e saiu a pedido, em dezembro, mês em foi preso. Todos acusados de corrupção. O moto governamental foi saudado na imprensa e no Parlamento. O emblemático senador Pedro Simon disse que a presidente "está fazendo contra a corrupção tudo o que seus antecessores não fizeram em mais de vinte anos". Daí por que "é preciso tirar as pessoas à rua para apoiá-la".[213]

Foi o que movimentos anticorrupção fizeram em abril de 2012, em onze capitais: São Paulo, Rio de Janeiro, Belo Horizonte, Manaus, Florianópolis, Goiânia, Recife, Salvador, Curitiba, Porto Alegre e Fortaleza. Mas expressivo mesmo apenas em Brasília, onde 20 mil trajados nas cores nacionais ou com a máscara do Anonymous contestaram o lema do governo — "País rico é país sem miséria" — com gritos de "País rico é país sem corrupção".[214] O protesto aconteceu em oitenta cidades, incluindo pequenas e médias. A pauta combinava Ficha Limpa, fim do foro privilegiado e redução de salários de políticos.[215]

A corrupção ficou no mapa também por causa de denúncias relativas às obras para a Copa do Mundo e contra o presidente da Confederação Brasileira de Futebol. A caldeira, contudo, ebuliu, nas portas do julgamento da ação penal 470, o Mensalão, no STF. O escândalo do governo Lula atingiu o clímax no segundo ano de Dilma. Tudo revisitado, esquadrinhado, noticiado. Um colunista registrou no Twitter, em 2 de agosto de 2012: "As pessoas se preparam para ver Mensalão como Copa do Mundo, piquenique, reunião de amigos".[216] Tecnicismo e liturgia magnetizaram o país graças à TV Justiça e à grande imprensa, tudo transmitido ao vivo, acompanhado por especialistas, que traduziam a terminologia e o linguajar empolado dos juízes para os leigos. Jornalistas traçavam perfis dos ministros alçados a estrelas. Joaquim Barbosa, ministro-relator do processo, ganhou o maior dos holofotes.

A corrupção ficou onipresente, nas capas de jornais e revistas, na tevê, nos blogs, que tomaram, em maioria, o partido do tribunal contra o governo. A cobertura firmou e difundiu dois enquadramentos. Um era negativo: os políticos eram todos corruptos, mas os petistas eram mais corruptos do que os outros. Toda a imprensa rezou esse rosário, mas a *Veja* merece os louros da focalização no caso da capa de 15 de abril: "Mensalão — A cortina de fumaça do PT para encobrir o maior escândalo de corrupção da história do país". Junto, ia charge de Joaquim Barbosa com um espetinho de cabeças petistas. Além da cobertura, havia os colunistas. Reinaldo Azevedo retomou a associação entre o PT e os irmãos Metralha no segundo volume do seu *No país dos petralhas*.[217]

O segundo enquadramento criou o Judiciário como polo alternativo de prestígio e legitimidade. O STF seria o defensor da nação contra a apropriação do país por um partido. Além da imprensa, vários intelectuais viram uma atuação iluminista do tribunal, empurrando a sociedade onde as instituições políticas malogravam, meio guardião da lei, meio força moralizante. Repetiam a tese de que o Supremo não faz política, mas hermenêutica da Constituição. O profuso jargão dos ministros e a liturgia aristocratizante, com seus arcaicos mantos negros, puseram os juízes acima dos políticos, justiceiros à maneira de super-heróis.[218] Outra capa da *Veja* retratou Joaquim Barbosa de costas, a capa esvoaçando e a legenda: "A lei... E os foras da lei".[219]

Barbosa encarnava a lei e fazia o contraponto. Ao torneiro mecânico contrapôs-se o self-made man negro. O socialista teria se lambuzado no pote da corrupção, enquanto o jurista teria vencido na vida graças à via liberal do esforço e do talento. Lançado a herói moral e a ícone da oposição ao PT, era figura reconfortante para os adeptos da tese da democracia racial.

No Sete de Setembro, o tribunal foi apoiado por novo Dia do Basta em 58 cidades, inclusive Brasília, São Paulo, Porto Alegre, Curitiba e Rio, mais uma vez organizado via grupos de Facebook. Curitiba teve 4500 manifestantes, com máscaras do Anonymous. Os heroicos juízes do Supremo eram chamados a punir os vilões mensaleiros.[220] Quem mais ajuntou gente nesse dia foi a Marcha contra a Corrupção, em Brasília, para a qual o MBCC levou 5 mil pessoas. Na linha de frente, camisetas pretas, o logo verde-amarelo e narizes de palhaço.

Assim apoiado, o STF mandou para o vinagre primeiro o ex-presidente da Câmara, um dos 38 réus, e, já nas portas das urnas, condenou dois outros capitães do esquadrão petista: José Dirceu e José Genoino, além de implicar Lula no esquema do publicitário Marcos Valério e na Operação Porto Seguro. Outras 45 ações se somariam, divididas em quatro estados.

Sem mexer uma palha para salvar os naufragados, Dilma ficou do lado dos caçadores de corruptos, e, em novembro, deu ordem de expurgo nos órgãos públicos. Mas não chamou os movimentos anticorrupção para conversar. Preferiu a comunicação direta com a opinião pública, via marketing, que a vendeu como "gerentona" implacável com "malfeitos". A afinação rendeu popularidade. No final de seu segundo ano, 78% achavam seu governo ótimo ou bom.[221] Assim se colocou em segurança política momentânea.

Quem entrou na mira dos movimentos anticorrupção, no comecinho de 2013, foi o Parlamento, com foco em Renan Calheiros, que pleiteava a presidência do Senado. Em 30 de janeiro, a Rio de Paz se aliou ao MBCC para "fincar uma vassoura pra cada deputado e senador. Então foram quase seiscentas vassouras". Depois lavariam as escadas do Congresso. A intenção era aparecer: "Foi um ato midiático mesmo, pra imprensa ir lá tirar foto, fazer aquele auê. [...] as fotos ficaram bonitas. O céu nascendo atrás do Congresso e aquele monte de vassoura fincada no chão".[222] Completavam a cena baldes e panos de chão, tudo no gramado do Congresso. As vassouras acabaram sem uso, a segurança do Senado impediu a lavagem da rampa com água e sabão, mas a metáfora ficou clara: limpar o Legislativo da corrupção. As cerdas verdes, com o cabo amarelo plantado no chão, desenharam um enorme crucifixo. A simbologia ajuntava anticorrupção, patriotismo e cristianismo.[223] Em 23 de fevereiro, ato no mesmo lugar migrou o verde e amarelo das vassouras para os rostos, misturados às indefectíveis máscaras do Anonymous.[224]

Da água, o MBCC passou ao fogo. Aproveitando a eleição para presidência do Senado no 1º de abril, recorreu à imagética da Semana Santa, ressuscitando a malhação do judas do ano anterior. Doze bonecos pendurados na Esplanada dos Ministérios, com nomes de petistas e peemedebistas acusados de corrupção, os "doze apóstolos do mal", reunidos na "santa ceia do crime". Todos primeiro enforcados, depois queimados.[225]

Pouca gente comparecia. Mas os presentes multiplicavam o chamado em suas redes cívicas: "Informação é poder, um meio de comunicação que a gente usava para pegar informação e passar informação era a internet. Começando pelo Facebook, pelas mensagens do Facebook, depois começou pelo WhatsApp", dizia o líder do MBCC, que era bom de informática. O procedimento era "subir uma *hashtag*, por exemplo '#forarenan'. A partir das oito horas, [...], bora fazer postagens". Cada publicador tinha seu conjunto de seguidores, entre amigos, conhecidos, conhecidos dos amigos e amigos dos conhecidos. Assim as mensagens "chegavam a umas 200 mil pessoas, assim, orgânico. [...]. Nós éramos os robôs, entendeu?".[226]

Robôs relevantes no apoio, a partir de abril de 2013, para a coalizão entre Movimento do Ministério Público Democrático (MPD), Associação Paulista do Ministério Público, Escola Superior do Ministério Público e Procuradoria-Geral de Justiça, e organizações similares, todos contrários à PEC 37. Se aprovada, a medida restringiria a investigação criminal às polícias civil e federal, tirando poder dos promotores.[227] A votação estava prevista para junho,[228] mas a campanha "Brasil contra a impunidade" disparou antes pelas redes cívicas de 35 movimentos anticorrupção em atividade, dezenove deles no Sudeste.[229]

Em maio, a suspensão judicial da licitação do Maracanã, dadas acusações de maracutaia, manteve a imprensa no tema. Para a *Veja* de julho, seria a "Copa da corrupção".[230] Protestos secundaram a mídia na difusão da imagem de um governo corrompido ocupando um Estado sanguessuga. A insatisfação difusa em três zonas de conflito desde os anos Lula ganhou focalização. A desigualdade perdeu terreno, na imprensa e nas ruas, para a corrupção. Virou esse guarda-chuva moral sob o qual podiam se abrigar os críticos da gestão estatal e os inconformados com a mudança de costumes. Por diferentes razões, a corrupção se tornou uma obsessão nacional.

4. ANTES DE JUNHO

Nem esfriara o ciclo internacional de protestos anterior, de 2011, e as ruas voltaram às manchetes mundo afora. No começo de 2013, protestos contra a corrupção aconteceram na Bulgária. Em Boston, em abril, houve um atentado, e, em maio, começaram bloqueios de estradas na Colômbia, que se estenderiam por 53 dias. A manifestação mais momentosa foi a da praça Taksim, na Turquia, motivada por queixa ambiental, uma obra de infraestrutura. Desencadeada em maio, avançou por junho. A rua convulsa perturbava colegas de ofício de Dilma, mas não a presidente. O PT ou partidos aliados tinham ganhado as eleições municipais do ano anterior na maioria das cidades com 200 mil eleitores e as capitais de São Paulo, Rio (PMDB), Belo Horizonte, Recife e Fortaleza (PSB). O Sul, contudo, estava inteiro em mãos oposicionistas, e tucanos governavam Maceió, Manaus, Belém e Teresina. Goiânia estava com o PMDB e Campo Grande com o PP, todos aliados do PT, mas de solidez relativa.

Ao longo dos dois primeiros anos da presidente, as três zonas de conflito abertas nos governos Lula — moralidade, violência e redistribuição — se sedimentaram com protestos em torno de cada uma delas e em direções diferentes.

Na redistribuição, o que mais ebulia era a propriedade da terra. O governo alimentou protestos ao falhar na resolução do conflito agrário, durante a aprovação do Código Florestal. Nas cidades, a remoção de moradores para as obras da Copa incitou a organização de protestos, marcados para junho, nas doze cidades-sede de jogos da Copa das Confederações. Aglutinavam-se temas correlatos, agrupados pelos ativistas sob o guarda-chuva "direito à cidade". Aí entrava o transporte público, que, em abril, suscitou manifestação contra o aumento de passagens de ônibus em Porto Alegre. Atrapalhou o trânsito[231] e levou a prefeitura a recuar quatro dias depois. No outro pedaço do mapa, em Natal, em 15 de maio, movimentos de estudantes secundaristas reeditaram a campanha "#RevoltadoBusão", do ano anterior, e a mesma coisa aconteceu em Goiânia.[232] Tudo pequeno. Nem transportes, nem saúde, nem educação, nem raça geravam mobilizações de monta.

A zona de conflito em torno de segurança pública e do espólio da ditadura, menos ainda. A insistência de Dilma na CNV trouxera para o proscênio movimentos de militares, e houve manifestações tanto por direitos humanos como por punição rigorosa a criminosos. Tudo sem escala. O que consistentemente levava gente à rua era a moralidade, nas duas modalidades, a da gestão da privacidade e a do Estado. O Supremo inflamara essa zona de conflito com o julgamento do Mensalão, do aborto de feto anencefálico e do casamento entre pessoas de mesmo sexo.

Nenhum protesto era grande ou amolava a presidente, cujo governo, em março de 2013, era benquisto por 65% dos brasileiros.[233] Aprovação, contudo, mal distribuída. Era alto embaixo, onde estavam os beneficiários de programas sociais de três governos petistas consecutivos, aptos às urnas, mas infrequentes na política de rua, custosa para quem bate o ponto. O apoio era baixo no alto. A condução da economia, desaprovada por gurus do mercado financeiro e colunistas econômicos, incomodava a ponta fina da escala social. Eram 42% os de renda superior a dez salários mínimos infelizes com a heterodoxia, longe do breviário liberal. Políticas redistributivas e inclusivas tampouco agradavam. Apenas 2% desses concordavam com políticas de acesso e permanência no ensino superior e quase ninguém (apenas 1%) via com bons olhos o aumento do salário mínimo. Tampouco havia simpatia entre os socialmente ensanduichados entre pobres e ricos. Dos que ganhavam entre cinco e dez salários mínimos, somente 9% aprovavam o Bolsa Família.[234] Eram descontentes de estratos altos e médios já engajados em movimentos sociais ou que estavam ao alcance do Facebook das redes cívicas.

Dilma tinha diante de si mais do que Lula enfrentara. O campo autonomista à esquerda e o campo patriota à direita, ainda em formação nos anos lulistas, tinham se estruturado, e o campo neossocialista se apartara do governo. Todos organizavam protestos.

Havia, assim, duas tendências em desenvolvimento. As zonas de conflito da moralidade, em especial sexualidade e corrupção, e a da redistribuição, sobretudo a questão da terra, esquentavam, com movimentos organizando protestos em direções antagônicas. A violência aparecia menos. Como tema, levaria mais tempo a amadurecer. Mas estava patente nas formas de ação. Do lado manifestante, movimentos do campo autonomista começavam a chamar a atenção pelo uso da tática *black bloc,* ainda meio inédita no Brasil. Da parte do Estado, Marinha, Exército e Polícia Militar treinavam táticas antiterrorismo, como preparação para a Copa do Mundo e a das Confederações. Em maio, fizeram uma simulação em Brasília. Falsos manifestantes montaram barricada com pneus em chamas e atacaram PMs, que retornaram jatos de água, tiros de borracha e bombas de efeito moral.[235]

As tendências não estavam fadadas a se cruzar, mas se cruzariam em junho. No ponto de interseção entre demandas e pancadas, residia o governo.

4. A eclosão

Na véspera de um mês inesquecível, a presidente recebeu um vice. Era Joe Biden, que estava em tour pela América Latina. Nos dias em terras brasílicas, o americano enalteceu o país anfitrião sem parar. Deixara a condição de emergente, tinha se desenvolvido: "É espantosa a transformação", "Conflitos políticos agora são resolvidos nas urnas". O país se tornara "um exemplo de democracia".[1] Dilma estava bem na foto. Mas tanto ela quanto a democracia iam passar por um teste.

1. MORALIDADES

Junho começou na rua. No segundo dia do mês, domingo, saiu a Parada LGBT, peça regular do calendário paulistano. A 17ª edição se adereçou de política desde o tema: "Para o Armário Nunca Mais, União e Conscientização na Luta contra a Homofobia".

Choveu, a multidão se abrigou sob bandeira arco-íris gigante e desfilou do mesmo jeito, do Masp à praça da República. Or-

139

ganizadores eufóricos falaram em 2 milhões, o Datafolha deixou por 220 mil.[2] De um jeito ou de outro, um povaréu. Até o prefeito compareceu e discursou contra a intolerância, valido do slogan espalhado por movimentos autonomistas pela cidade: "Existe amor em SP". Outra petista no caminhão principal era a ministra da Cultura. Aliada histórica do movimento organizador, Marta Suplicy foi ovacionada. O Psol apareceu na pessoa do deputado Jean Wyllys. Mas a estrela foi Daniela Mercury. Recém-saída do armário, deu o tom musical e a nota política: "Feliciano, qualquer maneira de amor vale a pena". Nos cartazes: "Beijos, Feliciano. Agora eu posso casar!".[3]

Era protesto e era festa, comemoração dupla. A Câmara acabara de arquivar o projeto de "cura gay"[4] e o Supremo aprovara em 14 de maio o direito de casais do mesmo sexo constituírem família e adotarem crianças. A Parada mostrou como os manifestantes eram mesmo "superfamília", com drag queens misturadas a mães e pais "tradicionais". A tolerância era o tom. Tudo tranquilo, apesar da meia dúzia de detidos por fazerem xixi na rua e dos dois presos — um que bateu carteira e outro que vestia uniforme dos bombeiros.

A contestação era contra o parlamentar inimigo número um do movimento. Uma megafaixa cobrindo um carro de som resumia tudo: "Direitos humanos não é lugar de homofóbico e racista! Fora Feliciano! Não nos representa!".[5] O xingado respondeu com profecia: "Na próxima legislatura, a bancada evangélica vai dobrar o seu número, e a gente volta com força". Força que poderia aprovar o projeto de "cura gay", que tramitava na Comissão de Direitos Humanos da Câmara[6] e evidenciada dois dias depois, quando Feliciano e sua turma levaram uma versão alternativa de família à rua.

Era a 6ª Marcha Nacional da Cidadania pela Vida contra o Aborto, manifestação em tudo anti-Parada. Cartazes apoiavam

Feliciano, a "cura gay" e o Estatuto do Nascituro: "Quero viver! Você me ajuda?".[7] O Brasil sem Aborto, a CNBB, diversas igrejas evangélicas e grupos espíritas dividiram a organização.[8] Dissensos bíblicos à parte, todos discordavam da ampliação das possibilidades de aborto previstas no projeto do novo Código Penal[9] e defendiam o Estatuto do Nascituro, que tramitava em comissão do Congresso. Por isso foram à porta do Parlamento, marchando pelo Eixo Monumental. A secretária do Brasil sem Aborto, a pastora-cantora Damares Alves, falou pelos manifestantes. Acusou o governo de se mancomunar com "abortistas": "O Estatuto prevê a proteção da grávida e do bebê no ventre. Quando o Estatuto for aprovado, o governo vai ter de ter políticas públicas, e não apenas permitir o aborto".[10]

O PT apoiou a manifestação em São Paulo e não deu corda para a de Brasília. O ministro Alexandre Padilha recusou-se a receber os manifestantes. É que eram bem poucos se comparados ao lado adversário: 5 mil.

Mas era apenas um aquecimento para o dia seguinte. Em 5 de junho, a rua foi toda da Marcha em Defesa da Família Tradicional, da Liberdade de Expressão e Religiosa (Marcha da Família). Dessa vez, o quórum não era de se ignorar: 70 mil presentes.[11] A Assembleia de Deus, acompanhada de outras denominações neopentecostais, puxava. O palco em frente ao Congresso concentrou os discursos que sobrepunham moralidade privada, sexualidade e reprodução: contra a legalização da união civil entre pessoas de mesmo sexo e do aborto.[12]

São Pedro não havia ajudado a Parada, mas os céus de Brasília abençoaram a Marcha. A festa foi sem axé, porém turbinada por bandas gospel. Pastores pregaram, e a bancada evangélica compareceu em peso. Políticos de vários estados e partidos trocaram a sessão no Parlamento pelo protesto do lado de fora: João Campos, do PSDB de Goiás, Jair Bolsonaro, do PP carioca, Marco

Feliciano, do PSC paulista, Magno Malta, do PL capixaba, deram as caras. Lá foram também os símbolos da pátria, com o Hino Nacional executado na abertura.

Enquanto a Parada celebrava mudanças nos costumes, os cristãos se insurgiam contra elas. Em um cartaz, lia-se o versículo: "Não vos conformeis com este século". Século antirreligioso, antifamília. Feliciano subiu ao palco na Esplanada e orou. Era seu desagravo — e um revide à presidente que o rifara: "Todas as pessoas que chamam de progresso aquilo que não é, que é retrocesso. A família é a base de toda a sociedade. A minha permanência na Comissão de Direitos Humanos é a favor da família".[13]

Meia dúzia de ativistas pró-direitos sexuais foi perturbar. Vingou um bate-boca e, antes de a polícia apartar, até um pastor foi escorraçado: confundiram a bandeira da sua igreja quadrangular com a LGBT.

Tudo acalmado, o amém coube a outro pastor, Silas Malafaia. Exasperado, soltou a língua de fogo contra movimentos do campo oposto: "Eles nos chamam de fundamentalistas. Fundamentalistas porque defendemos a família, defendemos valores morais, somos contra as drogas. Sabe o que eles são? Os fundamentalistas do lixo moral!". O diabo, prosseguiu, se instalara no Parlamento: "Esse jogo contra Feliciano não é contra ele, é contra nós. Esses deputados hipócritas que defenderam tirar o Feliciano defendem o aborto". Satanás assoprava também no ouvido do Executivo "esquerdopata": "Estão pensando que somos uma Bolívia, uma Venezuela". E reinava no STF, cuja "caneta deu o casamento gay [...] em afronta à sociedade, afronta à maioria". Fechou pedindo a intervenção divina: "Livrai o Brasil da desgraça social, das leis que venham prejudicar esse povo. Pai, levanta a sua Igreja unida. Nós concordarmos, o Brasil é do Senhor Jesus. E ninguém vai nos calar".[14]

As farpas ao Supremo tinham método e temperatura. A manifestação ocorria durante a sabatina de um futuro ministro pela

Comissão de Constituição e Justiça do Senado. Os evangélicos estavam em pé de guerra porque Dilma indicara Luís Roberto Barroso, notório defensor da união civil entre pessoas do mesmo sexo e do aborto de anencéfalos. Nele o pedaço da rua modernizador na moralidade privada ganhava um aliado, e os tradicionalistas, um inimigo. É que o sabatinado não vinha para enfeite, declarou seu ímpeto iluminista, de avançar onde o Parlamento claudicasse: "Quando o Legislativo não atua, mas existem direitos em jogo, aí sim, inevitavelmente o Judiciário precisa atuar"; "o Judiciário se expande".[15]

No sábado, 8, a moralidade privada voltou à rua, emagrecida de público, na Marcha das Vadias. Aconteceu em Macapá, Goiânia e Cuiabá. Em Guarulhos, começou no estilo autonomista, com jogral. Era em praça com capela. Logo o passa-palavra foi abafado pela reza dos ajoelhados em frente à igreja, reverberada por um amplificador.[16] O padre da Matriz convocara um movimento católico para um contraprotesto. Os ativistas compareceram uniformizados com a frase "Aborto não" nas camisetas e balançando a bandeira do Brasil.[17] O vigário chamou a polícia, que a seu pedido prendeu duas manifestantes de topless por "atentado violento ao pudor". Lá apareceu também um partido, o PT, na pessoa da deputada federal Janete Pietá, que negociou a liberação das detidas.[18]

Que movimento poderia aglutinar mais aderentes, o religioso ou o autonomista? Pesquisa nacional do começo de junho dava contingentes quase parelhos para os lados: 54,2% eram avessos e 37,2%, simpáticos ao casamento de pessoas do mesmo sexo. Quando se tratava de família, 43,5% consideravam a adoção um direito legítimo dos casais do mesmo sexo, mas 49,5% não a admitiam.[19] Uma sociedade moralmente dividida nos costumes, pendendo mais para a banda conservadora.

O conflito moral encampava a política de drogas. No epicentro, a relação entre Estado e vida privada: "A gente acredita que o Estado faz uma ingerência indevida (ao proibir as drogas) sobre o corpo dos cidadãos".[20] Frase de uma das organizadoras da Marcha da Maconha, que saiu no 8 de junho, na avenida Paulista.

A Marcha paulistana reuniu 10 mil[21] carregados por movimentos que se apresentavam como antiproibicionista, antimanicomial, medicinal, psicodélico, feminista, estudantil, artístico. Sempre lúdica, carregava um baseado gigante como abre-alas. A sobreposição de agendas do campo autonomista compareceu na alusão ao movimento pró-vida: "A proibição mata: legalize a vida". Em vez de reza, "aulão" de professor universitário. No lugar do gospel, shows de rap e reggae na praça da República. Mas antes de lá chegarem, um manifestante foi preso por porte de entorpecente. Outra levou cacetadas. Os organizadores, experientes, estavam preparados: para minimizar o efeito de bombas de gás, muniam-se de vinagre.[22]

Assim, junho começou com protestos em torno de mais e de menos controle moral dos corpos, na reprodução, na sexualidade, no uso de psicotrópicos. Liberdades para um lado, corrupção moral para o outro.

A zona de conflito da moralidade englobava essa face privada, a dos costumes, e outra pública, a condução do governo. A mobilização nesse outro lado também deu cedo as caras em junho, no dia 4, em defesa da Ficha Limpa. A lei estava na berlinda porque político nenhum gostava dela. Muitos tinham tido prestação de conta rejeitada, uns por malversação de recursos públicos, outros por perseguição de inimigos partidários. Afrouxar as regras era objetivo quase consensual entre os partidos. Um grupo de trabalho na Câmara dos Deputados dedicava-se à ideia de limitar a inelegibilidade a oito anos e aplicá-la apenas a políticos cujas contas fossem reprovadas pelo Legislativo. Contra o abrandamento, o MCCE, que fizera a campanha pela aprovação da lei em 2010, se mobilizou.

Em vez de manifestação de rua, o MCCE optou por técnicas preferenciais de elites sociais: manifesto, lobby, abaixo-assinado. Seu manifesto "Em defesa da Lei da Ficha Limpa,"[23] em nome de "redes e organizações da sociedade civil", acusava o Parlamento de afrontar a "vontade manifestada por toda a sociedade brasileira" e clamava por "uma reforma política de iniciativa popular". O abaixo-assinado digital, sem ter que levar ninguém à rua, arrebanhou 1,5 milhão de assinaturas;[24] o lobby velho de guerra operou na entrega do manifesto à Câmara. Na foto se flagrou a aliança entre os sorridentes vice-presidente da Casa, membros do movimento e parlamentares do Psol. O arco anticorrupção era amplo.

Essa mobilização contava também, desde abril, com o ativismo de membros do Ministério Público, ameaçado pela PEC que limitava seus poderes.[25] A reação corporativa reapareceu em 4 de junho, quando o MPD lançou a campanha "Não fique em silêncio. Mobilize-se. Diga não à PEC 37". Foi veiculada na televisão até o fim de junho e se espraiou pelas redes sociais graças ao empurrão de parlamentares da esquerda e do Sindicato dos Policiais Federais no Distrito Federal.[26] Campanha com acabamento publicitário de primeira (produção da O2), adesivos ("Diga não à PEC da impunidade"), postagens ("Sou contra a PEC 37 porque calar o Ministério Público só interessa aos corruptos"), vídeos e até garoto-propaganda, Arnaldo Jabor, que, no *Fantástico* e na Central Brasileira de Notícias (CBN), espargia catastrofismo moral: "Há uma união nacional de canalhas em torno dessa emenda". Detratores da PEC seriam os habitantes do "paraíso da roubalheira". Convocava à mobilização: "É essencial que o pessoal das redes sociais, de movimentos fichas limpas e contra a corrupção se mobilizem desde já, senão passa. Eu, de minha parte, vou falar desde já até o dia 26. [...]. É agora ou nunca".[27]

A campanha angariou aliados na imprensa e no Supremo, caso do neoministro Barroso. Engrossou-se com sequência de abaixo-assinados, de "cidadãos" de Londrina e outras quinze câmaras municipais do Mato Grosso. Em 6 de junho, a petição do MPD "Impunidade, não! MP com poder de investigação! #Não-PEC37" já tinha 285 mil assinaturas[28] e apoio de organizações como o Instituto Brasileiro de Defesa do Consumidor (Idec).[29] A campanha teve apoio até do procurador-geral adjunto da Rússia e da Associação dos Membros do Ministério Público da Ucrânia.[30]

O Movimento Paraná sem Corrupção e a Promotoria de Justiça das Comunidades convocaram uma audiência pública para a véspera da votação da PEC no Congresso.[31] No dia 10, uma audiência preparatória em Califórnia, no Paraná, lotou. Para os oitocentos presentes, discursaram promotores e promotoras, juízes e juízas, prefeitos e prefeitas. Esses californianos eram todos jovens e brancos. Uma promotora falou pelo Paraná sem Corrupção, sobrepondo o combate à corrupção e à PEC 37 e a defesa da redução da maioridade penal. "Faça valer o seu voto" estampava o site de incentivo ao envio de mensagens de pressão a parlamentares.[32]

A PEC 37 dividia as forças policiais, os agentes queriam derrubá-la, já associações de delegados,[33] a bancada legislativa de policiais e membros da PF, que se beneficiariam com o reequilíbrio institucional, fizeram a campanha para mantê-la. Não ganharam a mesma visibilidade midiática, nem o mesmo apoio.[34]

A retórica da corrupção como o grande mal nacional ultrapassava os laicos. A Associação Nacional de Juristas Evangélicos (Anajure) adicionou aos argumentos o do pecado: "A Bíblia menciona a corrupção, condenando-a". E marcou seu protesto para 15 de junho, em Campina Grande. A estrela seria o diretor do Instituto de Liderança Estratégica, Jorge Noda, "conferencista, escritor, professor, *coach*, conselheiro e consultor ministerial", que faria o combate "ao pecado da corrupção pessoal e institucional".

Em entrevista, em 5 de junho, o pastor exortou as redes cívicas do empreendedorismo neopentecostal à mobilização: "Qualquer campanha chamando a sociedade para agir contra os atos de corrupção é válida". Fosse contra a corrupção estatal ou a de costumes — "Jesus deseja que sua igreja lute até o fim contra o pecado [...] [e contra] um evangelho secularizado". Daí a convocação aos crentes: "A Igreja se tornou uma das poucas instituições que poderia exercer uma voz, clamando contra esse tipo de jogo de corrupção".[35]

"Corrupção" resgatava a acepção precípua de degeneração moral. Uma palavra perfeita para unir os combatentes da desmoralização do Estado e os da decadência dos costumes.

2. VIOLÊNCIAS

A rua de junho começou também em torno da violência. No dia 3, a CNV anunciou perícia em 44 laudos atestados pela ditadura como "suicídios". No debate público, a comissão permanecia um objeto de litígio, com movimentos por direitos humanos e saudosos do regime militar se estranhando.

A memória positiva do governo militar se estampou em post no Facebook no dia 7. Era de um juiz preso no trânsito paulistano por conta de um protesto "petista de merda", de "um bando de bugios revoltados". Pedia a quem o lesse "avisar a tropa de choque que essa região faz parte do meu Tribunal do Júri e que se eles matarem esses filhos da puta eu arquivarei o inquérito policial". Estava nostálgico: "Que saudades da época que esse tipo de coisa era resolvida com borrachada nas costas dos [sic] medras...".[36]

O juiz não estava sozinho no saudosismo. Quatro dias antes, 1200 pessoas marcharam pela avenida do Estado até a Paulista, impedindo o trânsito. Eram comerciantes da Feira da Madrugada do Brás, que reclamavam da paralisação de suas atividades em razão de obras do governo, visando garantir a segurança da área. Na 25 de Março, começaram um apitaço: "Um segurou na ponta de uma faixa, outro segurou na outra, eu segurei no meio e nós começamos a gritar: 'A manifestação, o protesto dos camelôs!'. [...] virou aquele tumulto. [...] tinha parado o centro de São Paulo".[37] À frente ia o ex-policial de trajetória errática, ex-petista que deixara o partido durante a gestão Erundina (1989-92) ao ouvir denúncias de corrupção. Criara em dezembro de 2012 o Movimento Popular Corrupção Não,[38] e, em fevereiro de 2013, a página no Facebook Comando de Caça aos Corruptos (CCC). Suas postagens sobrepunham elogios às Forças Armadas e ao golpe de 1964.[39] Em 11 de junho, fez um esquenta: "ATENÇÃO PATRIOTAS QUE NÃO QUEREM VER A BANDEIRA DO BRASIL MANCHADA DE VERMELHO! [...]. POR ALGUMAS HORAS INUNDAREMOS O VERMELHO DO MASP DE VERDE E AMARELO!!!". Assim mesmo, em maiúsculas, como o título do manifesto que convocava uma "MARCHA DA FAMÍLIA COM DEUS, EM DEFESA DA VIDA, DA LIBERDADE E DA DEMOCRACIA, CONTRA O COMUNISMO". Era quase o mesmo nome do evento de Malafaia em Brasília, acrescido de "contra o comunismo". Seria na avenida Paulista, contra o Foro de São Paulo, marcado para julho, quando viriam ao país os "maiores chefes comunistas latino-americanos". O governo "pretende implantar uma ditadura comunista no Brasil", a partir da "agenda do Foro de São Paulo e a agenda estabelecida pelo '[e]stablishment' que financia a ONU, para implantar a Nova Ordem Mundial". Isto é, "um futuro à la Venezuela, à la Cuba, um futuro da Ursal (União das Repúblicas Socialistas Latino-Americanas)". Donde a afobação: "urge agirmos" "enquanto não há guerrilheiros armados nas ruas para nos combater". Também em caixa-alta,[40] o manifesto elencava vinte evidências de deterioração nacional, que iam da moralidade privada (aborto, "cartilhas pornográficas gays", "consentimento do sexo com menores de doze anos", "guerra entre classes sociais, raciais e sexuais") e pública (contra a PEC 37) à redistribuição (ameaças de "confisco de propriedade", doação da Petrobras a "países socialistas"). Mas seu fulcro estava na zona de conflito da violência. Contra o "desarmamento da população, deixando os bandidos totalmente armados", o "sucateamento das Forças Armadas" e o "fim da Polícia Militar", defendia o direito de autodefesa dos cidadãos, que precisariam se armar para resistir à "infiltração" das Forças Armadas Revolucionárias da Colômbia (Farc) e de "guerrilheiros cubanos disfarçados de médicos" (em referência ao edital que o governo pretendia lançar em julho para trazer profissionais de saúde de Cuba). O Movimento de Combate à Corrupção (MCC) conclamava à auto-organização para a resistência: "É agora ou nunca!".[41]

Um movimento tratado com descaso por governo e imprensa. O MCC era hiperbólico, mas expressava queixas comuns entre pequenos movimentos surgidos com a Comissão da Verdade.

A violência suscitava mobilização também em sua dimensão de segurança pública. Menos exaltados, mas mais influentes, membros de estratos altos se organizavam contra o crime que assolava suas casas e estabelecimentos. A retórica era a norte-americana da inépcia do Estado para proteger os "pagadores de impostos". A líder do Juntos pela Vida: Acorda Brasil, dona de restaurante caro no Itaim, usou suas redes cívicas que adentravam a mídia para convocar "ONGS, associações, ativistas, imprensa etc., e a classe dos *restauranteurs*" para passeata ou panelaço na frente do MASP no 13 de junho. Neófita em organização, escolheu a avenida Paulista, consagrada pelo Fora Collor. A convocação circulou no 6, no Facebook: "Pagamos zilhões em impostos e não vemos esse dinheiro sendo revertido para nossa população!". Protesto, também em caixa-alta, para "começar uma TRANSFORMAÇÃO". Convite reforçado por colunista de culinária do UOL, que prometeu ir, "chova ou faça sol", "para mostrar a minha fúria".[42] O Juntos pela Vida reuniu a elite culinária paulistana, sobretudo donos de restaurantes de alto nível vitimados por arrastões,[43] mas extrapolou o fogão, com "pessoas de outros ramos que tinham força também na mídia, na área de publicidade".[44] Iniciativa paralela, de uma fotógrafa, saiu no Facebook, convocando um "Dia D... clamar por paz" contra o crime comum. Ganhou tração imediata, com 12 mil aderentes, "apartidários", "como você, que não aceita mais cruzar os braços".[45]

A violência criminal mobilizava mais e menos abonados em junho. Na quarta, 5, bancários de Belo Horizonte pararam em protesto contra assaltos.[46] Dois dias depois, quem protestou foi a seccional do Rio Grande do Norte da Ordem dos Advogados do Brasil, em frente ao Fórum Miguel Seabra Fagundes, em Natal. O gatilho foi o assassinato de três advogados no estado.[47] No mesmo dia 7, em Belo Horizonte, trezentos taxistas se manifestaram na praça Sete motivados por um assalto sofrido por um membro da categoria.[48]

O tema atravessava a sociedade. Os estratos altos e médios tinham medo de pobres e negros, que, por serem a maioria dos encarcerados, levavam a fama de classe perigosa. De seu lado, esses "perigosos", sempre na mira do tiro, temiam a polícia e se esforçavam em separar, nas periferias e favelas, joio, o "bandido", de trigo, o "trabalhador". A vida sob ameaça, por razões tão distintas, unia um grande naco da sociedade em torno da mesma demanda punitivista. No início de junho, os prognósticos dos brasileiros para os próximos seis meses eram pessimistas: 68,4% achavam que a criminalidade pioraria ou ficaria do mesmo jeito. Apenas 7,1% viam a presidente como caminho para resolver o problema, enquanto 37,5% apostavam nas igrejas. Confiava-se mais em redes cívicas religiosas, com acesso à autoridade divina,[49] que no governo terreno.

Os grupos mobilizados em torno da violência partilhavam o diagnóstico de que o Estado não fazia bom uso de seu monopólio da violência legítima. Já nas soluções, discrepavam. Uns queriam políticas de segurança para garantir para si a vida, o emprego, o negócio. Outros demandavam o direito de armar os cidadãos e depositavam fé nas Forças Armadas e na Igreja para reinstituir a ordem — pública e moral.

3. REDISTRIBUIÇÃO

Os protestos de junho começaram também pelo lado da redistribuição. Greves por salários e melhores condições de trabalho espocaram em seus parâmetros usuais. Entre os dias 2 e 9 estouraram greves, dezoito delas na Bahia, em Santa Catarina e São Paulo. Todas por razões salariais e a maioria de funcionários públicos, organizadas por sindicatos de suas categorias, com apoio das centrais sindicais, CUT e Força Sindical sobretudo.

Foi o caso de professores e funcionários (com os alunos acompanhando)[50] dos campi da Unesp na capital e no interior de São Paulo (Franca, Araraquara, Assis, Franca, Jaboticabal, Marília, Ourinhos, Ribeirão Preto, Rio Claro, São José do Rio Preto) e no da Universidade Federal de São Carlos. A onda grevista no funcionalismo público incluiu procuradores gaúchos, os de saúde de três cidades de Santa Catarina,[51] servidores municipais de Salvador e de Mogi das Cruzes,[52] os da Sabesp,[53] os metalúrgicos de Volta Redonda[54] e de Curitiba[55] e a Polícia Civil de Minas.[56] Servidores da saúde de São Paulo, de braços cruzados desde maio, ocuparam o plenário da Assembleia Legislativa em 2 de junho.[57]

O bolso parou ainda motoristas de ônibus em Florianópolis[58] no 2 e em Ribeirão Preto no dia seguinte.[59] No 4 foi a vez dos funcionários da OAB-SP.[60] Já no 8, quem entrou em greve foram os professores da rede privada de Pernambuco, enquanto os de Juazeiro do Norte (CE) avisaram da sua parada dali a dois dias.[61] Em Campo Grande, salva-vidas, garis e enfermeiros fizeram passeata por melhores salários.

Era um dominó de demandas salariais, mas nada fora dos parâmetros rotineiros nas relações de trabalho nas áreas muito urbanizadas. Já nas fronteiras agrícolas, o conflito redistributivo não era trabalhista. A posse da terra era a dinamite.

O MST tocava suas ocupações, mas se domesticara nos anos Lula, com ações mais ritualizadas e menos espetaculosas. Mas ainda fazia seu barulho no interior de São Paulo. Em 2 de junho, o movimento reinvadiu (pois já o fizera em 2011) terras de uma empresa grande, a Cutrale, nos municípios de Iaras, Borebi e Lençóis Paulista.[62] Ali se fincou com trezentos ativistas. Deu até no *Jornal Nacional*. Descontente com a pouca atenção que recebia de Dilma, depois da hiperbólica que merecera de Lula, o MST planejava para o mês de junho uma "jornada de luta pela reforma agrária",[63] com invasões, ocupações e marchas.

Mas onde o conflito fundiário tinia mais nesse início de mês era onde a terra interessava igualmente a povos indígenas e a agricultores grandes e médios. Belo Monte, no Norte, e Sidrolândia, no Centro-Oeste, fumegavam desde maio. A fumaça virou fogo em Sidrolândia. No segundo dia do mês, a justiça deu 48 horas para um grupo terena deixar uma fazenda invadida ou arcar com 1 milhão de reais de multa ao dia. Enquanto a Funai tentava anular a decisão judicialmente, passou mais um dia, depois outro. Na terça, 4, chegou a notícia de chumbo nas costas de um terena. Aí explodiram protestos e invasões.[64]

A intranquilidade ganhou repercussão internacional graças às fotos na página Resistência do Povo Terena no Facebook. O protesto indígena fora sempre apoiado por outros movimentos, os de ambientalistas, de antropólogos, de religiosos, mediadores com acesso à cena política nacional. Mas a expansão da escolarização superior dos anos Lula dera recursos para os próprios indígenas organizarem protesto moderno: cerca de oitocentos terenas estudavam nas universidades do Mato Grosso do Sul. A frequência aos campi ampliou sua rede de influência e seu domínio dos meios novos de fazer política, as mídias digitais.[65]

A visibilidade imediata do protesto dos terenas nas redes impactou o governador do Mato Grosso do Sul,[66] que solicitou a Força Nacional. O ministro da Justiça contrapropôs, no dia 6, um "fórum de negociação", com ruralistas, indígenas, Ministério Público e governo estadual. Recebeu sessenta terenas, mais nada. Cimi e CNBB acusaram o governo federal de conluio com ruralistas.[67] O coordenador da Articulação dos Povos Indígenas do Brasil externou a contrariedade acumulada: "Desde que a presidenta Dilma assumiu, o movimento indígena não foi recebido por ela. Em compensação, a bancada ruralista foi recebida cinco vezes no último mês. Isso mostra claramente para nós o lado que o governo federal preferiu estar".[68]

O lado oposto tampouco estava satisfeito. A presidente da Confederação da Agricultura e Pecuária do Brasil (CNA) reiterou a demanda de transpor o critério do marco temporal para todas as áreas de disputa de terra entre agricultores e indígenas pelo país. Seu bordão "Pouco índio para muita terra" aludia ao fato de serem 1% da população, mas ocuparem 12,6% do território nacional.[69] O governo administrava como podia. A Casa Civil prometia mudar critérios de demarcação e incluir ministros da Agricultura e do Desenvolvimento Agrário, dois ruralistas, na conversa. O Ministério da Justiça acenava para os povos indígenas. O desequilíbrio da balança apareceu no desprestígio da Funai, nem sequer convidada para as conversas com a presidente.[70]

Belo Monte era outra chaga aberta. Como os terenas, os mundurucus faziam campanha no Facebook e ocupações. Tinham invadido as obras da hidrelétrica no rio Tapajós no fim de maio e lá estavam quando junho começou.

No dia 2, cerca de duzentos indígenas tomaram o canteiro principal das obras no rio Xingu. Além dos mundurucus, estavam os jurunas, caiapós, xipaias, curuaias, asurinis, paracanãs, araras.[71] Em 3 de junho, bloquearam duas rodovias no sudeste do Pará. Dilma manteve a agenda fechada, e a Secretaria-Geral da Presidência ficou de descascar o abacaxi. Na outra ponta do país, em Curitiba, no mesmo dia, os caingangues ocuparam o escritório do PT e fecharam estradas no Rio Grande do Sul e em Santa Catarina.[72]

O Dia Mundial do Meio Ambiente, 5 de junho, plasmou de vez a questão indígena na ambiental. A cena global ajudou. Em Istambul, cresciam em volume os protestos iniciados no último dia de maio. Falava-se em "Primavera Árabe", à maneira da Primavera dos Povos. No Brasil, começou o jogo de equivalências simbólicas. As 65 terras ocupadas no Mato Grosso do Sul permitiram dizer que "o país está vivendo uma verdadeira Primavera dos Índios".[73]

No dia 6, 150 indígenas, entre mundurucus e terenas, foram para a porta do Palácio do Planalto, com todo o pacote de demandas: contra a usina de Belo Monte e as obras nos rios Tapajós e Teles Pires; contra a mudança de regras de demarcação de terra indígena e pela investigação do assassinato de Oziel Gabriel, o terena baleado em Sidrolândia.

O governo respondeu por escrito, prometendo "consulta pública sobre as usinas hidrelétricas", depois que uma audiência entre Gilberto Carvalho e os indígenas desandou, graças à declaração do ministro: "Não vou dizer para vocês que nós vamos parar a usina de Belo Monte. Não tem como parar aquilo lá, o Brasil precisa daquela energia".[74]

Em Campo Grande, no 7 de junho, duas manifestações contrárias se encontraram. Uma resultava de marcha de três dias de movimentos indígena, quilombola, MST, CUT, CPT e Federação dos Trabalhadores em Educação do Mato Grosso do Sul, apoiada pelo braço mato-grossense da Conferência dos Religiosos do Brasil e do Cimi. Chegou à cidade com mil pessoas e o lema "Todos somos índios, todos somos sem-terra". Lá estava a outra. A cavalo, a pé ou na boleia de caminhonetes, trezentos manifestantes atenderam ao chamado de Movimento Nacional de Produtores, Federação da Agricultura e Pecuária de Mato Grosso do Sul e Associação dos Criadores. Demandavam segurança física e jurídica Seu lema era "Lei, ordem e paz no campo".[75]

A Frente Parlamentar da Agropecuária aproveitou para convocar os produtores rurais de catorze estados a fecharem as estradas no 14 de junho. Campanha com anúncios em imprensa e no Facebook, distribuição de banners e camisetas, apoio da Federação da Agricultura, do governo pemedebista do estado e de parlamentares.[76] À frente, o coordenador do ruralismo no Congresso, o deputado Luis Carlos Heinze, do PP gaúcho. O panfleto de convocação lembrava que o agente habitual da "violação do direito de propriedade" no campo, o MST, perdera a prerrogativa para "ONGs e outros órgãos que patrocinam, financeiramente, a elaboração de laudos fraudulentos" e para a própria Funai, cuja "ânsia de ampliar ao máximo as reservas indígenas promove a violência por intermédio de invasões de propriedades rurais".[77] Avaliando que o governo estava mancomunado com o inimigo, optaram por protesto em vez da negociação.

A líder da CNA discursou na mesma linha no Senado, no dia 11. Kátia Abreu ressaltou o peso da agropecuária no PIB e a falta de segurança jurídica para negócios no campo. Os produtores rurais do Mato Grosso do Sul, disse, "não são vândalos, irresponsáveis nem bandoleiros". Já o Conselho Indigenista Brasileiro, a Funai, o Instituto Brasileiro do Meio Ambiente e dos Recursos Naturais Renováveis (Ibama), o Ministério do Meio Ambiente e as ONGS, sim: "Esse é um movimento manipulado, organizado contra a produção brasileira. Nós já tivemos um dia o MST; depois, nós tivemos o Código Florestal, e agora a questão indígena." A senadora concluiu com alerta. Na sexta-feira, 14, a insatisfação explodiria para além do Mato Grosso: "Irão dezenas de produtores do Rio Grande do Sul, dezenas de produtores do Paraná e Santa Catarina. Nós apresentaremos mais de 10 mil pessoas num movimento civilizado, democrático, ordeiro, dizendo que nós não aguentamos mais".[78]

Território gerava conflito também no meio urbano. Mas, nas cidades, a terra quase nunca vinha sozinha, os temas redistributivos eram muitos e se sobrepunham. A Copa das Confederações atraía movimentos que, de uma maneira ou de outra, disputavam território: os autonomistas do Copac, contra as remoções para dar lugar a estádios; os pela liberdade de circular sem pagar tarifas; os movimentos neossocialistas, sobretudo o MTST, por habitação popular. Esse encavalamento de demandas se viu em Salvador em 3 de junho, com protesto contra as interdições de trânsito nas imediações do estádio.[79] É que no 5 aconteceria o jogo experimental da Fonte Nova, com a presença de autoridades, da imprensa e da Federação Internacional de Futebol (Fifa).[80] Era para ser festa, mas era também oportunidade de manifestação. O movimento estudantil bloqueou as ruas,[81] reclamava que a cidade recebera melhorias que beneficiavam o estádio, embora atrasasse salários de professores e de funcionários públicos.[82] Resultou em engarrafamento-monstro.

Na redistribuição, outra tópica era o transporte urbano. Movimentos autonomistas que propunham gratuidade da circulação pelo território como parte do direito à cidade também se manifestaram no começo do mês. O MPL escolheu cidades nas quais tinha implantação e campanhas vistosas anteriores,[83] mesmo que nelas não houvesse aumento de tarifa — caso de Natal e Goiânia, onde se marcou manifestação para o 6, e Porto Alegre e Curitiba, com as suas previstas para o 13. Apenas em Rio e São Paulo a passagem subiria de fato em junho. O aumento seria em janeiro, mas fora adiado a pedido da presidente, para segurar a inflação.[84] Para as duas cidades, agendaram ações para 3, 6 e 13 de junho. Os paulistas teriam duas extras, em 7 e 11, e os cariocas, no 10 de junho. Em todos esses eventos, os movimentos autonomistas adotaram as táticas de bloqueio de ruas e a *black bloc*, de destruição seletiva de símbolos do Estado e do capital e de reação à repressão policial.

O início passou longe de promissor. No 3, MPL e MTST madrugaram no Terminal Guarapiranga, Zona Sul profunda de São Paulo, para marchar até a subprefeitura com cinquenta manifestantes.[85] No Rio foi maiorzinho, 2 mil, mas parte dos presentes nem pertencia ao campo autonomista: ia com máscaras do Anonymous e uma bandeira do Brasil.[86] A tomada das pistas das avenidas Rio Branco e Presidente Vargas, no centro, trouxe a polícia, balas de borracha e gás lacrimogêneo, que levaram dois para o hospital.[87]

No 6, protestos em quatro capitais. Em Natal, a Revolta do Busão vinha do mês anterior, e a tarifa fora baixada dois dias antes, daí o pequeno volume. O protesto correu tranquilo até o viaduto Quarto Centenário, do qual um manifestante caiu, ferindo uma mão e um pé.[88] Foram queimando lixo enquanto a polícia observava.[89] Em Goiânia, a manifestação foi no centro, com batucada, nariz de palhaço, pneus queimados e bombas caseiras. A polícia saiu batendo, e um contêiner de lixo virou escudo dos manifestantes. Um carro da polícia teve o vidro estilhaçado.[90]

No Rio, o 6 foi mais ou menos o mesmo. Poucos manifestantes, talvez uma centena (ninguém contou), bombas da polícia e a tática *black bloc* em operação, com as pedras portuguesas da rua transformadas em armas de combate.[91]

O evento paulista resultou da coligação PCO, PCB, PSTU,

Psol, Sindicato dos Metroviários, Anel e a Fanfarra do M.A.L,[92] além do MPL. A variedade arrastou 6 mil[93] e se estampou nas demandas, da redistribuição (dos transportes à terra) à moral privada (sexualidade). Passeata com faixa, catraca estilizada, bandinha e a palavra de ordem: "Mãos para o alto, R$ 3,20 é um assalto".[94] Em vez do trajeto usual do centro velho ao Masp, os manifestantes apostaram em uma nova geografia política. Saída do centro, de perto da prefeitura, a passeata foi fechar as avenidas 9 de Julho e 23 de Maio, o entroncamento viário entre o centro e as zonas Oeste e Sul da capital. Travou a cidade. A polícia desobstruiu as vias urbanas obstruindo as nasais dos manifestantes com gás lacrimogêneo, sem contar os tiros de borracha. De seu lado, os manifestantes surpreenderam os paulistanos com o uso extensivo da tática *black bloc*. Destruíram bancas de jornal, placas de trânsito, incendiaram caixas de madeira em três pontos da 23 de Maio, depredaram doze ônibus, picharam outros 53, "jogavam garrafas, pedras e pedaços de madeira contra a polícia"[95] e invadiram o terminal Bandeira.[96] Um dos invasores festejou a "revolta popular".[97] As autoridades deram outro nome: vandalismo, dado o prejuízo (73 mil reais apenas no metrô).[98] Foram trinta feridos e quinze detidos, incluídos seis membros do MPL e o presidente do Sindicato dos Metroviários.

Os protestos paulistanos de 7 e 8 repetiram o script: coligação de movimentos e pequenos partidos, Psol e PSTU,[99] início coincidindo com a hora do congestionamento, localização inusual. Dessa vez, o largo da Batata, onde havia pouco fora inaugurada a nova estação de metrô, porta de acesso fácil para estudantes da USP, celeiro usual de manifestantes. Ali desemboca a avenida Faria Lima, que concentra o setor financeiro, alvo dos autonomistas por definição. Somavam-se acesso fácil e simbolismo alto. Eram meros duzentos no começo, em contraste com os 350 policiais, mas conseguiram bloquear momentaneamente faixas das vias Eusébio Matoso, Rebouças e Marginal Pinheiros. Quando chegaram à Paulista entoando "Se a tarifa não baixar, São Paulo vai parar", tinham crescido a 4 mil.

No dia seguinte, sábado, o local eleito foi outra área de bancos e investidoras, a avenida Berrini, na altura da Marginal Pinheiros, ponto paulistano de escritórios chiques. Lá o Anonymous, punks e o Movimento Mudança Já fizeram protesto-relâmpago e minimalista, bloqueando a Marginal por cinco minutos. Um deles acabou preso por desacato.[100]

Na segunda, 10 de junho, foi no Rio: trezentas almas saíram da porta da Câmara Municipal em passeata, com a faixa: "Desculpe o trânsito. Estamos lutando pelos seus direitos". Na Presidente Antônio Carlos, o batalhão de choque dispersou combinando dois gases, o de pimenta e o lacrimogêneo. De volta, recebeu coquetéis molotov, pedras e cocos, além de lixeiras incendiadas. A repressão e os manifestantes se reencontraram na Presidente Vargas. Era finzinho da tarde, e o comércio fechou. A polícia deteve 34 (nove deles menores), mas só um estudante da UFRJ foi parar na delegacia.[101]

No 11, o MPL e o Juntos! protestaram no novo cartão-postal de São Paulo, a ponte Estaiada. Fica perto da Globo, o que facilitou a filmagem e a repercussão. De resto, tudo igual: lixeiras queimadas, vidraças quebradas, pedradas em banco e no diretório do PT, na Sé. Da Paulista, no fim da tarde, a passeata desceu a Consolação, bloqueou a entrada da Radial Leste, incendiou um ônibus e, no terminal Parque Dom Pedro, deu com a tropa de choque e suas bombas.[102] Prefeito e governador estavam em Paris para apresentar a candidatura de São Paulo a sede da Expo 2020.[103] Haddad declarou que não negociaria e Alckmin deu logo o seu nome para o boi:

Uma coisa é movimento, tem que ser respeitado, ouvido, dialogado. [...] Outra coisa é vandalismo, [...] tirar o direito de ir e vir das pessoas, depredar o patrimônio público [...], aí é caso de polícia, e a polícia tem o dever de garantir a segurança das pessoas[104]

Em sintonia, o Ministério Público de São Paulo abriu inquérito para investigar depredação de patrimônio.[105]

4. SALDO INICIAL

Os doze primeiros dias de junho aportaram em escala miúda o que se via desde o início do governo Dilma: distintos protestos, sem um movimento ou assunto principal a dominar os outros. Foram 77 focos de mobilização distribuídos por 31 cidades. Concentravam-se em metrópoles (85,5%). A demografia explica. Protesto precisa de gente, e os arregimentadores buscam aderente onde há mais habitantes. Mas nem toda cidade grande empresta muita gente à rua. Onde há grandes universidades e gordas burocracias estaduais, caso de São Paulo, Rio de Janeiro, Belo Horizonte e Brasília, a adesão é engrossada pelos estratos arroz de festa de protestos: estudantes e funcionários públicos. Movimentos estudantis e sindicatos atraem os que têm mais a ganhar que a perder, por ainda estarem fora do mercado de trabalho ou com estabilidade no emprego. A capital do país é polo também óbvio; a política de rua, sendo política, vai aonde os políticos estão. Por tudo isso, as quatro cidades sediaram 37% dos protestos dessa parte do mês.

Mas mobilizações aconteceram também fora desse circuito, no interior do país. Aí a demografia manifestante é outra. Em vez de estudantes e funcionários públicos, povos indígenas, proprietários e profissionais do agronegócio. A opção das redes cívicas agrárias pelo protesto, extravasando o lobby, indica a adesão de grupos de outra parte do espectro político a uma estratégia antes típica da esquerda. Até 12 de junho, onze protestos aconteceram em municípios do interior do Sudeste, Sul e Centro-Oeste. Nos assuntos, diversidade. Os temas tradicionais em protestos desde a redemocratização eram os relativos à redistribuição de terra, ao mundo do trabalho e a políticas sociais, como educação e saúde. Estavam vívidos no começo de junho: a maioria das manifestações tematizou questões redistributivas.

TABELA 1: PROTESTOS NO BRASIL — 1 A 12 DE JUNHO

ZONA DE CONFLITO	PROTESTOS	MÉDIA DE MANIFESTANTES
Moralidade	8	38 261
Redistribuição	62	285
Violência	5	236
Outros	2	140
Total	77	512

FONTE: BEP/ Cebrap.

A zona de conflito da moralidade, que emergira nos anos Lula, sobressaía pouco em número de eventos. Já em volume de manifestantes, sexualidade e reprodução foram os assuntos que levaram os maiores contingentes à rua, apesar das simbologias e agendas inversas, com protestos tanto pela liberdade de uso do corpo quanto pela proteção da família cristã. Nesse tema caro à religião, as igrejas se engancharam de maneira bem diferente dos tempos da redemocratização. Nos anos 1980 enfileiravam-se com os movimentos redistributivos; em junho se postaram do lado tradicionalista nos costumes. A moral ganhou da pobreza.

Assomaram, ainda que com menos adesão e estardalhaço, as tópicas da violência. A CNV escavara o tema em banho-maria e incitara movimentos pelos direitos humanos, por um lado, e o ativismo de militares e policiais, por outro. Esse lado do contencioso em torno do uso legítimo da força pelo Estado pouco mobilizou a rua no princípio de junho e, quando o fez, foi entremeado por tópicas relativas à segurança pública e ao crime comum.

Durante os doze primeiros dias de junho, os protestos, portanto, pouco diferiam do que se via desde o governo Lula, tanto em temas, quanto em atores. A diferença era que vinham mais tensos e organizados. Em número de manifestantes, a Parada LGBT, em São Paulo, e a Marcha da Família, em Brasília, escapavam ao rotineiro. Mas ganharam pouca atenção política e da imprensa, tidas por manifestações culturais, não computadas na coluna dos protestos, embora suas conotações políticas fossem ululantes.

O interesse nacional pelos protestos redistributivos, em torno dos transportes, não se deveu ao número — eram nanicos — nem ao assunto — repetido —, mas à tática disruptiva, a *black bloc*. Era uma ação que afetava a rotina. Grandes veículos de comunicação reclamaram da obstrução das ruas — "Retomar a Paulista" era título do editorial da *Folha* e "Chegou a hora do basta", o do *Estadão* —[106] e conclamaram os poderes públicos à ação. A polícia, de seu lado, precisava de um teste para a Copa, mas até então batia dentro da intensidade rotineira.

Problemas locais, a presidente julgou, sem vislumbrar a ladeira que começava a descer. Sua popularidade exuberante estava assoreada, viu-se em enquete de 6 de junho. Perdera 10% dos jovens, 16% dos com diploma superior, 10% no Sudeste e 14% no Sul. Quanto mais ricos, mais infelizes: a queda foi vertiginosa, de 67% para 43% no topo social, que enxergava a crise econômica mundial na esquina e torcia o nariz para as políticas inclusivas. Mas mesmo entre quem ganhava de cinco a dez salários mínimos apenas 9% aprovavam o Bolsa Família.[107] No dia 13, em coletiva, Dilma comemorou: "Está tudo pronto para a Copa e bem".[108] "Bem" não estava.

5. REPRESSÃO E LEGITIMAÇÃO

Repressão é o arroz com feijão do protesto. A questão é sempre de grau, num gradiente amplo, de advertências verbais a cacetadas sanguinolentas. O problema de qualquer governo é a dosimetria. Como o Estado tem o monopólio legítimo da violência, tropas treinadas e armas, a desproporção entre as forças da ordem e a dos manifestantes é dado de partida. A repressão bem-sucedida é cirúrgica, impede destruição de patrimônio e ferimento de pessoas. Como se sabe, nem todo mundo tem mão boa para tarefa tão fina.

O estilo de policiar protesto em 2013 se alimentava de passado, presente e até de futuro. O passado era o regime militar, com seu legado de vigilância política na base do "prendo e arrebento". Sem unificar as polícias nem reformá-las, a democracia se reinstaurou no país com forças incapazes de distinguir crime comum e dissidência política — embora distingam bem os estratos sociais. Sem treino especial, nem vivência direta de grandes manifestações de rua, a "geração de oficiais mais novos, que ingressaram na Polícia Militar, na Academia, no final dos anos 80, início dos anos 90, não conviveu com movimentos sociais".[109] Opinião de um deles.

O presente eram as novas estratégias repressivas governamentais em espraiamento internacional depois do Onze de Setembro e dos protestos de Seattle. A explosão de táticas violentas contra pessoas num caso — os assassinatos de civis — e contra objetos e edifícios no outro — a técnica *black bloc* — reconfigurou o investimento em armamentos e as táticas de policiamento de protesto. Tolerância zero passou a ser regra em vários países: formas violentas de protesto respondidas com repressão igualmente violenta pelas forças da ordem.[110]

E se treinava para o futuro. As tropas estaduais nas cidades-

-sede da Copa das Confederações e da Copa do Mundo vinham se adestrando para conter protestos domésticos e ameaças terroristas que os eventos internacionais poderiam atrair.

Os três tempos se encavalaram no 13 de junho, que não era sexta, mas foi de terror.

De um lado, o medo motivou o protesto. Medo do crime. O Movimento Fortaleza Apavorada, organizado por mulheres vítimas de violência, saiu em passeata, pedindo mais segurança. Atraiu 6 mil pessoas, convocadas pelo Facebook.[111] A insegurança apareceu também em Salvador, no extremo baixo da escada social, com moradores protestando contra o assassinato de um vizinho pela Polícia Militar.[112] Era esse também o tema da concentração do Juntos pela Vida: Acorda Brasil, na hora do almoço, no Masp, seguida de passeata pela Consolação, rumo ao centro. Duzentos manifestantes, em maioria "chefs estrelados de São Paulo contra arrastões em restaurantes",[113] acrescidos de "donos de restaurante [...] artistas [...] publicitários e amigos" e "pessoas de todas as áreas que estavam cansadas dessa falta de segurança [...] que resolveram se unir, porque na verdade a segurança toca em todos".[114] Uma manifestante declarou: "Somos apolíticos",[115] mas lá estavam membros do PSDB e do PSC. O estilo do protesto lembrava os comícios partidários da redemocratização, com carro de som, camisetas padronizadas, bandeiras do Brasil.

No fim da tarde, outra passeata saiu do Teatro Municipal rumo à avenida Paulista. Era a do MPL, mais uma vez coligado com movimento estudantil e o Sindicato dos Trabalhadores da USP, que paralisara a Cidade Universitária. Saíram 5 mil,[116] segundo os organizadores, multiplicados por quatro no caminho.[117] Quem vigiava calculou um quarto disso e se apresentou com 1500 homens, isto é, computou um policial para cada três manifestantes, nenhum muito preparado para a democracia:

[...] por um lado, alguns comandantes entendiam que a lei tem que ser cumprida. Ponto final. Uma pista, ela tem que ser desobstruída, porque as pessoas têm o direito de ir e vir. Um outro segmento [dizia:] "Vamos desviar o trânsito, vamos evitar o conflito para que não haja um desgaste maior".[118]

Trânsito já encrencado nesse 13, quando começava greve da Companhia Paulista de Trens Metropolitanos (CPTM).[119]

Soldados se posicionaram de modo a proteger a prefeitura e manter desobstruídas as rotas de tráfego. Para evitar a tática *black bloc*, rondas pela área apreenderam garrafas de vinagre e cem suspeitos[120] antes do protesto. O vinagre minorava os efeitos de bombas de gás, mas o comandante da operação viu nele ingrediente para bomba caseira.[121] Manifestantes acionaram a Defensoria Pública, que foi acompanhar a concentração na praça do Patriarca. Uma defensora estranhou o volume de revistas — "foi feito um paredão com dezenas de pessoas por horas" — e as detenções, e alertou o comandante de que a ação "era ilegal, que ele tinha obrigação de descrever individualmente a conduta de cada pessoa, de garantir acesso dos defensores públicos e advogados àquelas pessoas". Ouviu em resposta "que estava apreendendo pra averiguação — o que é absolutamente ilegal [...]. E [eu] podia responsabilizá-lo, que ele não ligava pra isso".[122]

A marcha saiu e logo se bifurcou ao chegar à Consolação, entre os praticantes da tática *black bloc* e os que exortavam "Sem violência!". Na altura da praça Roosevelt,[123] a polícia quis negociar para que a manifestação evitasse a Paulista. Mas "não tinha lideranças específicas com as quais dialogar, o que dificultou por demais a ação da Polícia Militar".[124] O presidente municipal do Psol se apresentou como negociador, na esquina da Consolação com a Maria Antônia, onde estava o primeiro bloqueio policial. Com jornalistas por testemunha, o comandante parabenizou a atitude.[125] Eram 19h10.[126] Mas o compromisso firmado por um grupo foi ignorado pelos que não o tinham feito. A passeata rumou para a Paulista, exibindo o estilo autonomista: performances visuais, jogral, pichação e tática *black bloc*.

Prefeito e governador alinhavavam estratégias, a despeito de pertencerem a partidos opostos, mas nas tropas mandava Alckmin. Vieram gás, balas de borracha e prisões.[127] Do outro lado, surgiram barricadas, e uma líder da Marcha Mundial das Mulheres viu quando o "pessoal começou a botar lixo na rua e a colocar fogo no lixo". Enquanto cavalaria e choque batiam, havia "uma confusão de gente nas esquinas […] gente sangrando".[128] A presidente da UNE ficou no miolo, entre fumaça e estilhaços: "era bomba, bomba, bomba […] eu não conseguia enxergar direito […] era gás lacrimogêneo… a cara ardia. […] Eu não fazia ideia de que aquilo tava sendo transmitido ao vivo na televisão".[129]

A cena inteira, de sangue, quebradeira e caos, circulou no Facebook, em blogs, sites da imprensa e na TV. Essa audiência assistiu ao vivo a exponenciação da violência, quando a marcha chegou na Paulista, com uma bomba de gás a cada sete segundos.[130] Balas de borracha sobraram para transeuntes, observadores, imprensa. As tropas cercaram as ruas do entorno, gerando um circuito fechado, beco sem saída. Todos aprisionados como num labirinto. Dele saíram 235 detidos e 128 feridos,[131] incluídos oito policiais e ao menos três jornalistas.[132] Uma repórter da *Folha de S.Paulo* e um fotógrafo da agência Futura Press levaram bala de borracha no olho.[133]

No Rio, foi tudo um pouco menor, mas no mesmo tom. Cerca de 2 mil estudantes atenderam ao chamado: "Operação Pare o Aumento" e se concentraram na frente da Assembleia Legislativa (Alerj). Lá o volume subiu para 10 mil.[134] Entoavam "Fora, Cabral" e se sentaram no cruzamento da Rio Branco com a Presidente Vargas. Veio a polícia e com ela os cães e as bombas de efeito moral. Foram recebidos por flores, que murcharam assim que um tiro de borracha pegou no olho de um manifestante.[135] Daí em diante, foi fogo no que se achava e arremesso de pedras, uma delas, amarrada a um coquetel molotov, atingiu um policial. Vidraças de banco estilhaçaram, estações do metrô fecharam. Na confusão, os 120 homens do batalhão de choque jogaram bombas de efeito moral nos cem da polícia. Precisaram do socorro da cavalaria.

Tudo parecido também em Porto Alegre. Lá não havia tarifa a baixar. Foram 2 mil ativistas dos movimentos estudantil,[136] anarquista e dos pequenos partidos de esquerda. Como em São Paulo e no Rio, viram-se bloqueio de ruas, pichações e a tática *black bloc*, que incendiou contêineres e depredou bancos, ônibus e carros. Mas havia dissonância. Lá estava também um outro campo, contra o uso da violência, que gritava aos de rosto coberto: "Mostra a cara!".[137] Acabou de madrugada, com 23 detidos.

A repercussão rápida dos excessos repressivos produziu na mesma noite do 13 um "ato de desagravo" aos manifestantes paulistanos em Curitiba.[138] Era o segundo do dia na cidade. Mais cedo, pequenos partidos de esquerda, a Organização das Farofadas, as Marcha da Maconha e a das Vadias, tinham saído em marcha, com foco na moralidade privada.[139]

O 13 teve dois outros protestos minguados, cem pessoas em Manaus, oito das quais acabaram presas depois do corpo a corpo com a polícia.[140] Em Santos, trezentas tentaram parar o trânsito e invadir a Câmara, contra pagamento de ônibus em dinheiro. Malograram, mas não tomaram cacetadas.[141]

Em Salvador, a violência foi outra. Carlos Alberto Conceição Júnior, jovem negro funcionário de hotel, levou chumbo da PM, enquanto esperava um amigo para ir à praia. Era seu dia de folga, não de sorte. Morreu logo. Seus vizinhos se manifestaram, acusando a polícia de extermínio: "Eles atiram à toa, ficam invadindo a casa dos outros. Todo mundo aqui na comunidade é ladrão para eles".[142] O protesto não suscitou violência policial, foi suscitado por ela. Não era repressão a ato político, era a coerção cotidiana a pretos e pobres. Passou batido, sem alvoroço de mídia, nem solidariedade de movimentos sociais.

Repressão é faca de dois gumes: ou bem dizima mobilizações pequenas antes que cresçam, ou as inflama ao incitar solidariedade e adesão. No 13, teve o segundo efeito, decisiva para que o protesto mudasse de escala. A violência regular contra estratos baixos não gerava o mesmo resultado; foi a violência excepcional contra estratos médios e altos que produziu a indignação nacional imediata.

As imagens do 13 de junho paulistano — e secundariamente as do Rio — foram continuamente repetidas em mídias sociais e alternativas, na grande e na internacional.[143] Entraram para a memória visual brasileira. A Mídia Ninja viveu sua glória, com cobertura ao vivo, no miolo do rolo, enquanto a polícia descia o cacete. A cobertura sem edição, nem pauta, em tempo real, no chão da rua, hipnotizou jovens sem paciência para as coberturas tradicionais de TV. Havia repórteres "no Brasil inteiro". A estrutura tentacular provia material abundante e nacional: "Quando alguém tirava uma foto da Ninja, a gente já tinha um sistema de subir ela no celular e mandar ela em tempo real no MSN ou no chat do Facebook". As redes cívicas proviam as conexões em cascata, "uma rede no Brasil com capacidade de replicar e sair marcando figuras relevantes".[144] Formato repetido em toda parte. Virou uma modalidade de ativismo portátil,[145] com o registro de protestos por manifestantes, simpatizantes e curiosos, munidos de celulares comuns e transmitindo instantaneamente no Facebook. As redes sociais, que já serviam para organização e arregimentação, viraram, então, pátrias de exibição caudalosa e debate frenético dos protestos.

A midiatização da repressão desproporcional dos usualmente não reprimidos gerou condenação pronta e encadeada da sociedade organizada. Grupos, instituições e redes cívicas ainda desengajados se solidarizaram com os manifestantes, caso da Anistia Internacional, do Instituto Sou da Paz e da OAB de São Paulo, que lançaram notas.[146] O apoio ganhou também a forma de ativismo novo. O movimento Advogados Ativistas, criado no dia 12, visava defender judicialmente o que nomearam "presos políticos", ao passo que um movimento de estudantes de medicina surgiu para oferecer primeiros socorros em próximos protestos. Redes de brasileiros no exterior fizeram atos de "tamos-junto" em 27 cidades estrangeiras, os mais volumosos em Dublin e Berlim.[147] Manifestos, cartas públicas e postagens pulularam no próprio dia ou no seguinte, como abaixo-assinado de professores da USP pedindo soltura de seus alunos presos. Intelectuais escreveram e associações de imprensa divulgaram notas contra a brutalidade policial.[148]

Com os escalões médio e superior da sociedade brasileira com os manifestantes e contra a polícia, os estratos baixos, consumidores compulsórios e regulares da violência policial, aproveitaram a oportunidade para expressar sua indignação. Quem primeiro se deu conta disso foi José Luiz Datena, líder de audiência nessa faixa. Levava seu programa ao vivo na TV na Bandeirantes quando o quebra-pau do 13 começou. Indignou-se com os "baderneiros". Esperando o alinhamento de seus fãs, lançou a enquete: "Você é a favor deste tipo de protesto?". O público anuiu. Pasmo, reformulou a pergunta: "Você é a favor de protesto com baderna?". A maioria reiterou o sonoro sim.[149]

Em sintonia, reprovação das ações policiais e defesas do direito à manifestação povoaram as declarações de líderes partidários, senadores, deputados, magistrados e braços locais do MPL, como o do Distrito Federal.[150] O diretório municipal do PT paulistano, em vez de se alinhar com o prefeito de seu partido, candidatou-se a tercius para mediar o conflito.[151]

A reviravolta da condenação à legitimação dos protestos foi meio imposta e meio resultante da cobertura midiática. A grande mídia deu cambalhota. A pedra acertada em sua vidraça, com o ferimento de 41[152] jornalistas, afetou a cobertura. Notável inflexão de viés, de contrário a favorável às manifestações. Elio Gaspari chamou os eventos paulistanos do 13 de "Batalha da Consolação/Maria Antônia".[153] A imagem de uma fotógrafa de olho roxo correu o mundo. A simpatia deslocou a tônica do "vandalismo" *black bloc* para civismo, a defesa do direito de manifestação.

No 14, a Globo ampliou a cobertura e tomou lado, segundo seu diretor-geral de jornalismo, com "vídeos que provavam — sem nenhuma chance de erro — que naqueles casos a polícia tinha se excedido [...] demos razão completa aos manifestantes", embora não a todos. "A gente mostrou que os *black blocs* quebraram tal banco, quebraram tal loja."[154] Mesmo o moderado *Estadão* acusou a polícia de produzir "a fúria dos manifestantes".[155] A *Folha*, no 15, foi incisiva no editorial que acusava os policiais de "agentes do caos": a "PM paulista agiu com inaceitável violência [...] truculência [...] mais grave que o vandalismo [...] dos manifestantes".[156]

Era nítida a arapuca da grande imprensa. Queria condenar uma coisa, a truculência policial, sem deixar de malhar a outra, a tática *black bloc*, que fora o tom das coberturas até então. Deu um cavalo de pau. Contraste nítido nas capas de duas revistas semanais. Na sexta-feira, a da *Veja* deu "Um protesto por dia, quem aguenta?". No interior, exortava "o poder público" a usar o "rigor" contra os "arruaceiros".[157] A *IstoÉ*, no sábado, depois da noite do 13, adotou o novo tom, com editorial contra a truculência policial.

A cobertura dos eventos extravasou o país por razão dupla. De um lado, a repressão a protestos estava na pauta internacional por causa da Turquia, onde continuava o impasse na praça

Taksim, e crescia a adesão. E, de outro, porque, como a Copa das Confederações iria começar no dia 15, o Brasil estava cheio de correspondentes estrangeiros atentos ao que se passava aqui. *The New York Times, The Washington Post, Financial Times,* France--Presse, *The National* (Emirados Árabes), *El País, The Wall Street Journal,* CNN: todos cobriram o 13 de junho.[158] Até as folhas esportivas falaram mais da arquibancada que do jogo, a *Gazzetta dello Sport* achou que "o país é um barril de pólvora".[159]

6. DIVERSIFICAÇÃO

A legitimação dos protestos por mídia e sociedade organizada multiplicou a atenção para pequenos movimentos. Antes sem cobertura ou com quase nenhuma, passaram a contar com um minucioso escrutínio, noticiados em detalhe, todo santo dia, do 14 ao fim do mês. A hiperexposição da rua afetou a ela mesma. Estimulou a participação de membros de redes cívicas que até então assistiam de casa e de longe. E abriu a disputa entre os organizados pelo controle da rua.

Até o 13, havia protestos de nicho. Movimentos se manifestavam sozinhos ou com os de agendas aparentadas. Levavam consigo membros de mesmas redes cívicas ou das vizinhas. Imperava na rua o reconhecimento mútuo direto entre as pessoas ou mediado pela simbologia usada. Alta familiaridade, baixa variedade.

Temáticas ajuntavam e apartavam. Campos autonomista e neossocialista muitas vezes se aliavam em protestos de tema redistributivo, mas nem sempre na zona de conflito da moralidade. Os movimentos do campo patriota se aliavam entre si com frequência, mas apareciam na rua com movimentos neossocialistas quando o assunto era moralidade pública. O que não costumava acontecer era aparecerem os três em simultâneo.

Isso mudou depois do 13 de junho. Houve diversificação no interior de cada um dos campos, com adesão de novos movimentos organizados, antes ausentes da rua. E o que era raro passou a frequente: movimentos dos três campos na mesma manifestação. Um incremento da mistura. Mas o padrão anterior a junho ainda não se desfizera. Nos dias 14, 15 e 16, cada protesto seguiu predominantemente dominado por um campo de ativismo e fisicamente apartado de outros.

Na zona da moralidade privada, o Estatuto do Nascituro foi contestado, no 15, em Belo Horizonte, Brasília, Rio de Janeiro, Recife, São Paulo, Porto Alegre, Florianópolis, e, fora das capitais, em Santa Maria, Joinville, Jaraguá do Sul e Campina Grande. Agregavam-se vários movimentos em cada praça. O maior foi o paulistano, com 3 mil presentes, comandado por Marcha Mundial das Mulheres, O Machismo Nosso de Cada Dia e a Rede de Feministas Autônomas. Os lemas eram similares em toda parte. O da União Brasileira de Mulheres, no Rio, por exemplo, era: "O Estatuto do Nascituro estupra meu direito". Em envergadura e puxadores, eram idênticos aos do início do mês. O mesmo vale para o lado contrário. Foram 4500 pessoas defender a família tradicional, com signos nacionalistas e religiosos no dia 15, em Amambai, no Mato Grosso.[160] Teve reza e carreata embaixo de chuva. Era um aquecimento para a Marcha para Jesus do fim do mês.

O campo patriota dominava os protestos em torno da moralidade pública. Em 16 de junho, em Cuiabá, o governo do estado, do PMDB, aproveitou o início da Copa das Confederações para uma Caminhada no Clima da Copa até a Arena Pantanal. Lá houve show e protesto. Inscreveram-se 11 500 caminhantes, em meio aos quais trezentos manifestantes de preto, uns com máscara do Anonymous, outros com cartazes aludindo ao filme *V de vingança*. Todos contra a PEC 37: "Resolvemos aderir ao movimento contra a corrupção no Brasil, mas também focando nas pautas que existem aqui em Mato Grosso, onde o governo investe bilhões na Copa mas se esquece da educação, saúde e transporte".[161] A corrupção estava no interior e no exterior. Brasileiros planejaram, via redes sociais, o "Democracia sem Fronteiras" em 27 metrópoles estrangeiras,[162] no domingo, 16. Em todas as praças, a mesma simbologia. Na Irlanda, bandeira e Hino Nacional, verde e amarelo na roupa, cara pintada à la Fora Collor dos "*tired of corruption*" que diziam "No PEC 37" e "Policiais, vocês têm o dever de prender os políticos". Na Alemanha, a mesma coisa: "It's not about 0,20, stupid!", "Políticos, parem de me envergonhar",[163] frases repetidas em manifestação carioca: "Estou cheio desse governo repleto de corrupção e ladrões. Não são apenas R$ 0,20, é inflação, corrupção".[164] Em Dublin, teve mais amarelo; em Berlim, mais verde, mas os rostos eram sempre brancos.

Na zona de conflito em torno da redistribuição de recursos, os protestos disputando a terra prosseguiram como já vinham, com os campos bem separados. Em Nova Alvorada do Sul, aconteceu o protesto de quem tinha muita terra e negava demarcar a dos indígenas. No dia 14, movimentos ruralistas de Paraná, Maranhão, Mato Grosso do Sul e Rio Grande do Sul foram de camiseta branca e letreiro verde: "Onde tem Justiça tem espaço para todos". O espaço cercado teve telão, palco, banheiros químicos, adesivos em carros e caminhões e distribuição de bonés e camisetas. O presidente da Associação dos Criadores de Mato Grosso do Sul vocalizou as críticas à presidente, calculando que o custo do estádio Mané Garrincha teria sido suficiente para indenizar proprietários por terras que indígenas reivindicavam.[165] O protesto contra a demarcação desses territórios foi simultâneo em nove estados (RR, MS, MT, SC, RS, MG, PR, PA, BA). Em Boa Vista, o Movimento dos Produtores Rurais de Roraima reuniu 2 mil manifestantes, entre produtores de arroz e pecuaristas, e tomou a direção anunciada por Kátia Abreu no Senado: a do confronto. Fecharam o acesso à Venezuela com pneus queimados e tratores e caminhões atravessados na br 147.[166]

Tema e tática — pneus incendiados e bloqueio — se repetiram em Brasília, com sinal trocado. Enquanto o movimento ruralista reunia milhares de bolsa cheia, o mtst agrupou centenas de bolso vazio. As camisetas brancas tinham logo vermelho: "mtst Brasil na luta pela reforma urbana". Poucos, mas impossíveis de ignorar, dada a fumaça que tomou o eixo monumental. Lá estava também um dos Copacs.[167]

É que a Copa das Confederações finalmente ia começar, e os movimentos há muito preparados para hora H do "Copa pra quem?" saíram às ruas. A Articulação Nacional dos Comitês Populares da Copa (Ancop) e a Resistência Urbana — Frente Nacional de Movimentos puxaram combinações peculiares de movimentos em cada cidade.[168] No 14, foi em Curitiba, Porto Alegre, São Paulo, além da panfletagem em Belém. Não levavam quase ninguém. Os gaúchos eram meros 250.[169] Mas, no dia seguinte, de início dos jogos, vingou protesto encorpado por 8 mil em Belo Horizonte. Lá o Copac era enraizado e aliado com vários movimentos neossocialistas e autonomistas.[170]

A violência não compareceu como tema de protesto, mas foi a Brasília com o modelito usado em São Paulo. O esquema antiterror montado para a Copa das Confederações entrou em uso imediatamente, quando a bola rolou no sábado, 15. O pontapé inicial do torneio, no campo, foi entre Brasil e Japão. Teve partida preliminar na rua. A marcha da Ancop[171] saiu da rodoviária e, na beirada do estádio, avançou sobre a barreira de segurança. Cavalaria, spray de pimenta e tiros de borracha saíram em acolhida. Escore do jogo: dezenove detidos (dez deles menores) e 58 feridos (dois atropelados por motos da polícia). Gilberto Carvalho condenou os manifestantes por tentarem invadir o estádio, mas se dispôs a recebê-los dois dias depois: "Tudo o que se puder ser resolvido no diálogo, será resolvido no diálogo. Essa foi a ordem da presidente".

Enquanto o ministro agendava conversa,[172] as arquibancadas mandavam recado. Devido ao preço do prazer (o ingresso custava até um salário mínimo),[173] os 70 mil presentes pertenciam à parte abonada do país,[174] que, em alto e bom som, negou a presidente três vezes. Vaiaram o nome quando anunciada sua presença no estádio, repetiram a dose quando o presidente da Fifa a mencionou em sua fala e formaram coro no discurso de Dilma. A apupada acabou se restringindo a uma única frase, declarando aberta a competição.

No domingo, 16, a bola correu no Maracanã, com o mesmo suadouro de manifestantes e polícia. O "Copa pra quem?" marcara, mas vários movimentos, de diferentes campos, cada qual com sua agenda, pegaram carona. Houve muitas convocações no Facebook, como o Ato de Repúdio ao Aumento do Custo de Vida. Cada chamado atraía aderentes de redes cívicas distintas.[175] Os de máscaras do Anonymous falavam em nome de "qualquer pessoa insatisfeita com a administração pública".[176]

Nesse dia, os italianos ganharam dos mexicanos, mas não acabou em pizza. O cardápio carioca repetiu o brasiliense, da véspera: gás e bala de borracha. A estrutura de policiamento gigante, sob ordens de impedir o avanço sobre o estádio, fez aí, como faria até o fim da Copa, o serviço de bater e prender. Nem foi serviço grande, dados os poucos mais de mil manifestantes. Desde a saída do metrô São Cristóvão, o choque separava, sabe-se lá com qual critério, torcedor de manifestante. Os dos campos autonomista e neossocialista repetiam gritos de outros dias: "Você, fardado, também é explorado", "Choque eu te amo". O campo patriota se distinguia pela trilha sonora, o Hino Nacional e canções do Legião Urbana,[177] entremeada de gritos de "Sem violência!". Acabou quando escureceu, com cinco presos por "desordem",[178] e farta distribuição de gás, até para crianças que brincavam no parque da Quinta da Boa Vista.

Estava em campo a violência. A da polícia contra os manifestantes e a de manifestantes contra o patrimônio (a tática *black bloc*) eram parte do jogo desde o começo do mês. O que passou a produzir faíscas novas foi a diversidade de campos, a presença de movimentos de estilos e agendas conflitantes. A disposição de uns manifestantes atacarem outros apareceu primeiro nas redes. Ao se negar a convocar seus seguidores para um protesto no dia 17, quando haveria jogo, a Gaviões da Fiel separou futebol de política. Mas já não era possível dividir os dois gramados, e levou bola nas costas. Invadiram seu site para lá inscrever "Vem pra rua".[179] O conflito virtual seria físico no segundo tempo do mês.

Nesse miolinho de junho, os três campos protestavam e duas zonas de conflito estavam incendiadas, redistribuição e moralidade. A da violência cresceu em relevância menos por causa das agendas dos movimentos e mais por reação à estratégia policial reforçada para a Copa.

TABELA 2: TEMAS DOS PROTESTOS, POR CIDADES, ECLOSÃO E DIVERSIFICAÇÃO — 1 A 16 DE JUNHO

ZONA DE CONFLITO	NÚMERO DE CIDADES
Moralidade (pública ou privada)	16
Redistribuição (terra, trabalho, políticas sociais)	55
Violência	9
Outros	4
Total	84

FONTE: BEP/ Cebrap.

Os protestos eram pouco volumosos. Até o 16, os campeões de rua seguiam a Parada LGBT e a Marcha da Família, do começo do mês. Nenhum outro evento passou de 20 mil manifestantes, e a média de participantes por protesto era baixíssima: 738 pessoas. Já o número de organizadores que convocavam para a rua, independentes ou coligados, era alto e diversificado, com maioria de movimentos sociais (76,9%), mas também com 8,1% de sindicatos, quase o mesmo que os pequenos partidos (8,5%). E lá estavam associações civis (2,3%) e patronais (2%), bem como igrejas (2,3%).

A variedade de organizadores facultou a irradiação do protesto para além dos focos do início do mês. Até o dia 13, houve manifestações em treze capitais e em mais outras 22 cidades, em todas as regiões do país. Depois da repressão, acrescentaram-se Belém, Boa Vista, Cuiabá, Fortaleza, Maceió, Porto Velho e outros 21 novos municípios. Protestar entrou na moda, animando quem apenas assistia e mesmo as cidadezinhas, caso de Angatuba, interior de São Paulo, onde estudantes saíram no 15 com narizes de palhaço e cartazes de cartolina: "Mais educação, menos festa do peão".[180]

Mas o protesto não estava totalmente nacionalizado. O número de eventos e de manifestantes se concentrava numa parte do país, sobretudo o Sudeste (São Paulo, Minas Gerais e Rio de Janeiro), além de Rio Grande do Sul e, naturalmente, Brasília. Volume pequeno de manifestantes e concentração geográfica, mas sucesso absoluto no debate público. Falava-se e muito dos protestos desde 13 de junho.

Seguiam, contudo, sem batismo. Cada uma das muitas mães dava um nome à criança. O campo autonomista saiu-se com Revolta do Vinagre, ironizando a polícia. Bem-aceito nas redes, ganhou até verbete na Wikipedia.[181] Escalonou no Facebook, virando a Marcha pela Legalização do Vinagre ou de Apoio à Revolta da Salada. Para conter a disseminação da marca, o secretário de Segurança de São Paulo tirou o tempero da briga: "Ninguém será detido por levar vinagre".[182] O candidato neossocialista à nomeação era mais sisudo, remetendo à tradição de seu campo: "Levante da Juventude", que apareceu em Belo Horizonte. Os campos autonomista e neossocialista, entretanto, perdiam em *likes* para o patriota, que, no 16, emplacou as *hashtags* #mudabrasil, #changebrazil e #giganteacordou nos *trending topics* do Twitter nacional. O evento Vem para a Janela!, convocado pelo Facebook, pediu a moradores para pendurarem lençóis brancos, de modo a serem visíveis durante a passeata do dia seguinte. Teve 280 mil confirmações.[183]

A disputa semântica era parte da luta pelo sentido e os rumos dos protestos. Em blog, no 16, um ativista autonomista abismou-se ao zapear na rede de convocadores: "Dizem que não se trata de vinte centavos [...] que o aumento é só a última gota" e que "não toleram mais 'bolsa isso, bolsa aquilo', são contra os mensaleiros, contra a política fiscal do governo, contra os 'tentáculos do governo nas empresas estatais', contra os impostos".[184]

Era um protesto de muitas caras e sem liderança nacional. Nem municipal, como reclamou o prefeito do Rio, empenhado na "criação de canais institucionais" e em "dialogar com todos esses movimentos", sem achar com quem. Seu colega de São Paulo tentava negociar com o MPL, que julgava no comando da rua, igualmente sem sucesso: "Um movimento novo, com uma forma nova, de pouco diálogo, eles próprios não procuravam diálogo conosco".[185]

Tanto em São Paulo como no Rio, onde se julgava que as prefeituras eram o alvo, instalou-se o impasse. Noutras partes do país, onde nem havia aumento de tarifa, ficava claro que as demandas eram outras, com destaque para as disputas em torno de terra e moralidade. Indicação de que as razões não eram municipais. A presidente, contudo, permanecia impávida, como se nada tivesse com isso, embora a vaia do dia 15 já desse pista de seu ledo engano.

5. O mosaico

A imagem das sombras dos manifestantes projetadas no branco da marquise do Congresso correu mundo, enquanto Brasília corria perigo: "Ih, ferrou, o gigante acordou", cantavam lá de cima.[1] A noite da segunda-feira, 17 de junho, invadiu as telas e produziu o espanto. Foi um ponto de inflexão, primeiro dia de manifestações genuinamente nacionais, simultâneas em catorze capitais (Belém, Brasília, Curitiba, Maceió, Recife, Fortaleza, Rio de Janeiro, Belo Horizonte, Florianópolis, Natal, Porto Alegre, Salvador, São Paulo e Vitória) e tentáculos no exterior, com atos em Los Angeles, Nova York, Chicago, Gold Coast e Sydney. Foi quando a multidão pela primeira vez compareceu.

1. A ESCALADA

A ascendente do 17 teve ajuda da Copa das Confederações, que se iniciava. A distribuição dos jogos pelas capitais foi um vetor de nacionalização. Mas não foi gente espremida numa cidade só. O impacto brotou do acúmulo. Protestos de diferentes movimentos e agendas se encavalavam e sucediam, incitando a percepção do feito extraordinário. A distribuição espacial e a sequência temporal formaram uma bola de neve em disparada.

Os matutinos

A segundona começou cedo onde nasce o sol, no Ceará. A Associação das Comunidades dos Indígenas Tapeba pôs oitocentos membros de seis etnias para interditar a BR 22 na altura de Caucaia, imediação de Fortaleza. A estratégia de bloqueio que grupos indígenas aplicavam no Centro-Oeste, a reclamar demarcação de terras, chegava ao Ceará. Queriam falar com o governador Cid Gomes, que passou o problema adiante, para o vice e para o dia seguinte.[2]

Às dez horas, abaixo no mapa, governo e prefeitura de São Paulo se reuniram com o MPL. Eram ações preventivas. A Marcha pela Legalização do Vinagre sairia às cinco, do largo da Batata. A chamada era galhofeira: *"Liberté, Égalité, Fraternité, Vinagré".* O cartaz todo preto, com a máscara do Anonymous e um V grandão vermelho, esclarecia: "V de vinagre". A Marcha estava nos *trending topics* do Twitter brasileiro e somava 29 mil confirmações no Facebook. Tal adesão suscitou a ansiedade governamental preventiva.[3] Prefeito e governador receberam, em separado, mas quase ao mesmo tempo, o MPL. Haddad apareceu, sem aviso, em reunião entre MPL e o secretário de governo. A conversa empacou.[4] Já com o governo, resultou em promessa. Ficariam fora a tropa de choque e o armamento que dera o pano ruim da manga governamental no 13. Na dúvida, envelopou-se com tapumes a envidraçada e novíssima estação Faria Lima do metrô.[5] As negociações evidenciaram a crença das autoridades, de PSDB e PT, de que o MPL controlava as

180

ruas. Crença que o movimento alimentou e cujos de pés de barro seriam levados água abaixo no fim do dia.

Agito matinal para valer foi em Belo Horizonte. Tinha jogo no Mineirão à tarde e Fifa Fan Fest na praça da Estação, tão chique quanto exclusiva, restrita a convidados e patrocinadores. O protesto era um estraga-festa VIP. Às nove, o Copac pôs a bola em campo para jogo alternativo: "[...] uma Copelada, que já era uma tradição nossa, que é uma pelada de rua. A gente chega, faz os times, inclusive com moradores de rua, moradores das ocupações urbanas, barraqueiros do Mineirão". A imprensa cobriu como um Fla-Flu de classes. Depois, saiu passeata do centro rumo ao estádio sob o sol do meio-dia. O Copac se assombrou com a adesão: "Chegamos na porta do Mineirão em [meio a] uma coisa que nem a gente e nem a PM esperava, com mais de 20 mil manifestantes".[6]

Adesão eclética. Afora os movimentos autonomistas puxados pelo Copac, iam o MTST,[7] o movimento estudantil, sindicatos do campo neossocialista, como o da educação e o dos rodoviários,[8] e a CUT. Contestavam liminar do Tribunal de Justiça estadual vedando manifestações durante a Copa da Confederações — com multa de 500 mil reais por dia, que é muito hoje e era mais em 2013. Esse lado da rua ambicionava "dar visibilidade aos problemas do Brasil durante a Copa das Confederações". Parte armou barricadas com pneus em chamas em Ribeirão das Neves, periferia de BH, que redundaram em doze quilômetros de congestionamento. Fogo de um lado, flores do outro. Quem as levava era um grupo de cerca de 350 professores que engrossaram a passeata na altura da igreja da Pampulha.[9]

Depois de dez quilômetros, a marcha deu com a porta fechada do estádio e foi engordada pelos que vestiam as camisas do Brasil vendidas na porta. O look completo incluía máscaras do Anonymous ou pinturas faciais verde-amarelas. Cores repetidas nos cartazes, nos quais se lia: "Desculpe o transtorno, estamos mudando o Brasil". Um ardor nacionalista que se apresentara na porta da prefeitura, com cantoria do Hino Nacional.[10]

Agendas se emaranhavam. A dos patriotas era a corrupção. A dos neossocialistas, as políticas públicas — "Da Copa eu abro mão, eu quero dinheiro pra saúde e educação". Os autonomistas reclamavam da Copa e do cacete — "Ei, polícia, vinagre é uma delícia". Três campos, mas o vice-presidente da Ubes supôs tudo sob sua asa e se lançou a porta-voz: "Vamos pedir uma auditoria nas contas da BHTrans, passe livre para todos os estudantes, congelamento das tarifas por dois anos e um metrô de qualidade". Convicto de que fazia história, deu sua colaboração para a disputa lexical: "É um novo levante da juventude".[11]

Já o prefeito, Márcio Lacerda, viu de tudo: "Todo mundo que queria protestar contra alguma coisa".[12] A comandante do policiamento, idem: "Cartazes com todo tipo de pedido. De 'Projeto de autonomia da Polícia Federal' até 'A ração do meu cachorro tá muito cara'"[13] Também se pedia moralidade pública: "Enquanto te roubam, você grita gol", "Basta! Chega de corrupção", "País da vergonha", "O povo acordou".[14] Para os estrangeiros, cartazes em espanhol e inglês, nem sempre no melhor de cada língua, denunciavam falta de segurança: "*Tourist, in Minas Gerais state we cannot ensure your safety! The police is scrapped!*".

Perto do horário do jogo, às dezesseis horas, começaram as caneladas. Não entre Taiti e Nigéria, que se dariam no campo, mas entre manifestantes e polícia, do lado de fora. O volume de gente surpreendeu a coronel responsável pelo policiamento. Esperava "2 mil, 3 mil pessoas", o que já seria duro de administrar, "o suficiente para causar o congestionamento no trânsito". Mas aí, "as pessoas começaram a chegar [...] foi chegando gente, foi chegando gente, foi chegando gente. [...] E aí, o que é que faz?".[15]

Fez-se guerra. Parte dos presentes coagiu a comandante, salva por outros manifestantes. A polícia teve dedo no pandemônio, ignorando ordem de evitar gás e bala de borracha,[16] que ofereceu inclusive a jornalistas. Pau que deu em Chico, os manifestantes que furavam o bloqueio, deu também em Francisco, quem estava de passagem ou de xereta. A tropa de choque e a cavalaria batiam, e os adeptos da tática *black bloc* respondiam com pedra, fogo em lixo, ônibus pichado, vidraça quebrada. O nível do confronto surpreendeu o Copac: "A gente estava cansado, não tínhamos nenhum preparo".[17] Os despreparados se deram mal em fuga desembestada. Um estudante caiu do viaduto José Alencar e quebrou a bacia.[18]

A grande mídia, atenta após o dia 13 e a postos para o jogo da Copa das Confederações, foi noticiando tudo ao vivo — o mesmo que já faziam as mídias alternativas e as redes sociais.

Os vespertinos

Enquanto engrossava o tutu mineiro, sobrou acarajé na passeata em Salvador. O MPL local chamara passeata em solidariedade ao irmão paulistano às quatro da tarde, no Shopping Iguatemi. Rumaram para a Fonte Nova, em treino para o dia 20, quando lá jogariam Uruguai e Nigéria. Como em BH, o volume acima das expectativas dos organizadores, cerca de 20 mil: "Não esperava tanta gente [...], a gente caminhou a região toda ali do Iguatemi, na Tancredo Neves, deu a volta na Tancredo Neves e voltou para o local de encontro, de concentração".[19] O MPL andava em círculo. O método autonomista de deliberação dificultava: "[...] todo mundo lá para fazer jogral, pra tirar encaminhamento, para que caminho ia".[20] Dificuldade aumentada pelos "caronistas", manifestantes que tanto autonomistas como neossocialistas desconheciam. Além dos anônimos ao vivo, os famosos do show business aportaram na internet: Claudia Leitte, Carla Perez, Léo Santana e outros desse quilate bombaram as *hashtags* "O gigante acordou", #FaltaSaúde, #FaltaEscola, #FaltaSegurança, #VamboraBRASIL. Ivete Sangalo postou uma bandeira do Brasil.[21]

A Copa das Confederações foi o mote também em Fortaleza, onde dali a dois dias (na quarta, 19) o Brasil enfrentaria o México. O Copac conduziu movimentos de estudantes, professores e moradores afetados por remoções em marcha da praça da Gentilândia, no Benfica, onde estão as faculdades, até o hotel que hospedava as seleções. Aproveitando o pique e ignorando acordo com o prefeito, funcionários da hotelaria declararam greve.[22] Eram cerca de 5 mil[23] com agenda eclética. Além da Copa, lemas iam do genérico "Vem pra rua", passando por políticas públicas ("Hoje a aula é na rua") até bater na moralidade ("Neymar, a Copa é para roubar"). Gritos de "O gigante acordou!" e "Não tem partido" — mas grafite em frente ao diretório estadual do PT.[24]

Em Maceió, apenas mil estudantes. Pareciam sob as ordens do MPL, com o "Se a tarifa não baixar, Maceió vai parar", mas não estavam. Nem tarifa a ser baixada havia, pois decisão judicial suspendera o reajuste. Os manifestantes foram de cara meio verde, meio amarela, para a praça Centenário.[25]

Apesar do frio curitibano, 10 mil saíram da Boca Maldita, às dezoito horas, rumo à Universidade Federal do Paraná (UFPR). Misturavam-se, uns de boina, outros de terno, com cartazes contra Copa, tarifa, corrupção e violência, e por saúde e liberdade. Na praça Santos Andrade, se separaram, e o campo patriota rumou com suas bandeiras do Brasil para a prefeitura.[26]

Em Belém, a passeata também purgou com o tempo inclemente e os campos misturados. A chuva na avenida Almirante Barroso borrou as listrinhas verdes e amarelas das bochechas juvenis, de cujas bocas saíam "Vem pra rua!", "A rua é nossa". Levavam faixas "Sem vandalismo" e contra a PEC 37. Skatistas pediam segurança. Outras eram contra Belo Monte e a Copa. Tinha movimentos feminista e LGBT reclamando de homofobia e do Estatuto do Nascituro. Eram 13 mil encharcados. Acabou com jogral no monumento da Cabanagem: "Estamos escrevendo uma nova história do país".[27]

No Sul teve climão, mas nada a ver com a meteorologia. A Revolta do Busão tinha emplacado anos antes em Porto Alegre e a memória rediviva amealhou 10 mil no centro, ali pela hora da ave-maria. Caminharam para a avenida Ipiranga sustentando que: "Não é por 20 centavos, é por direito". Logo a tática *black bloc* estilhaçou vidro e virou lixeira. Um rojão estourou numa loja de carros. Outra banda de manifestantes entoava: "Sem violência". Perto das nove da noite, a polícia fez cordão de bloqueio, mas o protesto já se dispersava.[28] No final, seis ônibus depredados, 56 contêineres incendiados, 38 presos e sete feridos.

A mistura de estilos e agendas compareceu entre os capixabas. Estudantes da Federal do Espírito Santo marcharam, logo depois das seis da tarde, de preto, com faixa combinando. No caminho, a CPT se somou a eles. A simbologia autonomista ganhou a companhia de máscaras do Anonymous, faces com listras verdes e amarelas, bandeiras brasileiras. Várias vezes se cantou o Hino Nacional. No assunto: tarifa zero, reforma agrária, Estatuto do Nascituro, Belo Monte, corrupção. As cartolinas diziam: "O gigante acordou", "Desculpe o transtorno, estamos mudando o país". Deu foto bonita, a marcha de 20 mil cobriu os três quilômetros da Terceira Ponte. Quando esse povo tocou a campainha do governador, do PSB, tudo acabou em lágrimas. Os visitantes agradeceram o gás servido pela PM com pedradas. Lixeiras se converteram em barricadas. A TV Gazeta estava no coração do salseiro e ganhou um A de anarquismo em seu carro, que teve os vidros esmigalhados. Um manifestante foi preso — mas não por isso. Era fichado na Lei Maria da Penha e por tentativa de homicídio.[29]

Quando anoiteceu de vez, o país já assistira pela televisão e pela internet a uma segunda-feira atípica, com protestos em oito estados — no Nordeste, em Ceará, Bahia e Alagoas; no Norte, Pará; no Sudeste, em Minas e Espírito Santo; e no Sul, no Rio Grande do Sul e Paraná. Tinha dado confusão maior ou menor em seis. E juntava gente em Brasília desde as cinco da tarde. Mas até aí, nada de excepcional, com teto de 20 mil, em Belo Horizonte e Vitória.

Os noturnos

Outros protestos começaram no fim da tarde e avançaram tanto rumo à noite quanto ao confronto. Em Recife, começou mais tarde, às 19h30, e foi pequeno, sem alcançar o milhar, e tranquilo, com a convivência entre os anti-Copa, os por passe livre, como a União dos Estudantes Secundaristas de Pernambuco (Uesp), e os autoproclamados "apartidários", que iam contra a corrupção com o "Vem pra rua" e o "V de verdade".[30]

Cena bem diferente do outro lado do país, onde as manifestações carioca e paulistana chegaram a ponto de bala. Na Candelária, ponto clássico desde as Diretas, às cinco horas da tarde já se viam listrinhas faciais e bandeiras verdes e amarelas, acrescidas de máscaras do Anonymous e narizes de palhaço, gritando: "Ô, ô, o Brasil acordou". Estavam em companhia de autonomistas e neossocialistas, com suas bandeiras LGBT, de PSTU, Psol e UNE. Campos com objetivos diferentes. Tinha os contra corrupção, contra o governador e a presidente, e os a favor de reforma política, tinha os contra a Copa e a tarifa, os a favor da liberação da maconha, de respeitar direitos indígenas, e ainda os que foram por educação e saúde. Tinha quem cantasse o Hino Nacional. Quem gostava de uma coisa desgostava da outra. Começou o "Abaixa a bandeira", dirigido a pequenos partidos de esquerda. No revide, rasgou-se outro estandarte, o do Brasil.[31] Sem ocultar a antipatia, a *Veja* descreveu: "Em vários momentos, militantes do PSTU, que tentavam tomar emprestada a grandiosidade do protesto para a pequeneza dos seus objetivos, foram expelidos, vaiados, obrigados a enrolar o pano". A grandeza foi estimada em 100 mil, fora as janelas chovendo papel picado, em resposta ao "Vem pra rua, vem".[32] Animosidade e diversidade frutificaram, depois de três horas de marcha, bem em tempo do *Jornal Nacional*.

Se nas cidades com jogos da Copa das Confederações o negócio era invadir estádio, no Rio o alvo foi tradicionalista, a sede do Poder Legislativo. Quando a manifestação já se dispersava, uns trezentos, com camisetas cobrindo o rosto e torsos nus, investiram com a tática *black bloc*, incendiaram lixeiras, quebraram agências bancárias, picharam as pilastras do Paço Imperial, depredaram carros e viraram uma viatura. Armaram-se com pedras, um orelhão arrancado da calçada, coquetéis molotovs e morteiros. Assim avançaram sobre a Assembleia Legislativa do Estado do Rio de Janeiro (Alerj). A PM, corporificada em cerca de 150 homens, ocupava a escadaria, com grades removíveis, baixinhas, contenção quase simbólica. "Sem violência!", gritavam uns, enquanto colegas de marcha operavam uma inversão simbólica. Uma parte assistiu pasmada à ação da outra, em tudo distintas, na indumentária, no corte de cabelo, na cor da pele. A *Veja* registrou como descida do morro: "Os radicais entraram no estado que, entre os animais, é conhecido como 'furor alimentar'".[33] Quando brancos protestavam, a revista julgou festa da cidadania; na vez dos negros, estado de natureza.

Acuada, a PM apostou na rotina: balas de borracha, bombas de gás, spray de pimenta. Os manifestantes improvisaram barricadas com sacos de lixo em chamas e pedaços de lixeiras. Atônitos e encurralados, os policiais se protegiam dos arremessos com escudos. Quando o protesto avançou, removendo as gradezinhas, os homens da ordem, em pânico, atiraram. E não só para o alto, dado o saldo de feridos.

Em paralelo, saques no comércio das imediações.[34] Movimentos de apoio formados poucos dias antes acudiram. Enquanto estudantes de medicina, em seus jalecos brancos, serviam de brigada de primeiros socorros, sessenta jovens advogados davam plantão nas delegacias para defender os detidos. Jornalistas atarantados e câmeras hipnóticas davam ao vivo na televisão o que a internet noticiava por conta: a batalha campal, escorrendo pelas ruas 1º de Março e Araújo Porto Alegre e avenidas Rio Branco, Presidente Antônio Carlos e Presidente Vargas.

Outro presidente, o da Alerj condenou o "ato de terrorismo", "uma baderna, uma bagunça [...] uma anarquia".[35] O prefeito perplexo — "confesso que eu tive uma dificuldade de conseguir entender" —[36] conclamou ao diálogo. Sua nota oficial reconheceu "legítimo o direito de as pessoas protestarem contra o que não acham correto no governo". Mas se via paralisado, pois "nenhuma liderança do movimento havia se apresentado para negociar".[37]

O encerramento carioca foi depois que as famílias de bem foram dormir. Perto da meia-noite, quando o espetáculo midiático se findava na telinha, cem homens do choque chegaram. Ao partirem, deixaram um rastro de dez presos e 27 feridos, sete deles baleados.

Os paulistas ficaram em tudo atrás dos cariocas naquele dia, em número e simbologia. Mas sem fazer feio. O MPL chamara para o fim da tarde um "quinto ato" — na verdade, o sexto do mês, mas desconsideraram o fiasco de cinquenta pessoas do M'Boi Mirim. Quem atendeu não foram os imaginados pelos convocadores. E cada organizador viu um tipo de manifestante: "Tinha um grupo de uns caras entre uns trinta e 45 anos cantando umas músicas [...] da guerra civil espanhola"; "Tinha gente de classe média vestida de branco";[38] "Várias organizações participando [...] [era] uma explosão da sociedade, que fala 'Chega, vou pra rua, vou fazer alguma coisa contra tudo isso que tá acontecendo'";[39] "Tinha trabalhadores, muitos jovens universitários, [...] gente da periferia [...], as escolas de elite também saíram [...], não dá pra dizer que o perfil demarcado era de esquerda, não dá pra dizer também que era de direita".[40] O Datafolha contou a mistureba: 65 mil pessoas.[41] O número tornou ineficaz a técnica de comunicação autonomista, o jogral. Na concentração, no largo da Batata, o passa-palavra amador perdeu para ativistas armados de tecnologia. O pessoal do Juntos pela Vida: Acorda Brasil levou "rádio, com walkie-talkie" e trocou mensagens por WhatsApp ao longo da passeata num grupo que "devia ter umas sessenta, setenta pessoas".[42]

Saiu a marcha. Logo a diversidade de grupos cindiu o povaréu. Um magote foi pela Faria Lima, visando a ponte Estaiada.[43] O objetivo era colapsar o sistema marginal Pinheiros-Tietê, que, parado, sabe o paulistano, paralisa São Paulo inteira. Para outro tanto, "só fazia sentido ir à Paulista, onde havíamos sido proibidos de entrar havia alguns dias".[44] A proibição fora para o brejo depois da exposição dos excessos policiais do dia 13. Para evitar nova mídia negativa, o secretário de Segurança Pública orientara a PM a negociar o trajeto durante a passeata, evitando que se ocupasse a Paulista, mas cumprindo o prometido de evitar o recurso a balas de borracha e a tropa de choque.[45] A ausência de coerção ficou patente: "No dia 17 [...] nós fomos com vários defensores, chegamos lá, os policiais não tinham nem arma no coldre [...], não se proibiu o acesso a nenhum lugar".[46] A cidade ficou por conta dos manifestantes, que cada coordenação puxava para um lado. O resultado foi espalhar o protesto pela cidade: "A Paulista estava ocupada [...], outras pessoas foram direto pra Faria Lima; e no ponto de concentração milhares de pessoas cercando o Palácio dos Bandeirantes".[47] Uma ala avançou para a Berrini, avenida-símbolo de obras que desalojam estratos baixos para sediar arranha-céus de vidro espelhado, sede do dinheiro do setor financeiro. Ali perto outro alvo foi a Rede Globo; o ataque, paradoxalmente, deu-lhe de presente as mais belas imagens de junho de 2013, exploradas ad nauseam: a ponte Estaiada recoberta por duas serpentes de marcha, uma em cada nível de elevação. A turma da Estaiada tornou a se segmentar, cada braço de gente visou um braço do poder político: a Assembleia Legislativa, na frente do Ibirapuera, e o Palácio dos Bandeirantes, no Morumbi, residência de estratos altos, onde se improvisou uma ocupação. A variação de líderes, grupos e agendas fez a manifestação se espalhar continuamente, produzindo concentrações em 36 ruas.[48] Aderentes se desnortearam, sem saber para onde se dirigir. Mais que o rumo geográfico, disputava-se a direção política do protesto.

Muito manifestante, muita demanda. Os líderes de movimentos de cada um dos três campos ali estavam por suas próprias razões, mas encontraram seus dessemelhantes. O Juntos pela Vida: Acorda Brasil tinha ido por segurança, mas viu o campo neossocialista: "Alguns reivindicavam transporte, outros segurança, outros saúde, outros escola".[49] O Movimento Esquerda Socialista, que fora por redistribuição, notou os que pediam "queda dos impostos" e moralidade pública. "Corrupção aparecia em todos, no fim das contas."[50] O NasRuas viu apenas a si mesmo: "Está sendo usado muito dinheiro público, desviado dinheiro público para fazer Copa das Confederações. [...] já que o Estado existe, por que tem que ter tanta corrupção?".[51] O ROL também: "A pauta sempre foi impeachment, impeachment, e nós fomos o primeiro movimento a pedir a investigação do Lula".[52]

A diversidade de entendimentos acerca de por que se protestava transformou o que antes se noticiara como "festa da democracia" em pancadaria. E dessa vez a polícia nada teve a ver com isso. Manifestantes dos campos neossocialista e autonomista se enfrentaram com os "sem partido" do campo patriota. O líder do ROL partiu para cima: "Eu, como não era filiado a partido nenhum [...], achei um desaforo o PSTU e o Psol quererem se apropriar. [...] a gente dividiu em blocos de dez, vinte pessoas, e onde tivesse bandeira era pra derrubar".[53] O CCC tomou o mesmo rumo: "Tiramos bandeira do PT, de outros partidos".[54] A violência entre manifestantes e deles contra vidraças e latões de lixo contrastou com a imobilidade policial, um inverso perfeito do dia 13.

No fim da noite, um grupo rumou para o Palácio dos Bandeirantes, sede do governo estadual, emulando os cariocas, a cujas ações assistiam na internet pelo celular. Mas a tarefa exigia mais ânimo dos paulistas. Era longa a caminhada para fora do centro, sem metrô de volta. Dos 3 mil destemidos na saída, cerca de cem chegaram na avenida Morumbi. Confiscaram dois ônibus, que picharam e perfilaram na horizontal, obstruindo o trânsito. Exaustos, sentaram-se. Depois do descanso, máscaras do Anonymous, lenços nos rostos, bandeiras do Brasil, tentaram a invasão, mas a segurança do Palácio tinha sido reforçada. Em meio ao gás, dezoito acabaram presos. Eram duas da manhã.

As manifestações carioca e paulista foram as maiores no miolo de junho. Mas, mesmo a do Rio, de maior envergadura com seus 100 mil, esteve longe de superar os 220 mil da Parada LGBT paulistana e foi pouco maior que a Marcha de 70 mil de Malafaia em Brasília, no começo do mês. O que soou o alarme no Planalto não foi a montanha de pessoas em si, foi o ataque frontal da rua às instituições, a violência política das tentativas de invasão da Assembleia Legislativa, no Rio, e do Palácio dos Bandeirantes, em São Paulo.

Até o dia 17, o governo Dilma olhava os protestos de longe e do alto, como abacaxis locais que cabia a prefeitos e governadores descascar. Na abertura da Copa, a presidente sentira o toque da coroa de espinhos, mas apenas naquela segunda-feira a fruta caiu madura no seu colo. O protesto chegou ao seu quintal.

Começou como Marcha contra a Corrupção, no fim da tarde, no Museu da República. Nem eram muitos, coisa de 5 mil no início, do campo patriota. O mbcc, que varrera a Esplanada em 2011, levou bandeiras do Brasil e plaquinhas contra a pec 37, corrupção, governador, o presidente do Senado e a da República. Teve o convívio compulsório de movimentos autonomistas e neossocialistas, caso da Marcha do Vinagre,[55] do Copa para Quem? e de movimentos por direitos sexuais, que combatiam seu inimigo figadal, Marco Feliciano.

A variedade no gramado do Congresso Nacional deu treta. Um grupo punk ocupou faixas do Eixo Monumental, a turma da Marcha do Vinagre foi contra. Desentendimentos sucessivos, bate-boca. Depois, empurra-empurra entre membros do pstu e os que tencionavam invadir, aos berros de "A-ha, u-hu, o Congresso é nosso". Cerca de trezentos invadiram mesmo, mas o espelho d'água, de onde molharam policiais. O cordão de isolamento da pm e da Polícia Legislativa, como em São Paulo, tinha ordem de deixar rolar. Sem repressão, a ocasião fez a invasão: "O pessoal aproveitou, subiu; quando eu vi que estava lá em cima, já não tinha mais controle, eu falei, vou subir lá também. A gente subiu, cantou o Hino Nacional, fez aquele protesto básico". Subiu esse líder do mbcc, como subiu até um petista: "As pessoas ficaram muito eufóricas quando o primeiro subiu. Ficaram muito, 'Nossa, nós estamos ocupando a Câmara! Agora vamos fazer a revolução!'. [...] [Daí] eu subo no mezanino e vejo as pessoas subindo".[56] O antipetista e o petista estavam entre os que, lá no alto, gritaram, cantaram, estenderam faixas e uma larga bandeira verde e amarela. A ocupação das cúpulas côncava e convexa de Câmara e Senado se transmitiu em verdadeira rede nacional de televisão. O efeito simbólico foi colossal: o povo tomava o poder. Os cidadãos contra o Estado.

O teto do Legislativo não é de vidro, mas tanta gente fez estilhaços políticos se espalharem. Os homens da Polícia Legislativa impediam o acesso ao interior do prédio com os próprios corpos. Alarmado, o diretor-geral da Câmara foi checar se, em caso de invasão, contaria com o Choque. Para isso teve que atravessar o mar manifestante: "Foi uma ideia infeliz", admitiu em seguida. "O pior foram as cusparadas".[57] Além de saliva, pedra, que quebrou a janela de um gabinete. Lá pelas nove da noite, tentou-se adentrar o Congresso pela chapelaria. Depois, migrou-se para o Itamaraty. Segundo o governador do Distrito Federal, "invadiram com bombas, molotov, pedras, que naquela região não tem pedra, então estavam trazendo pedras. Tinham a intenção claríssima da provocação e da desestabilização". A cavalaria manteve-se impávida, apesar das provocações. "Jogava bomba na polícia, cuspia na cara da polícia, pra provocar uma reação."[58] Sem apoio armado, as autoridades civis se atordoaram. O presidente em exercício da Câmara resumiu: "Não é um movimento que tenha líderes e uma pauta de negociação. Se tivesse, é claro que ouviríamos porque essa é a casa da negociação. Não podemos infelizmente dialogar porque não dá para negociar com uma massa".[59]

De fato, não era um movimento social unificado, mas tampouco era "massa" indiferenciada. Vários movimentos de campos diferentes operavam em simultâneo, nenhum legítimo para falar em nome de todos. Foi o que descobriram três senadores, Inácio Arruda, do PCdoB, e, pelo PT, Paulo Paim e, claro, Eduardo Suplicy. Foram buscar o diálogo, e suas palavras ficaram no vento. Saíram vaiados. O pragmático vice-presidente do Senado, Romero Jucá, entendeu que: "Não tem o que negociar. Não há pauta ligada ao Senado diretamente".[60] Como último recurso, a Polícia Legislativa apagou as luzes do Congresso, com jornalistas e funcionários ainda dentro, temerosos de sair.

A água bateu no pescoço presidencial e ameaçava afogar os imóveis. A própria conta da presidente no Instagram foi hackeada nesse dia. O secretário-geral da Presidência declarou "preocupação". Logo disse com o quê: "Ninguém se precipite a tirar proveito político de um lado ou de outro, para que não se tire conclusões apressadas". Mas o governo acelerou em tirar a sua: quem mais se beneficiava com protesto sem cara, sem nome, sem líder, era a oposição.[61]

O dia 17 explicitou, em escala nacional, que havia vários focos de protesto e muitos organizadores, não um único movimento. Eram campos políticos distintos, com estilos de ativismo e agendas próprios, como se via nas ruas desde o começo do mês. Por isso, nenhuma manifestação isolada foi enorme. Mas a soma dos poucos deu em muito: 326 mil pessoas em 39 cidades, incluídas catorze capitais.

TABELA 3: MANIFESTANTES POR ESTADO, 17 DE JUNHO

ESTADO	CIDADES COM PROTESTO	TOTAL DE MANIFESTANTES
Rio de Janeiro	4	100 650
São Paulo	12	69 250
Paraná	4	40 100
Minas Gerais	6	29 550
Espírito Santo	1	20 000
Pará	1	15 000
Rio Grande do Sul	2	14 000
Santa Catarina	3	13 000
Bahia	1	10 000
Ceará	2	5800
Distrito Federal	1	5200
Alagoas	1	2000
Pernambuco	1	2000
Rio Grande do Norte	1	[sem informação]
Total	39	326 550

FONTE: BEP/ Cebrap.

O protesto se concentrava no Sudeste, em número de eventos e de manifestantes. Para São Paulo e Rio, que levaram tantos, podia ser efeito da demografia de cidades muito populosas. Mas o volume paranaense mostra bem que a causa era política, e não demográfica. Paraná era o sexto estado em habitantes e levou quatro vezes mais gente que o quarto, Bahia.[62] Nesse dia o impacto foi menos de números, foi simbólico: as fotos de Brasília mostraram os cidadãos literalmente sobre as instituições.

2. PACÍFICOS E VÂNDALOS

Sem achar na "massa", na "multidão", nos "milhares" um líder, um rosto, uma agenda unificadora do dia 17, a imprensa criou diferenciação para noticiar. Separou o trigo — os manifestantes legítimos, os "pacíficos" — do joio — os "vândalos", ilegítimos. Clivagem boa para não precisar se desdizer. Facultou manter a crítica a protestos que ameaçavam uns direitos, o de ir e vir e o de propriedade, e defender o que o garantia outro, o de manifestação. O problema midiático em corroborar os protestos era o uso de violência política. A *Veja*, sempre na vanguarda, sintetizou a equação: "Vândalos estragam a marcha pacífica".

Exemplo emblemático de virada foi Arnaldo Jabor, apoiador de movimentos anticorrupção que batia sem dó nos autonomistas por conturbação da ordem pública. Ainda no começo do dia, na CBN, passou para o "Amigos, eu errei. É muito mais do que 20 centavos".[63] Consolidava-se o giro de eixo da reprovação à louvação em toda a grande mídia, com destaque óbvio para o obviamente mais importante: a Rede Globo. O maior canal aberto do país explodiu a cobertura:

Estávamos em plena Copa das Confederações [...] e o Bonner estava escalado para fazer a apresentação in loco. No dia 17 ele diz:

"Olha, eu não posso estar aqui e o Brasil todo nas ruas. Não faz o menor sentido". [...] e voltou para o *Jornal Nacional.*

O *JN* dera dois minutos e 27 segundos aos protestos no 6 de junho. Na noite do 17, rimou com dezessete minutos e 31 segundos, o que em televisão é uma eternidade. O assunto tomou quinze das 22 matérias da edição.[64]

No mesmo dia, o *Roda Viva*, da TV Cultura, levou ao ar dois ativistas do MPL: "Fui no *Roda Viva* e [...] teve um papel muito importante [...]. Eu andava de ônibus, e as pessoas vinham falar comigo sobre o *Roda Viva*".[65] A imprensa focalizou o MPL como quem acha agulha em palheiro escuro. O minúsculo movimento foi elevado à categoria que antes recusava, a de liderança, de porta--voz da cacofonia do tantão de pessoas na rua. No *Roda Viva*, a multidão ganhou nome — Nina Cappello, estudante de direito, e Lucas Monteiro de Oliveira, professor de história — e o rosto desses jovens paulistanos de estratos altos, bem formados e bem--falantes. Daí por diante, entrevistas, matérias e declarações do MPL passaram a item indispensável das coberturas. Os outros tantos movimentos nos protestos não despertaram tal interesse e foram solenemente ignorados nas reportagens.

Ao longo do 17, a imprensa noticiou como nunca. A cobertura contínua transmitiu ao país a ideia do evento extraordinário, fora da rotina, que exigia o interesse e convidava à participação, mesmo que na base da adesão cívica curiosa. Essa atenção pública plena foi crucial para converter o que eram até então manifestações locais de tamanho médio em um ciclo nacional de protesto.

Difícil asseverar quem veio antes: o ovo do crescimento numérico de manifestantes ou a galinha da inflação da cobertura midiática. Na disputa pela causalidade, o diretor de jornalismo da Globo se alinhou com o ovo: "Considero apenas desinformação e preconceito que a Globo insuflou ou deixou de insuflar". Isso porque a emissora "não fez nada além do que acompanhar a dimensão das manifestações. [...]. À medida que a manifestação crescia [...], você tinha que dar a manifestação, as consequências e a reação do governo; isso tudo faz aumentar o tempo".[66] Já o governador do Distrito Federal apostou na galinha:

A mobilização era feita muito pela Globo; era uma forma absolutamente sutil, mas muito ofensiva [...]: "Aqui já tem 2 mil pessoas"; cinco minutos depois: "Já tem 10 mil". "Já estão vindo pessoas, estão se dirigindo de todas as áreas" etc. Então se criava um ambiente, um clima para as manifestações.[67]

A Globo cobriu, quase ininterruptamente, até a madrugada do 18, distinguindo, em cada matéria, na voz de cada repórter e comentarista, os "pacíficos" dos "vândalos", que manchavam a "festa da democracia".

No dia seguinte à explosão da cobertura, o Datafolha registrou outra, a do apoio paulistano ao protesto: os 55% do dia 13 viraram 77%.[68] Estouro repetido nas redes, com postagens de todo o naipe de celebridades, de Caetano Veloso a galãs de novela, de Paulo Coelho a Romário, de Lobão a Gisele Bündchen. No Facebook, Luciano Huck pontificou no 18: "O Brasil é, além do samba e futebol, o país da corrupção, ineficiência, sacanagens, desigualdade, superfaturamento [...] [o protesto] é para pedir, que o Brasil melhore por inteiro, não pela metade. [...]. Sem vandalismo. Sem violência".

Tanto chamamento adensou o efeito demonstração da subida na cúpula do Congresso, da invasão da Alerj, do cerco ao Palácio dos Bandeirantes. O protesto era um convite e era uma ameaça. Os cidadãos podiam cercear o Estado. Os eventos se casavam como mão e luva com a utopia da sociedade autogovernada das redes cívicas, convidadas pelas redes sociais.

A focalização midiática no MPL empanou muitos olhos. A interpretação de que o protesto era em torno da tarifa fez seis cidades cancelarem seus aumentos no dia 18. Com exceção de Recife, eram pequenas, sem expressão nacional.[69] O dominó empurrou Rio e São Paulo, onde as manifestações tinham sido bojudas e conflitivas. Seus prefeitos se mexiam às tontas, sem saber com quem negociar. Haddad convocou reunião extraordinária entre o MPL e o Conselho da Cidade e enfatizou o rombo que a medida causaria. Viu-se isolado:

> Todos os membros do Conselho da Cidade se declaram a favor da redução da passagem, depois de terem ouvido a explicação sobre o impacto das finanças públicas. E ali metade é empresário, metade é movimento social; pra mim foi um espanto ouvir aquilo, mas quando eu ouvi aquilo falei: "Vou começar a considerar".[70]

O MPL, ainda seguro de que controlava a rua, agendou a continuidade da negociação para o 19, no Sindicato dos Jornalistas.[71] Mas no 18 já estava claro que o ponto nem era a tarifa, nem o MPL, nem São Paulo. A presidente reconheceu, ainda que meio de passagem, que era ela a mais reluzente vidraça nacional e falou pela primeira vez sobre os protestos. Durante o discurso no lançamento do Marco Regulatório da Mineração, Dilma abraçou a distinção "pacíficos" (louvados) e "vândalos" (criticados) para reconhecer a justeza das demandas dos primeiros, que listou:

> Essa mensagem direta das ruas é por mais cidadania, por melhores escolas, melhores hospitais, postos de saúde, pelo direito à participação. [...] transporte público de qualidade e a preço justo. [...] é pelo direito de influir nas decisões de todos os governos, do Legislativo e do Judiciário. [...] é de repúdio à corrupção e ao uso indevido do dinheiro público.[72]

Nesse 18, Feliciano pôs a sua lenha na fogueira, aprovando a "cura gay" na Comissão de Direitos Humanos da Câmara.[73] Apesar dessa celeuma candente, Dilma viu apenas políticas públicas e corrupção no centro do tsunâmi e jogou seu peso na tarifa. Ainda no 18, foi a São Paulo. Falou com Lula, com o presidente do PT Rui Falcão, o marqueteiro João Santana e o ministro Aloizio Mercadante. Por fim, encontrou o prefeito que Lula enquadrara no Facebook: "Não existe problema que não tenha solução. [...] Estou seguro, se bem conheço o prefeito Fernando Haddad, que ele é um homem de negociação". A ministra Gleisi Hoffmann completou o cerco, apontando espaço orçamentário, graças à desoneração fiscal.[74] O colega carioca se açodou: "[...] fizeram [o governo federal] a gente fazer essa besteira [segurar a tarifa no começo do ano] e agora estão querendo empurrar para a gente a responsabilidade? [...] eu falei: 'Haddad, vamos embora. Decide aí que eu quero anunciar. Tá aumentando; a temperatura tá subindo'".[75]

Anunciaram a anulação do aumento de tarifa, em ação coordenada, o prefeito do Rio e o prefeito e o governador de São Paulo, na tarde do 19. Em plena Copa das Confederações, sob as câmeras mundiais, adotaram a redução de danos. Investiram na tentativa mais desesperada que organizada de agir para dirigir. Esperavam que a rua murchasse.

Não murchou. O dia 17 foi decisivo para desencadear a espiral de massificação. A partir daí o protesto explodiu em todas as dimensões: número, abrangência geográfica, diversidade temática, convocadores e aderentes. Junho se tornara, de vez, um ciclo de protestos.

3. O PICO

Nos dois dias seguintes, o assombro da mídia virou deslumbramento. Todos os meios cobriam, celebravam, convocavam, divulgando horários e pontos de concentração de protestos marcados. Entre anúncio, curiosidade e engajamento, os dias 18 e 19 foram pouco expressivos em números. Mas funcionaram como uma ponte, enquanto se assimilava o impacto do 17 e se organizava o 20. Três tendências ativas desde o início do ciclo de protesto se cristalizaram nesses dias.

Uma diz respeito à violência política. De um lado, o clássico pedra versus bomba, que ganhara momentum no 13, repetiu-se em Fortaleza, onde, no 19, tinha jogo da Copa das Confederações. Policiais barraram o acesso de uma passeata perto do Castelão, e começou o furdunço: bala de borracha, corre-corre, fumaceiro. Feridos dos dois lados e mais um jornalista levou bala no olho.[76] Jogo repetido em Niterói, onde a polícia também entrou em campo. Era menos gente, 7 mil, suficiente para fechar a ponte para o Rio, que a tropa de choque liberou, munida de cassetete e gás, enquanto os expulsos, no caminho para invadir a estação das barcas, incendiavam lixeiras e um ônibus. De outro lado, as forças da ordem foram para a arquibancada. As críticas à repressão nos dias anteriores alteraram a estratégia da polícia, que, em vez de bater logo, deixou rolar a tática *black bloc*, para evidenciar o tamanho do estrago. Em Belo Horizonte, no dia 18, passeata de 15 mil foi da Universidade Federal de Minas Gerais (UFMG) à praça Sete, depois do centro à prefeitura, visando fechar a Presidente Antônio Carlos e parar a cidade. Teve garrafa quebrada, pichação, pedrada em vidro de agência bancária. A polícia ficou zen ante a tática *black bloc*. Ao final do protesto, deteve nove por "vandalismo" — depredação e saque. No centro paulistano, o mesmo. A marcha de 50 mil, chamada pelo campo autonomista rumo à prefeitura, acabou em destruição de mobiliário público, saque de lojas, incêndio de carro de reportagem. Como em Minas, apenas depois da devastação fartamente noticiada e o ato em dispersão, a PM prendeu 47 pessoas.[77]

Outra tendência foi a secção física entre campos de ativismo. Os desacordos sobre onde, como e contra o que protestar viraram distância, formando três polos espaciais de protesto. Em São Paulo, em vez de confluírem, os campos se dividiram geograficamente. Enquanto os autonomistas lideravam no centro, MTST e Movimento Periferia Ativa bloqueavam os acessos à cidade pelas rodovias Castello Branco, Anchieta e Raposo Tavares.[78] Na Paulista, reinava o campo patriota, aglutinado em torno de sua temática confluente, a corrupção.

A terceira tendência consolidada foi o adesismo ao campo patriota. A Copa das Confederações inundara o mercado com camisetas, bandeiras, bandagens e similares com cores nacionais. A abundância de símbolos verde-amarelos insuflou a recuperação do ufanismo para o protesto. Muitos se paramentaram para as manifestações como se vestiam para os jogos, com a camisa canarinho, e, como nos estádios, cantaram o Hino Nacional. A disponibilidade da indumentária facultou o adesismo celebratório de membros das redes cívicas depois do 17. Em Florianópolis, 10 mil jovens, idosos e crianças, sobre motos e portando bandeiras do Brasil, máscara do Anonymous e nariz de palhaço, fecharam a ilha no 18, ainda que só por meia hora, ao bloquear as pontes Colombo Salles e Pedro Ivo. Adesismo globalizado, com manifestações, nos dias 18 e 19, nas Américas (Buenos Aires, Córdoba, Cidade do México, Boston, San Francisco, Miami, Ottawa, Toronto), na Europa (Lisboa, Coimbra, Porto, Copenhague, Bolonha, Florença, Glasgow, Hamburgo, Munique, Londres, Estocolmo, Verona, Istambul), na Oceania (Melbourne) e até na China (Wuhan).

No 18, 36 cidades se manifestaram em doze estados, extrapolando as capitais. No interior de São Paulo, o NasRuas carregou 5 mil em São José do Rio Preto. Juazeiro do Norte reuniu 8 mil. Dia 19 foi a vez de 24 cidades, em onze estados. O maior ajuntamento, de 50 mil, foi, de novo, em São Paulo, mas menor que no 17.

Tudo funcionou como um grande esquenta para o dia 20, quando o protesto atingiu seu ápice, escorrendo dos focos originais. A difusão geopolítica extravasou as metrópoles, avançou para 24 capitais, e o total de cidades bateu em 65,[79] incluídas as pequenas e médias, usualmente alheias aos grandes protestos nacionais. Difícil estimar a soma desse mundaréu. Falou-se em 1 milhão, o país todo considerado. O recuo nas tarifas teve impacto zero sobre a mobilização, esclarecendo, para quem ainda duvidasse, que não era o transporte que arrastava a multidão.

A massificação no 20 significou múltiplos eventos diários, difusão espacial, ajuntamentos avulsos nas mesmas cidades e diversidade de participantes, com movimentos experientes e recém-criados e cidadãos até então desengajados. Nessa quinta-feira, estavam todos, mas não era tudo a mesma coisa. As três tendências consolidadas no 17 reapareceram plenas: a modalidade festiva dos cidadãos comuns aderentes, o conflito entre manifestantes e polícia e a separação entre campos divergentes em agenda e estilo de ativismo. Enfim, teve de tudo: festa, porrada e bomba.

Adesismo celebrativo

Foi quando se revelou a potência política do adesismo. As redes cívicas preexistentes se mobilizaram em plenitude, arrastando para as ruas os que nelas ainda não estavam. Esses cidadãos, dos bebês de colo aos provectos de bengala, das donas de casa aos aposentados, foram aos magotes às manifestações contra o Estado. Muitos desengajados de movimentos atenderam ao chamado para estrear como manifestantes. Abandonaram a rotina para "fazer história". E se vestiram do verde e amarelo que estava à mão.

Esse tipo de manifestação era meio lúdico, com a gente "pacífica" envolta em bandeira e cantando o Hino. Muita festa, nenhum confronto. A geografia dessa modalidade abrangeu, no 20, várias capitais, com sucesso variado.

A frequência rodou entre 15 mil e 20 mil em Palmas, Porto Velho e Aracaju. A Federação dos Empregados no Comércio e Serviços do Estado de Sergipe fechou as lojas, liberando funcionários para irem à praça Fausto Cardoso.[80] Bispos e arcebispos locais hipotecaram apoio. Em Porto Velho, o comércio baixou as portas, e 20 mil senhoras e senhores se enrolaram em bandeiras nacionais ou pintaram as risquinhas verdes e amarelas no rosto.[81] Em Palmas, a marcha foi do Palácio Araguaia, sede do governo, até a prefeitura, depois às casas de prefeito e governador, graças à ajuda do próprio poder público, pois as repartições tinham fechado. As lojas da principal avenida da cidade idem, por "recomendação" do Ministério Público.[82] Nas três capitais, os cartazes se pareciam: corrupção, educação, saúde. "O povo acordou, o povo decidiu: para a roubalheira ou paramos o Brasil." Cantou-se, várias vezes, a música que todo mundo (mais ou menos) sabia: o Hino Nacional.[83] Tudo numa euforia manifestante.

As maiores concentrações do dia na modalidade protesto-festa foram nas capitais de Pernambuco e Goiás, cada qual carregando cerca de 50 mil. No Recife, na praça Derby, chegou gente de bicicleta, skate, a pé, contra a corrupção e por transporte, puxados por vários movimentos, como a Uesp e o Movimento Novo Jeito. O protesto não parou a cidade, a cidade é que parou para o protesto. A Companhia de Trânsito e Transporte Urbano pôs cinquenta policiais de tráfego para liberar as ruas e montar pontos especiais para os ônibus, e 60% da frota foi recolhida às garagens.[84] Em Goiânia, mesmo incentivo do poder público: servidores municipais e estaduais liberados de meio expediente, e, quase sem ele, os da Assembleia Legislativa, onde acabou às 10h30. Outro endosso foi do patronato. O Sindicato do Comércio Atacadista do Estado de Goiás conclamou afiliados a fecharem as lojas para que os funcionários pudessem ir à rua de branco, reclamar de corrupção e de impostos.

Em Cuiabá, uma aritmética inchada estimou 30 mil saídos da prefeitura, na praça Alencastro, e chegados à frente do governo estadual e da Assembleia Legislativa, no Centro Político Administrativo. As chamadas eram #MudaBrasil e #VempraRua. Quem organizava assinou a faixa enorme: "Sr. Prefeito, somos lojistas, pagamos impostos, não aceitamos mais ambulantes nas nossas portas. Exigimos nossos direitos".[85] Outra conclamação foi de "empresários, uma classe tão sugada pelos parasitas de gravatas", com "grito de guerra contra a elevadíssima carga tributária, a desenfreada corrupção em nosso país, a farra irresponsável com o dinheiro público".[86] As estrelas da festa, impostos e corrupção, eram secundadas por reforma política, segurança, saúde, educação e a indefectível PEC 37. Lá estavam as bandeiras do Brasil e as máscaras do Anonymous.[87]

O apoio de empresários e poderes públicos locais ajudou a inflar essas manifestações adesistas, envelopadas em nacionalismo e raivosas contra um Estado tido por corrupto e excessivamente tributador.

Nesse dia, o campo patriota se apresentou em inteireza, palpável e orgulhoso. Foi uma pia batismal de novos ativistas, momento de conversão de membros de redes cívicas à política de rua. Foi também ninho de onde voariam líderes de novos movimentos à direita do PT. Um desses elevaria a mais emblemática *hashtag* em nome próprio: Vem pra Rua.[88]

A dominância do campo patriota foi matizada noutras capitais, dada a presença de outros campos na rua. Na praça do Centenário, em Maceió, a mistura de movimentos autonomistas e neossocialistas, com seus estudantes e funcionários públicos, brandia educação, meio ambiente e rechaço à "cura gay". Mas a maioria dos 10 mil eram aposentados e membros da OAB-AL, vestidos ou enrolados na bandeira nacional, contra a corrupção e pela PEC 37.[89]

Cena quase espelhada em BH, onde a multidão anterior faltou. A maioria dos 20 mil era de estudantes de movimentos autonomistas, como o MPL, ou neossocialistas, caso da Anel, com cartazes como "Feliciano não me representa". Mas tinha juventude verde-e-amarela, com bandeira nacional e cartazes de "Só sairemos da rua quando o último corrupto cair", "Meu dinheiro não é capim", "Segurança e educação", "Vem pra rua" e "O gigante acordou". Foi ainda o Sindicato da Polícia Civil. Numa faixa: "Fifa go home".

Em Belém, também movimentos autonomistas e neossocialistas convocaram, e balançava ao vento enorme bandeira do PSTU. No entanto, a maioria dos 12 mil na frente da prefeitura tinha rosto verde e amarelo, máscara do Anonymous e bandeiras do estado e do país — uma colada em fachada de prédio. As demandas expressavam a mistura: por direitos indígenas e contra Belo Monte; pró-SUS, transporte gratuito e Estado laico, contra a Copa e a PEC 37.[90] Tudo na paz — menos para uma gari, que sofreu parada cardíaca enquanto varria a sujeira dos manifestantes. Morreu no meio do protesto, que deu tanta atenção à sua morte como dera à sua vida.[91]

Confronto entre Estado e manifestantes

Não teve festa em toda parte. A modalidade pedrada e bomba seguiu à toda em várias capitais. Violência política em degradê de intensidades.

Foi baixíssima em Florianópolis. A estimativa de 40 mil soa exagero quando se veem as fotos e a chuva. Tinha estudante da Universidade Federal de Santa Catarina (UFSC) e pessoas de meia-idade. Baralhavam-se com os pró-SUS e os contra a corrupção, os "sem partido" e os com partido, bandeira do Brasil e máscara do Anonymous. Um protesto que virou vários. Duas faixas disputavam a prerrogativa de dar o tom e o tema da linha de frente. A longa e preta contestava a "criminalização dos movimentos sociais". A concorrente pulava conversa miúda: "Impeachment já", em azul e verde sobre fundo branco.[92] Cada qual com sua gente. Parte seguiu partidos e movimentos de esquerda, que tremulavam suas flâmulas. Outros passaram pela Assembleia Legislativa, antes de pichar paredes e quebrar a porta da prefeitura, para depois fechar pontes e assim isolar a ilha. Um manifestante de dezenove anos caiu de uma delas, sem se ferir.[93]

Além de chuva, Curitiba teve frio e, ainda assim, 3,5 mil disputaram a passeata. É que lá estavam os três campos. O lado neossocialista, da Frente de Luta pelo Transporte de Curitiba, sindicatos e pequenos partidos de esquerda ouviram gritos de "sem partidos" e "fora politicagem". Em vez de sair no braço, saíram da mira, trocando de rumo. A turma "sem partido" seguiu a bandeira do Brasil, reclamou de corrupção e Copa. Esse campo patriota tremulava bandeiras nacionais e entoou: "sem violência" na chegada ao Palácio Iguaçu, sede do governo estadual. É que lá a tática *black bloc* entrava em ação, com quebra de vidros e pichação em paredes, operação repetida na prefeitura e em cima de um ônibus e de um ponto de táxi, aos gritos de "A violência vem do Estado". Vários encapuzados enfrentaram a polícia e a imprensa na pedrada. Levaram gás e sete acabaram no xilindró.[94]

A violência de Curitiba foi anêmica perto do que se viu noutras praças naquele 20. Em Manaus, começou no Teatro Amazonas, com cerca de 100 mil contra PEC 37, "cura gay" e Copa, por educação e saúde. Adiante se dividiram. Parte marchou para a Arena da Amazônia, em construção para a Copa do Mundo, outra, menor, para a prefeitura. A turma volumosa ganhou a companhia da banda da PM na execução da música pátria, como noutras capitais, repetida à exaustão. O grito de "Vem pra rua", idem. Reduzidos a cerca de mil, os do campo autonomista jogaram pedras e garrafas na prefeitura, tentativa frustrada de tomar o prédio, e incendiaram um ônibus e um carro. A PM tocou o terror, mas prendeu apenas um.[95]

Começou de tarde e avançou na noite a passeata em Fortaleza. Mais de 25 mil andaram, entre uma cantada e outra de hino, aos gritos contra a corrupção e o preço das passagens. Uns aproveitaram o espelho d'água nas imediações da sede do governo para um banho. Quinze derrubaram as grades do Palácio da Abolição, onde fica o Executivo estadual. A PM respondeu em seu estilo: 61 presos, gás e spray de pimenta, que provocaram ataque epilético em um manifestante.[96]

Em Porto Alegre, muita loja teve vidraças estilhaçadas ou destruídas, caso de uma concessionária de motos chiques. Mas o alvo central eram os bancos. Ao menos onze foram quebrados ou invadidos no centro, além da tentativa malograda de tocar fogo em um deles. Sobrou para um shopping center. A tática *black bloc* mais a roupa preta indica a presença autonomista. A assessoria jurídica que movimentos desse campo usavam desde o início dos protestos, também: quinze jovens defensores públicos, sinalizados com coletes pretos, percorreram o protesto e outros seis deram plantão nas delegacias, para acudir potenciais presos.[97] Bombeiros e polícia a pé e a cavalo entraram no tradicional gás-e-bala de borracha versus pedra-e-pau. Estudantes da Universidade Federal do Rio Grande do Sul (UFRGS) usaram as sacadas da Casa do Estudante como base para revide. Jogavam garrafas — a água e o vidro — aos berros de: "Recua, polícia, é o poder popular que está na rua".[98] Dos 20 mil manifestantes, vinte foram presos, nove feridos.[99]

Em contagem bamba, a passeata na capital do Rio Grande do Norte arrastou 15 mil almas. Quem chamou foi o coletivo #RevoltadoBusão. Mas compareceram os aficionados pelo Hino

Nacional e contra a PEC 37 e a Copa, por segurança e liberdade. Perto das nove da noite, a quebradeira. Cerca de quatrocentos partiram para o Centro Administrativo do Estado, onde está a sede do governo. Placas de sinalização e tapumes de obras para a Copa viraram a lenha de uma grande fogueira. Cercas caíram no chão e molotovs, em guaritas. Cem tentaram a invasão, chutando a porta e partindo vidros laterais. Rostos tapados, à *black bloc*, canivetes e bolas de sinuca recheadas de pólvora. O lado da ordem, menos imaginativo, repetiu balas de borracha e bombas de gás. Estudantes se refugiaram no campus da Universidade Federal do Rio Grande do Norte (UFRN). Além do poder político, o capitalismo entrou na mira. O maior shopping do estado, o Midway Mall, e agências bancárias granjearam pichação e perderam portas. A imprensa teve o seu quinhão. Um carro da Bandeirantes levou picho antes de ser virado.[100] Enquanto essa parte brigava com a polícia, o campo patriota gritava "sem vandalismo".

Nessas capitais, o conflito principal era entre as forças do Estado e os ativistas do campo autonomista. Em quase todos os casos, contudo, não eram os únicos na rua. Havia presença simultânea ora do campo neossocialista, ora do patriota, ou de ambos. A antipatia entre os dois campos à esquerda e o à direita era nítida, mas sem confronto direto. Noutras capitais, a tensão explodiu, com manifestante contra manifestante.

Conflito entre campos de ativismo

A hostilidade entre campos opostos virou confronto físico em sete capitais.

A treta foi pequena em Campo Grande, onde contagem indecisa estimou entre 25 mil e 60 mil presentes. A cisão foi entre os "sem partido" e os que tinham algum.[101] A maioria era do primeiro lado, o campo patriota, e se concentrou contra a PEC 37, a Copa e em apoio à Operação Sangue Frio, que investigava desvios de verba no Hospital do Câncer e no Universitário: "Mais saúde, menos corrupção". O dono de um trio elétrico protestava contra falta de investimentos em cultura e foi expulso do ato porque, segundo outro manifestante, o protesto "não é para uma voz", é "a voz do povo". O expulso lamentou: "Tenho o Hino Nacional para tocar, iria ajudá-los".[102] Em vez disso, ouviu-se Legião Urbana.

Também foi quase nada em João Pessoa. Tinha 40 mil presentes, gente de branco e de verde e amarelo, listrinha no rosto, nariz de palhaço, famílias com crianças. Esse campo patriota cantava o Hino de quando em quando. Nos cartazes, pec 37, saúde, educação, segurança. Mas lá estavam também os outros campos. Os autonomistas foram contra a "cura gay" e ficaram na deles. O conflito correu entre a União Jovem Socialista (ujs), neossocialista, e as juventudes do psdb e do psb. As duas últimas levaram a melhor e dirigiram a marcha da frente da Assembleia Legislativa, na praça dos Três Poderes, para a praia. O volume foi ajudado pelo fechamento de órgãos públicos, que encurtaram o expediente. Uma vidraça quebrada e pichações foram o máximo de confusão.[103]

O conflito leve se repetiu pesado em Vitória. Na véspera, trio elétrico desfilara, convocando "#Vemprarua" contra a corrupção. Era festa da oposição, tanto assim que presidentes da Assembleia Legislativa (do dem) e do Tribunal de Justiça liberaram seus servidores. Já o governador do psb, da base de Dilma, não dispensou ninguém. A marcha saiu da Universidade Federal do Espírito Santo e passou pelas sedes dos poderes Judiciário (Tribunal de Justiça) e Legislativo (Assembleia Legislativa do Estado). Animados com as imagens da manifestação anterior, subiram a mesma ponte.[104] Em contagem generosa eram 100 mil. Muitos, de muitos grupos. A concomitância deu em combustão, inclusive ameaça de linchamento: "Vimos quando dois manifestantes que estavam agindo pacificamente levaram um rapaz que estava depredando o

Tribunal de Justiça até os militares. O pessoal ficou indignado porque estavam destruindo um patrimônio público. Quiseram até linchá-lo, mas alguns preferiram que ele fosse preso".[105] Imagens falam mais que essa testemunha: os "dois manifestantes" eram brancos, musculosos, de tênis de marca, e o "depredador" era negro, magro, de havaianas. Mas não ficou sozinho. Fez turma entre sessenta detidos, acusados de quebrar duzentas vidraças, incendiar uma cabine de pedágio e destruir outras. Gente que trocou o cheiro de gás pelo das fragrâncias depois de saquear uma perfumaria.[106]

Na Fonte Nova, iam jogar Nigéria e Uruguai, mas Salvador teve mesmo bandeira do Brasil, cara pintada e máscara do Anonymous. Uma faixa do sindicato da categoria anunciava os funcionários da rede hoteleira em greve. Tinha partido, pcdob e "gente do pt", e um balaio de movimentos.[107] Entre os cerca de 20 mil, cartazes da corrupção ao transporte, de saúde à educação. Depois da concentração na praça do Campo Grande, perto de três da tarde, rumaram para o estádio. Uma participante narrou: "Havia pequenos grupos nas paradas de ônibus com seus cartazes e caras pintadas, e quando um grupo reconhecia outro era uma festa. [...] moradores dos prédios balançavam lençóis, batiam panelas" e o "Fora Fifa" apareceu até na barriga de uma grávida.[108] Enorme bandeira brasileira se estendeu entre os manifestantes. Começo tranquilo, trajeto agitado. Na aproximação do estádio, encontraram o time de segurança completo: pm, cavalaria, batalhão de choque, Força Nacional. Governador e prefeito deram orientações distintas às suas forças, o primeiro, para negociar: "Como administra o carnaval de milhões de pessoas aqui, [...] [a Polícia Militar baiana] aprendeu a lidar com grande movimento de massa sem entrar na agressão".[109] O segundo, para bater: para "preservar o patrimônio público [...] a polícia chegou a usar me parece que bomba de gás lacrimogêneo, de efeito moral".[110] Depois de dois ônibus da Fifa apedrejados, em frente ao hotel que hospedava seus membros, uma bandeira queimada e paredes pichadas, a cavalaria avançou. Foi "a Batalha da Joana Angélica": "O pessoal fechando com os tapumes os banheiros químicos e o confronto direto com pedra e pau e a polícia com sua bomba, bala de borracha. Ali sim teve conflito. No Barris também teve conflito intenso".[111] Uma parte dos manifestantes cobriu o rosto com camiseta e revidou, quebrando carros, banheiros químicos, lojas, um ônibus e agências bancárias. Cones e lixeiras incendiadas e pedras portuguesas arrancadas do calçamento para jogar na polícia.[112] Violência contra o Estado e entre si:

> Um grupo de pessoas com as máscaras do Anonymous se dirigiu violentamente a pessoas que estavam com camisetas de partidos políticos e representação estudantil da Anel. Enfurecidos, exigiam que as camisetas fossem tiradas e mesmo a bandeira da Anel, abaixada.[113]

A marcha se dividiu, uns rumo à Barra, outros para o Iguatemi. Terceiro grupo mirou a prefeitura e, no Teatro Castro Alves, encontrou o gás de pimenta e também se repartiu, com uns tantos indo ao Palácio de Ondina, apoquentar o governador petista.

A violência política aparecia em graus variados, mas em muitas partes. O Rio incluído. Os cariocas saíram em peso, cerca de 300 mil, pelo centro, de tardinha. Da Candelária, muitos de verde e amarelo foram bloquear a Presidente Vargas. Outros vociferavam contra PEC 37, prefeito, governador, o presidente do Senado e a da República, pediam prisão de "mensaleiros" e eram "contra Bolsa Família. O povo quer trabalho e não esmola!". Do outro lado, os contra a Copa e Feliciano. Os brados viraram atos na prefeitura. Quem carregava bandeiras de PSTU, PCB, PCdoB ou de movimentos de esquerda, como o MST, foi vaiado e xingado. Vinte petroleiros vinculados à CUT viram-se encurralados na esquina da Presidente Vargas com a praça Pio X. Além das bandeiras destruídas, foram chutados, socados e expulsos da manifestação. Um lado gritava "Sem partido", o outro "Sem fascismo".[114] Um ativista relata:

> Aquela coisa do "sem partido! Sem partido!" [...] rapidamente ganhava adesões [...] com milicianos e torcidas organizadas; havia claramente uma orientação para esses grupos irem para manifestações para combaterem as lideranças partidárias da esquerda.

Houve reação defensiva: "Partidos de esquerda foram hostilizados, pedindo para tirar bandeira. Os partidos começaram a ir para as organizações com esquema de segurança. [...] havia muito claramente nas ruas essa divisão".[115]

Noite alta, a polícia assumiu sua parte na pancadaria: cavalaria, gás, bala de borracha. Manifestantes foram de pedra, saquearam lojas, viraram e queimaram carro do SBT. Quebradeira repetida na Cinelândia, no entorno da Assembleia Legislativa e nas imediações do Palácio Guanabara, que fora gradeado. A ponte Rio-Niterói foi bloqueada e o metrô fechou. Resultado: muitos não tiveram como voltar para casa e 44 se deram ainda pior, foram feridos.[116]

Também entre os paulistas deu pau. São Paulo parou de fato, como o MPL prometera, mas sem seu comando. Foram seis horas de festa, protesto e briga. A passeata tomou a avenida proscrita no começo de junho, a Paulista. O comércio baixou as portas, fecharam escritórios, escolas suspenderam aulas. Todo mundo, 110 mil pessoas, na rua, na maior manifestação na cidade desde as Diretas Já. Havia cartazes autonomistas ("Cura gay? Que país é este? Fora Feliciano"), neossocialistas ("Educação") e patriotas ("#OgiganteAcordou", "Mensaleiros!"). Eram várias manifestações, segmentadas por convocadores e localidades, distantes entre si, como em Interlagos e Santana. Teve bloqueio no Rodoanel e nas rodovias Castello Branco, Anhanguera, Régis Bittencourt e Raposo Tavares. Outro foco, como em quase todas as capitais, foram os prédios do Legislativo, o municipal no centro e o estadual no Ibirapuera. Cantou-se o Hino.[117]

A manifestação da Paulista se segmentou. Petistas e cutistas se agruparam a dois quarteirões de distância dos autonomistas — além do MPL, havia grupos punks e anarquistas. Lá estavam pequenos partidos de esquerda e movimentos neossocialistas. Entre e além das esquerdas, um mar verde e amarelo. A diferença visual ganhou concretude selvagem. A violência dispensou o arrimo da polícia, que assistiu de camarote aos manifestantes se batendo. Membros da CUT e cerca de oito dezenas de petistas foram primeiro vaiados, aos berros de "sem partido", "sem bandeira", "oportunistas", depois cercados por "jovens que entoavam slogans nacionalistas" liderados por skinheads.[118] A presidente da UNE espantou-se com "uns homens muito fortes passando com taco de beisebol, [...] cara exalando um sentimento de extrema direita e eu lembro dele vindo pra cima da gente".[119] O alvo preferencial era o PT, mas membros identificáveis de PSTU, PCO, Psol, UNE, UJS ganharam sua ração de pancada:[120] "As bandeiras do PSTU nós fomos arrancar, puxar para baixo [...] até se tirar as bandeiras do PSTU e do Psol, teve conflito".[121] "[...] não queríamos dar essa conotação político-partidária."[122] Bandeiras rasgadas e incendiadas também pelo grupo "Nacionalista", que distribuiu empurrões, rojões e socos em quem julgava de esquerda. Uns, com armas brancas, ameaçavam "meter a faca". Uma mulher caída escapou por pouco de ser pisoteada. Os agredidos revidaram: "Um militante do PT me agrediu sem motivo, me deu uma bandeirada de graça", declarou um antipetista ensanguentado.[123] A polícia apartou com gás lacrimogêneo. Movimentos autonomistas e neossocialistas e partidos de esquerda deixaram a Paulista em bloco. Pela primeira vez desde o início do mês perceberam-se próximos e se solidarizaram mutuamente. Alguns choraram: "Estão acabando com anos de luta. Não queremos reivindicar para nós, queremos somar".[124] Os chorosos voltaram para casa. Na rua sobraram, incontestes, as bandeiras do Brasil.

Tudo o que se via no país acontecia ao mesmo tempo e misturado em Brasília: três campos de ativismo, confronto entre manifestantes e polícia e de manifestantes entre si, concentrações partindo ou chegando da porta de autoridades políticas. A BBC registrou a variedade: engravatados, movimentos indígenas, sem-terra, sem-teto, LGBT, de professores e torcidas de times locais. "Comunistas balançavam bandeiras vermelhas, e pequenos grupos puxavam gritos nacionalistas." Havia os pedidos de "sem violência" e os que gritavam "sim violência" ou "sem moralismo".[125]

Os cartazes versavam sobre moralidade pública, em especial a PEC 37, ofendiam o presidente do Senado, ao qual se associava corrupção administrativa. Na moralidade privada, o alvo era José Sarney, o senador à frente da nova versão do Código Penal que poderia relaxar restrições ao aborto. Lá estavam também os por educação, saúde e transporte, os que atacavam a imprensa ("mídia, fascista, sensacionalista") e os em busca de aliança com os policiais ("Ei você aí, fardado, você já foi roubado"). Sem faltar a faca no pescoço do Executivo federal: "Uh, cadê, o PT sumiu". A marcha foi procurar o sumido no Planalto, já protegido pela cavalaria. Os manifestantes atiraram bombinhas. Os montados permaneceram impávidos.

A multidão se acumulou perto das dezenove horas. Eram 40 mil para 3500 policiais e quatro cachorros. Os bombeiros ficaram na laje. A tropa de choque, nas rampas. Manifestantes atiravam bombas, respondidas por outras, da polícia. Janelas quebradas. Nova tentativa de invadir Congresso, Planalto e ministérios. Falhando, adentraram e arrebentaram o Itamaraty, menos policiado. Presidentes de Senado e Câmara se dispuseram a negociar, "se houver uma liderança e uma pauta estabelecida" disse o segundo. Mas não havia. O que unia os manifestantes, divididos entre vários movimentos e agendas, era a oposição ao governo e aos partidos que o sustentavam. Daí por que uns obstavam os estandartes partidários, tremulavam a bandeira e cantavam o anátema do país. Reivindicavam-se como a encarnação da nação.[126] No fim, 120 feridos em Brasília, afora o governo.

Os conflitos de verbais a físicos entre campos distintos de ativismo evidenciam duas tendências do ciclo de protesto em seu auge. Uma era a disputa entre campos de ativismo em torno da zona de conflito preferencial, sobretudo se redistribuição ou moralidade. Outra era sobre o sentido da mudança demandada dentro de cada zona, se mais políticas públicas ou menos impostos, se mais ou menos controle moral sobre os costumes e as instituições políticas. Terceira disputa era em torno da violência legítima. Aí havia a dissonância entre o estilo de ativismo que a fomentava como método, o autonomista, e os que, em princípio, a rechaçavam como forma legítima de protesto, o patriota e o neossocialista. E a violência era, ela própria, uma das maneiras pelas quais os campos disputavam entre si a prerrogativa de dirigir a política de rua.

4. A ILUSÃO DO ESPONTANEÍSMO E A DEMOGRAFIA DO PROTESTO

Quando a rua avolumou, a identificação dos participantes ficou dificultosa para quem a registrava. As notícias sobre os eventos abandonaram os nomes próprios de movimentos, por incapacidade de identificá-los ou de mencioná-los todos. A imprensa enfrentou o problema separando duas categorias, a dos atores políticos conhecidos, que vinham nomeados, e a dos entes para os quais não dispunha de designação. Daí o recurso aos substantivos coletivos vagos: "milhares", "multidão", "povo", "massa". O palavreado delata menos a imprecisão de contornos e mais a incapacidade de precisar quem, afinal, era a maioria dos manifestantes no cume do ciclo.

Mesmo manifestantes a adotaram. A autodesignação mais carimbada em faixas do asfalto e *hashtags* das mídias digitais foi a do "gigante" despertado. A nação, antes adormecida, acordaria para a política por si, sem o despertador de terceiros — um movimento que gritasse "Acorde", um líder que determinasse "Levante". O manifestante de sofá, farto "de tudo o que está aí", se ergueria das redes e caminharia pelas ruas de moto próprio: "O gigante acordou", "Saímos do Facebook". Um feito de autoconclamação, como o do barão de Münchhausen, que saiu da areia movediça puxando-se pelos cabelos.

Nessa direção, a página do Anonymous Brasil, em 18 de junho, declarava: "A geração Coca-Cola finalmente acordou". A postagem teve mais de 1 milhão de acessos imediatos.[127] O slogan do despertar "espontâneo" para a política era enquadramento bem calculado. Reverberava a propaganda da Neogama/BBH para a Johnnie Walker, lançada no fim do primeiro ano do governo Dilma. Nela, o gigante Brasil, encarnado pelo morro do Pão de Açúcar, acordava por si, se elevava e dava passos largos pela baía de Guanabara. Acompanhava-o o letreiro: "O gigante não está mais adormecido". O sucesso do comercial, veiculado na televisão aberta e em páginas envolvendo as capas dos jornais, plantou uma imagem da nação na cabeça dos brasileiros. Forte (de pedra), resoluto (passos firmes), obediente apenas à própria vontade (despertando sozinho), o gigante exprimia potência e autodeterminação. O "gigante acordou" embute a ilusão do espontaneísmo. Ilusão, porque supõe que o "cidadão comum", um indivíduo qualquer do "povo", se mobiliza por conta, sem ser convocado, convencido, organizado. Mas não existe protesto sem organizador.

Os organizados

Para o dia 20, houve convocações sistemáticas de movimentos organizadores. Desde o início do ciclo, participavam diferentes tipos de atores previamente estruturados, mas seu número exponenciou no pico da mobilização. Havia sobretudo movimentos e coalizões de movimentos, mas também o que se negou tantas vezes: os partidos políticos e os sindicatos. Longe do proclamado apartidarismo e do sepultamento dos sindicatos, ambas as estruturas representativas respondiam, cada qual, por 10% dos organizados presentes. Mas lá estavam também as menos frequentes associações civis, do tipo ONGS, e as antes inusuais organizações patronais.

Os organizadores fazem o serviço básico embutido em seu nome: organizam. Montar uma estrutura de mobilização é menos simples do que parece e envolve uma operação de planejamento: convocar, definir local, horário, trajeto, palavras de ordem. No

ATORES ORGANIZADOS NA FASE
DE MASSIFICAÇÃO, 17 A 26 DE JUNHO — BRASIL

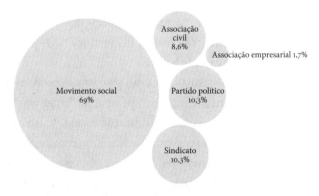

FONTE: BEP/ Cebrap.

começo de junho, visíveis por seus estilos de ativismo e agendas, os movimentos previamente estabelecidos organizavam as manifestações. Foi em torno dessa rede inicial de convocadores que a "multidão" foi se ajuntar.

Parte dos organizados foi noticiada pela mídia, outra não. O campo autonomista, no qual o MPL se situava, aparecia superdimensionado, ao passo que sindicatos e movimentos do campo neossocialista, mais tradicionais na rua, eram menos registrados, embora presentes. O terceiro campo acabou mais negligenciado, porque não reconhecido. Os movimentos à direita do governo petista, que se formavam desde os anos Lula, eram desconhecidos da mídia e dos campos à esquerda. Sem categorias prontas para identificá-los, acabaram por enterrá-los numa vala comum: "manifestantes pacíficos", para a imprensa, "gente esquisita", para os campos de esquerda.

A "gente esquisita"

Desde a redemocratização, o manifestante típico brasileiro era basicamente estudante universitário, profissional liberal de artes e humanidades ou funcionário (sobretudo público) sindicalizado, e, em geral, ligado a partidos de esquerda. Em 2013, esse perfil socialista perdeu a dominância: 86% dos manifestantes passavam longe de sindicato e 96%, de partido.[128] Os autodenominados "politizados" estranharam.

No campo neossocialista, a ida ao protesto se faz com "companheiros", e, no autonomista, com o pessoal do "coletivo". Vínculos políticos observáveis pela padronização visual, o uso de mesmo estilo de ativismo, expressos no vestuário (camisetas, bonés, broches, adesivos, bandanas, lenços, máscaras) e em signos corporais (tipos de corte de cabelo e barba, de tatuagens e piercings). Essa sinalização garante identificação imediata e mútua de grupos recorrentes na rua. Durante um protesto, facilita a aproximação de manifestantes de mesmo campo entre si e sua diferenciação com os demais, com passantes e polícia. São modos de distinguir o "nós" dos "outros", aprimorados pela frequência às manifestações. Ativistas com mais tempo de rua sabem no olho e na hora quem é quem. Em junho, essa experiência claudicou.

Os useiros e vezeiros de manifestações, ativistas treinados nos estilos de ativismo neossocialista e autonomista, distinguiam sem demora a simbologia própria e a do campo vizinho. Ambos, contudo, partilharam a perplexidade ante outro tipo de manifestante, para o qual faltava em seu léxico político rótulo para etiquetar. A briga fraterna entre cepas de esquerda esmaeceu ante o espanto comum em face desse desconhecido. Detectaram um terceiro campo opaco, distante de si e do governo, mas malograram em designá-lo: "Não dava para identificar, [...] sei lá, não tinha um perfil exatamente. Eram pessoas comuns".[129]

Quando, ainda no calor dos eventos, ativistas neossocialistas e autonomistas paulistanos foram instados a distinguir agrupamentos na rua, listaram movimentos, coletivos e partidos à esquerda do governo, incluídos muitos que a imprensa não noticiava. Já no lado direito da linha, embasbacavam-se. Sua visão turvava, mencionavam poucos ou nem apontavam qualquer grupo. Os termos usados para designar esse campo eram descritivos, sem conotação política: "caras pintadas", "leitor da *Veja*", "empreendedor".

Ativistas dos campos autonomista e neossocialista, até então senhores da rua, aturdiram-se com a presença ostensiva do que não era espelho: manifestantes inusuais em protestos de esquerda. Constataram uma zona oposta, mas sem ver nela uma identidade política. Em posts e entrevistas, registravam sua presença por meio de estereotipações: "skinhead", "senso comum", "cara-pintada", "Anonymous".[130] Frequente era "coxinha" ou "coxinhista", os simpatizantes dos policiais, que, por sua vez, extorquiam a

MAPA COGNITIVO DOS PROTESTOS — SÃO PAULO, JUNHO DE 2013

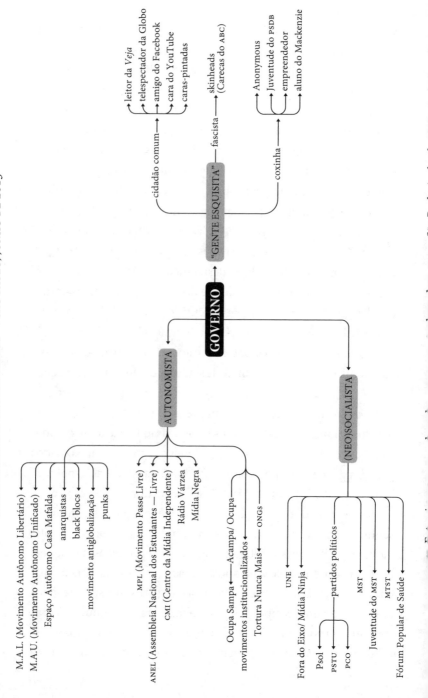

iguaria de botecos. Coxinhas por contaminação. Abrangia "almofadinhas", "mauricinhos", "bombadinhos de academia".[131] Era um descritor e um pejorativo. Assinalava menos corte de classe, em termos de renda, e mais a ojeriza a um estilo de vida nos antípodas do próprio. O conjunto acabou etiquetado por exclusão como "gente esquisita". Maneira de ativistas de esquerda marcarem distância em relação aos que nem compreendiam, nem apreciavam. E que viam como penetras e neófitos: "Tinha uma gente nas ruas que nunca tinha participado de nada; essas pessoas, e pessoas de diversas idades, estavam tendo contato com a participação política pela primeira vez, estavam se sentindo agentes da ação política".[132] E levavam outra simbologia: "atores com outros signos, outros cartazes, outras vestimentas. A gente já via os camisas amarelas nessas manifestações".[133] Seriam os "despolitizados", prontos para serem "manipulados" por "uma entulhação ideológica orquestrada por partidos da direita, insuflados pelos editoriais da mídia, e que pretendem imputar ao movimento a sua própria agenda".[134]

A pobreza terminológica ultrapassou a esquerda para atingir a grande imprensa, que abdicou de descobrir a qual movimento, associação ou partido esse contingente de manifestantes pertencia. Optou pela descrição do visível com dupla rotulagem. Uma privilegiava o tipo de ação, pouco violento, os "pacíficos", por oposição aos adeptos da tática *black bloc*, os "vândalos". Outra descrevia a participação gregária, em vez do indivíduo avulso. Discerniam-se agrupamentos baseados em parentesco: eram "famílias", com suas "crianças" e seus "idosos". Vez ou outra, uma reportagem identificava grupos, mas negava-lhes identidade política, reduzindo-os a dimensões culturais, caso dos "skatistas" e das "torcidas organizadas".

A organização existia, mas sem os signos de identificação esperados. A polícia sofreu o mesmo embaraço e recorreu também à terminologia de parentesco e ao simbolismo ao descrever o manifestante com o qual era desacostumada. Para a chefe do policiamento em BH, "eram famílias" que recuperavam uma tradição política:

> Se assemelhava, guardada alguma proporção, ao movimento dos caras pintadas lá da época do impeachment do presidente Collor, pessoas com o rosto pintado de verde e amarelo, muitas camisas verde e amarelas, bandeiras do Brasil, senhoras, pessoas idosas, crianças.[135]

Assim, campos políticos à esquerda, mídia e autoridades admitiram a heterogeneidade da rua e a reduziram a duas clivagens. Uma era o cabo de guerra no interior da esquerda, briga por liderança entre o fosforescente campo autonomista, com seus coletivos novidadeiros, e o neossocialista, com seus movimentos, sindicatos e pequenos partidos habituais. Outra clivagem era entre os "politicamente organizados" e os "despolitizados"; na primeira casela se apertavam neossocialistas e autonomistas; na outra, a "gente esquisita". Desconsiderados como parte de um campo político legítimo e complexo, movimentos, novos e antigos, protestando à direita do governo ficaram sem nome, nem crédito. Dado por amorfo, nem se buscaram suas lideranças, negligenciadas tanto pelas autoridades nas negociações quanto nas entrevistas de imprensa. O campo patriota na rua desde o início do ciclo — e mesmo desde antes de 2013 — foi o ponto cego das leituras de junho. E seria seu ponto de fuga.

Os aderentes

A ilusão do espontaneísmo consiste em ver o protesto como um fiat lux, organização nascida do nada, sem organizadores. A ilusão se reapresenta na intelecção da adesão ao protesto, transfigurada no suposto de que protestar é decisão individual isolada de pressões sociais. Ilusão forte a ponto do autoengano: "Nunca tinha feito parte de grupo político, nem nada. Eu simplesmente falei assim: 'Sou um cidadão comum e quero reivindicar os direitos'". O "cidadão do sofá", como esse Batman, narra ter atendido ao telefone vermelho graças à cobertura de protestos: "Vi na televisão e decidi ir".[136]

O "cidadão comum", em indumentária mais discreta que a do super-herói, foi chamado por movimentos dos três campos. Os muitos organizadores lançaram também muitas convocações. Profissional de planejamento estratégico, a líder do NasRuas o fez por redes digitais: "A gente tinha 54 grupos de Facebook nessa época — cada cidade a gente tinha um grupo. [...] [somando] mais ou menos umas 110, 112 mil pessoas [...] e se chamava NasRuas.ba, NasRuas.sp, [...] o NasRuas.br era o Brasil, tinha 10 mil pessoas. O NasRuas.br era muito ativo. E ali a gente falava 'olha, hoje a lista das manifestações é essa daqui, em tal lugar, tal horário'".[137] A presidente da UNE se valia dos meios virtuais e dos presenciais: "mensagem de celular, telefone, Facebook [...] todo mundo me narrando 'foi assim e tal'. Beleza, vamos continuar, vamos continuar e vamos mobilizar mais gente. Vamos passar em sala e vamos mobilizar mais gente".[138]

Pessoas com cara e nome, com vínculos concretos, diretos ou mediados pela tecnologia, a rede de "amigos" do Facebook, foram os convocadores eficientes, responsáveis por chamar 83% dos que efetivamente compareceram, segundo o Ibope, no dia 20, em São Paulo, Rio de Janeiro, Belo Horizonte, Porto Alegre, Recife, Fortaleza, Salvador e Brasília.[139] A mídia teve peso convocatório, mas menor que o das redes cívicas.[140]

TABELA 4: CONVOCAÇÃO PARA O PROTESTO — 20 DE JUNHO

MEIOS DE CONVOCAÇÃO	%
Redes virtuais	61
Redes presenciais	22,5
Mídia tradicional	16,5
Total	100

FONTE: Dados reorganizados a partir da pesquisa Ibope, 20 jun. 2013.[141]

Mas a mobilização se valeu sobretudo do laço social mais básico, o direto, entre pessoas de estilo de vida semelhante, conectadas por redes cívicas prévias ao protesto. Apelos anônimos são menos sedutores que os dos conhecidos; em vez de sair de casa como átomo solto, a maioria foi carregada por suas relações pessoais, foi com quem conhecia, em quem confiava. Os manifestantes, em 80,4% dos casos, estavam acompanhados de pessoas com as quais tinham laços de amizade ou parentesco.

TABELA 5: LAÇOS DE SOCIABILIDADE NOS PROTESTOS

COM QUEM FOI PROTESTAR	%
Amigos	58,0
Parentes e afins	22,4
Sozinho	19,6
Total	100

FONTE: Dados reorganizados a partir da pesquisa Ibope, 20 jun. 2013.

A multidão não era massa invertebrada. A rua funciona como o resto da vida. Não foram indivíduos abstratos somados a desconhecidos, levados por crença política comum, mas pessoas concretas, vinculadas entre si, membros de comunidades. Não era o "cada indivíduo com sua indignação". O comparecimento foi todo estruturado por laços de sociabilidade anteriores. A magnitude da mobilização se viabilizou graças a esses manifestantes aderentes, vinculados entre si, recrutados por redes cívicas, e que foram escoltados por suas comunidades morais, de amigos e parentes com os quais compartilhavam convicções e estilo de vida. Mesmo os 46% estreantes na rua foram com alguém que não o era.[142]

Conhecidos e parecidos. Os vínculos pessoais dão pista de semelhanças demográficas. O Ibope achou quase metade de jovens (43% até 24 anos), nas oito capitais pesquisadas. Já a Expertise/Heap Up, que incluiu todas elas, restringiu a juventude a um quarto (24% até 24 anos)[143] e encontrou 55% com 36 anos ou mais — idade para lembrar das Diretas Já e do Fora Collor, o que ajuda a entender o retorno à simbologia nacionalista. Jovens são regulares em protestos, por serem mais disponíveis, com mais tempo livre e menos obrigações familiares, mas houve concomitância geracional no asfalto, como as alusões a "famílias" nos relatos de participantes indicam.

Tanto famílias quanto grupos de amigos tendem a ser parecidos em escolaridade e renda. A aglutinação desses semelhantes apareceu na rua. A elite escolar brasileira, os com diploma, pedaço populacional pequeno, compareceu em assombrosa sobrerrepresentação: 43%, para o Ibope, 52% para a Expertise/Heap Up. Em São Paulo, o Datafolha encontrou uma rua quase toda bacharelada ou em vias de obter canudo, somando 78% dos manifestantes. Números a delatar que os pobres, menos educados, foram a minoria no protesto.

Isso se vê também pela renda. O Ibope não encontrou a propalada maioria de "classe média". Apenas coisa de um quarto (26%) estava no meio da hierarquia social (entre cinco e dez salários mínimos). Praticamente o mesmo número (23%) de manifestantes morava no topo estreito da pirâmide social.[144] Ultrarre-presentados na manifestação, já que eram 7,8% da população brasileira em 2013.[145]

A ocupação acresce outro traço. O perfil típico do manifestante de esquerda foi abundante na rua no pico do ciclo: 39% eram estudantes, funcionários públicos e profissionais liberais. Mas estavam acompanhados dos infrequentes: empresários e autônomos, membros típicos das redes empreendedoras, somaram 13%, e, acrescidos dos empregados do setor privado, chegavam a 47% dos manifestantes. Quase metade da rua vinha de ocupações desvinculadas do Estado, mais sensíveis à utopia da auto--organização da sociedade e à retórica do Estado como fonte de problemas.

Os manifestantes não representavam uma classe. Eram socialmente heterogêneos, uma característica dos ciclos de protesto, que, no esplendor, atraem um pouco de todos os estratos sociais. Contudo, havia uma dominância na diversidade: muito educados, com renda alta ou média, trabalhando longe do Estado, com algo entre trinta e cinquenta anos. É provável que fossem mais brancos que a média da população, já que essa é a cor dominante nos estratos mais altos em remuneração e escolaridade, mas nenhum instituto de pesquisa perguntou. De todo modo, vista à luz da pirâmide brasileira, a composição social do protesto representava mais os andares de cima do que os de baixo. Não era o "povo" quem estava na rua, era a elite social.

5. MASSIFICAÇÃO SEM NACIONALIZAÇÃO

Manifestações coletivas em escalada, crescendo em frequência, intensidade e volume de participantes em níveis extraordinários e tempo curto, são características de ciclos de protesto. Foi o que se passou em junho de 2013 no Brasil, quer se olhe pelo número de manifestantes ou de cidades mobilizadas.

O ciclo tomou todos os estados, com média de 22,3 protestos diários. Não foi erupção abrupta, antes acumulação progressiva até o pico. Foram três fases.

A primeira, entre 2 e 13 de junho, foi de eclosão. O comparecimento foi sistematicamente pequeno, afora a Parada no início do mês, e concentrados nos três polos, o político, Brasília, e os demográficos, São Paulo e Rio. A sede de poder político nacional e as metrópoles, de população inchada, tiveram a relevância costumeira. Embora com menos gente, a geografia do protesto englobou outras dez capitais, Belo Horizonte, Campo Grande, Curitiba, Florianópolis, Goiânia, Manaus, Natal, Porto Alegre, Recife e Salvador, que também têm protestos rotineiros. Trabalho de muita gente. Ao menos 45 grupos, sozinhos ou em aliança com outros de mesmo campo de ativismo e, eventualmente, de outro, organizavam os protestos. Muitos movimentos, muitos assuntos, mas distribuídos desigualmente entre as zonas de conflito, com predomínio da redistribuição (79,1%). Cada manifestação, contudo, era em si pequena, com média de 826 participantes. O contrário se passou na moralidade. Foram menos manifestações (10,4%), mas ajuntando muito mais gente. As maiores foram dois eventos polares relativos à moralidade privada, a Parada LGBT e a Marcha da Família.

Ciclo só é ciclo se transcende o rotineiro. Depois do 13, a repressão e a legitimação dos protestos, de um lado, e a preparação para a Copa das Confederações, um acontecimento midiático internacional, abriram outra fase, curta, de diversificação. Foi entre 14 e 16, quando 36 grupos organizadores se somaram, assim como 28 novas cidades e seis capitais antes desengajadas (Belém, Boa Vista, Cuiabá, Fortaleza, Maceió e Porto Velho). A média de manifestantes, contudo, caiu para 605.

GRÁFICO 1: NÚMERO DE CIDADES E DE MANIFESTANTES EM PROTESTOS — BRASIL, 2 A 24 DE JUNHO

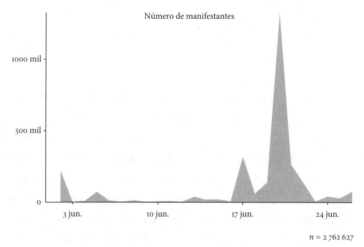

FONTE: BEP/ Cebrap.

A explosão numérica de manifestantes e manifestações apenas bateu no teto durante a Copa das Confederações. A fase de massificação correu entre 17 e 26 de junho, com eventos grandes e megamanifestações nos dias 17, 20 e 21. O 20 foi o pico do pico, 1 325 250 manifestantes estiveram nas ruas no país inteiro. Além das que já vinham protestando, juntaram-se outras oito capitais (Aracaju, João Pessoa, Macapá, Palmas, Rio Branco, São Luís, Teresina, Vitória), de modo que todas se manifestaram. As metrópoles, quase exclusivas no início do ciclo, ganharam companhia de cidades pequenas e médias e de 33 outras no exterior, ao longo da massificação.

A nacionalização foi, contudo, relativa. No Sudeste e no Sul aconteceram 67,2% dos eventos. A mobilização no Norte e no Nordeste foi retardatária, com Salvador, Natal, Recife e Manaus na eclosão. Na diversificação, somaram-se Belém, Fortaleza, Maceió, Boa Vista e Porto Velho. As demais sete capitais dessa parte do país aderiram apenas na massificação. O mapa a seguir sinaliza regiões com mais protestos. Quanto maior o círculo, mais eventos.

O mapa mostra que falar em nacionalização é meia conversa. Os insatisfeitos se concentraram numa parte do país, o Sul e o Sudeste, onde a oposição estava mais implantada e o governo perdera ou tivera resultados apertados na eleição de 2011. O andamento do ciclo foi insuficiente para alterar substantivamente essa geografia inicial.

Houve expansão, mas o ciclo foi sobretudo um fenômeno de grandes cidades. Cidades médias responderam por 6,3% dos eventos, e as pequenas, por 8,6%. A massificação nem tomou o país todo, nem abrangeu os brasileiros todos. Numa conta generosa (muitos compareceram a vários eventos), somadas todas as fases do ciclo, os manifestantes foram 7 762 680. Isso significava então 5,6% do eleitorado.[146] O "povo todo" era isso aí.

MAPA 1: A GEOGRAFIA DO PROTESTO DA
ECLOSÃO À MASSIFICAÇÃO — BRASIL, 2 A 26 DE JUNHO

FONTE: BEP/ Cebrap.

6. JUNTOS, MAS DIFERENTES

Ainda no começo de junho, a líder do NasRuas lançou um slogan que se disseminaria ao longo do mês: "A gente fez um banner [...] 'não é pelos 20 centavos, são pelos bilhões desviados em corrupção'. [...] E as pessoas iam ali e todas concordavam muito com a gente; realmente não é pelos 20 centavos".[147] Tarifa e corrupção eram agendas de dois movimentos bem distintos, o MPL e o NasRuas, mas muitos outros grupos organizados e demandas povoavam a rua.

A dispersão, contudo, é de face. Em vez de escorrer em direções disparatadas, o "um milhão de pautas"[148] coalesceu em seis grandes temas: moralidade pública, relações capital-trabalho e políticas públicas (e nelas saúde, educação e transportes), moralidade privada, terra e segurança pública — havia outros, como tributação, mas com menos força. Eram todos em torno das zonas de conflito abertas desde o primeiro governo Lula: redistribuição, moralidade, violência.

O fato de tratarem das mesmas tópicas não quer dizer que os manifestantes tivessem idêntica compreensão acerca delas, nem que pedissem mudança na mesma direção. Disputavam o rumo da sociedade em cada uma. A rede a seguir mostra movimentos contrários se manifestando sobre os mesmos assuntos. Mas não estava todo mundo na rua nem pelo mesmo motivo, nem do mesmo lado. Demandavam em sentidos diferentes, por vezes antagônicos, caso da propriedade da terra e do casamento entre pessoas de mesmo sexo. Os temas eram os nomes das contendas.

Essa estruturação temática dos movimentos organizados se repetia entre os aderentes, quando perguntados sobre as razões de irem às ruas. Houve um desequilíbrio entre as respostas, conforme onde se perguntou. As obtidas nas oito capitais aonde foi o Ibope dão supremacia de temas redistributivos, com a moralidade em segundo lugar e a violência na rabeira. Já a Expertise, que foi a todas as capitais, põe a moralidade pública em primeiro lugar: corrupção, depois educação.[149]

A presença simultânea de três campos de ativismo na rua com agendas concorrentes em zonas de conflito distintas explica a heterogeneidade e o volume de junho. A soma dos diferentes gerou a magnitude extraordinária.

Gerou também o conflito. A contenda em torno das mesmas matérias entre movimentos opostos esclarece uma dimensão da violência política do ciclo para a qual pouco se atentou. Predominaram a do Estado contra manifestantes (foram ao menos 104 episódios) e ações disruptivas dos manifestantes contra objetos e

FIGURA 1: REDE DE TEMAS E TIPOS DE MOVIMENTOS ORGANIZADORES DE PROTESTO, JUNHO DE 2013

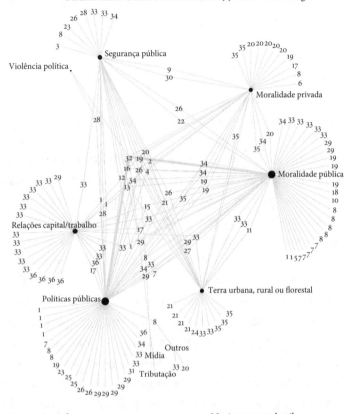

1. Associação civil
2. Associação político-partidária não especificada
3. Movimento ambientalista
4. Movimento anarcopunk
5. Movimento anarquista
6. Movimento antiaborto
7. Movimento anti-Copa
8. Movimento anticorrupção
9. Movimento antiproibicionista
10. Movimento contra a violência policial
11. Movimento cultural
12. Movimento de empresários
13. Movimento de funcionários públicos
14. Movimento de imigrantes
15. Movimento de pequenos empresários
16. Movimento de profissionais da educação
17. Movimento de profissionais da saúde
18. Movimento de profissionais liberais
19. Movimento estudantil
20. Movimento feminista
21. Movimento indígena
22. Movimento LGBTQIA+
23. Movimento negro
24. Movimento ruralista
25. Movimento por direitos humanos
26. Movimento por moradia
27. Movimento por reforma agrária
28. Movimento por segurança pública
29. Movimento por transportes
30. Movimento religioso
31. Movimento skinhead
32. Movimento social não especificado
33. Movimento trabalhista
34. Partido político de esquerda
35. Partidos de oposição de centro e de direita
36. Sindicato de funcionários públicos

$n = 971$

FONTE: BEP/ Cebrap.

edifícios (62 vezes). É fato. Mas o gradiente incluiu o conflito físico entre manifestantes de movimentos de campos distintos, que se bateram em ao menos trinta episódios. Essa terceira forma de agressividade mostra a disposição para brigar pelo destino do país até as vias de fato.

Tradição e inovação

Ciclos de protesto são propícios para a criatividade política. No de junho, o uso em escala das novas tecnologias, a internet e o celular, afetou a organização, mas seu impacto sobre o modo de protestar foi relativo. Tradição e invenção apareceram misturadas. Prevaleceu o recurso a estilos de ativismo em voga em manifestações globais recentes e aos usados nas nacionais do passado.

A imagética patriota que fez o verde e o amarelo do pico de junho foi tanto uma emulação do Tea Party quanto uma recuperação da tradição local recente — Diretas Já e Fora Collor — de politização de símbolos nacionais. O mesmo vale para a simbologia socialista, que tanto prolongava a esquerda da redemocratização brasileira quanto se inspirava no neossocialismo zapatista. A familiaridade local com esses estilos fez o sucesso do terceiro, menos popular no país até então, o autonomista. Reconfiguração do anarquismo, nada tinha de inédito, mas se visibilizara em passado mais longínquo na história nacional. As referências temporalmente vizinhas eram as estrangeiras, em protestos desde Seattle, quando a velha tática anarquista da ação política direta e violenta contra Estado e capitalismo ganhara nome novo, "*black bloc*".

Em junho, houve uma apropriação desses estilos de ativismo, dois embebidos de tradição local de protesto e o terceiro em uso havia mais de uma década em âmbito global. A criatividade foi circunscrita. A vantagem relativa do estilo autonomista foi a do efeito surpresa na cena brasileira. Inusitadas, suas performances disruptivas contra bancos, lojas, concessionárias de carros, hotéis, pedágios, bancas de jornal, postos de gasolina, ônibus aprisionaram a atenção, mas responderam por 26% das performances políticas de rua no auge do ciclo. O resto era o trivial.

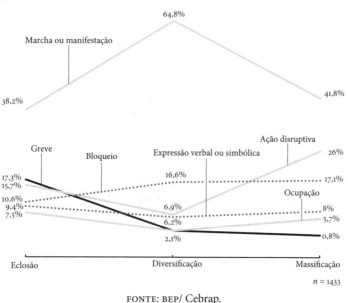

GRÁFICO 2: PERFORMANCES POLÍTICAS POR FASES DO CICLO

FONTE: BEP/ Cebrap.

As formas típicas do protesto socialista desde a redemocratização, as greves, deram um bom naco do começo do ciclo. O que cresceu foi o bloqueio, estratégia recorrente de sua cepa mais nova, o campo neossocialista, nisso bem representado pelo MTST. Em números absolutos, foram 160 bloqueios ao longo das três fases. Sem contar as ocupações, constantes, mas aí se somam às urbanas as rurais e as de áreas indígenas.

O estilo patriota se afigura por causa do verde-amarelismo registrado em fotos e vídeos, mas mensurar sua presença é tarefa abstrusa. Seu tradicionalismo simbólico se prolongou na predileção pela mais surrada das formas de manifestação, a concentração seguida de marcha. Foi a mais frequente ao longo de todo o ciclo, utilizada 384 vezes, rodando perto da metade do que se fazia na rua. Contudo, movimentos dos três campos marcharam, daí o erro de atribuir o pacote inteiro a apenas um. Seja como for, a predominância avassaladora desse tipo convencional de performance tira o calço das interpretações do ciclo como dominado por experimentação e inovação política.

A convencionalização reaparece na busca por lugares consagrados na memória política como espaço de manifestação. A tática mais disruptiva, a *black bloc*, explica as lojas e os bancos, mas as estradas, onde aconteciam os bloqueios usualmente orquestrados por neossocialistas — e eventualmente até movimentos ruralistas — ganham de lavada. Perde também para as faculdades, ponto regular de concentração de manifestantes habitués, os estudantes. A preferência, estourado na frente, é pela canônica praça pública.

O que chama a atenção, ainda que em número pequenininho, são as igrejas. Nunca se lembra delas ao falar dos protestos de junho e, porque tampouco se presta atenção (ao menos até 2013) às manifestações religiosas de rua como manifestações políticas, devem ter sido mais numerosas como ponto de encontro e de protesto do que se reportou.

TABELA 6: LOCALIZAÇÃO PREFERENCIAL DOS PROTESTOS

LOCAIS	EVENTOS	%
Praça ou rua	518	49,1
Instituições políticas	207	19,6
Rodovia	189	17,9
Instituição de ensino	67	6,3
Loja ou banco	64	6
Igreja	10	1
Total	1055	100

$n = 1055$

FONTE: BEP/ Cebrap.

Depois das praças e ruas, o segundo ímã de manifestantes foram os edifícios do poder político. O protesto partiu, chegou ou parou na frente das sedes físicas, sobretudo de Executivo e Legislativo, e mais eventualmente do Judiciário. Nada surpreendente. Protesto é política de rua, contesta a política institucional. Junho seguiu o protocolo clássico de manifestações públicas, em vigor desde o século xix: pressionar autoridades políticas postando grande número de manifestantes nas imediações dos edifícios-sede dos poderes constituídos — ato seguido, se viável, de invasão desses espaços. O ciclo de junho adotou esse modelo tradicional, dirigiu-se às instituições, inclusive fisicamente. Se isso é "crise de representação", ela existe desde que se inventou o sistema representativo.

Apartidários?

Ao contrário do bordão do noticiário, "manifestação espontânea", e da teima da esquerda em ver o outro lado como "despolitizado" e mesmo da autodesignação de muitos do campo patriota como "apolíticos", a política estava em toda parte. A rua estava toda organizada politicamente, conforme um gradiente de formalização. A menos institucionalizada das maneiras de se organizar politicamente e a mais frequente na política de ruas era naturalmente a dominante, os movimentos sociais. Sua presença exuberante não surpreende. Também rotineiros em manifestação à esquerda, embora muito negados como participantes do ciclo de junho, os sindicatos compareceram.

De outro lado, empresários e religiosos, menos habituais em protestos antes, mas flagrados entre os manifestantes, reaparecem entre os organizadores. As associações civis, as patronais e as religiosas tiveram papel na orquestração. De novo, difícil dizer o quanto o volume pequeno é produto de irrelevância ou da dificuldade de imprensa e outros organizadores admitirem tais atores como politicamente legítimos.

GRÁFICO 3: ATORES COLETIVOS ORGANIZADOS POR FASE DO CICLO

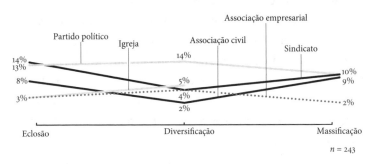

FONTE: BEP/ Cebrap.

A ida para gritar, invadir ou quebrar os prédios-sede das instituições políticas já deu um sinal da relação da política de rua com a política partidária. Longe do que o slogan "sem partido" leva a crer, foi contínua a participação deste ente sempre negado: o partido. As organizações partidárias compareceram todo o tempo e em proporção significativa, rodando entre 10% e 14%. Tinha partido na rua e a rua tinha partido.

Os pequenos de esquerda protestaram lado a lado com movimentos do campo neossocialista. O discurso antirrepresentacionista do campo autonomista não o impediu de se aliar, em vários protestos, com aquele lado da rua.

Tampouco o bordão do apartidarismo do campo patriota foi

consistente com sua prática. Vários de seus protestos aceitaram sem reclamar a presença partidária, quando se tratava da oposição, caso de membros de PSDB, PSD, DEM, PP, e mesmo de um esteio da coalizão governista, o PMDB. Tampouco a busca por assinaturas para o registro do Partido Novo,[150] durante as manifestações, incomodou.

O início da Copa das Confederações atraiu o protesto para as cidades-sede, mas mesmo aí as manifestações se concentraram em regiões de enraizamento da oposição, o Sul e o Sudeste, como mostra o Mapa 1. No Nordeste, onde estava a base eleitoral principal do PT, a adesão foi bem menor que no resto do país, em número tanto de cidades quanto de manifestantes, sem nenhum megaevento.

Essa presença de partidos da oposição nas ruas e a atitude de estímulo ou complacência de autoridades públicas em várias cidades apontam para o outro sentido no qual a rua foi partidária, o negativo. O protesto, em larga medida, era um desagrado com a direção dada ao país pelo governo. A rua tinha, sim, um partido, o do antipetismo.

6. Como junho acaba

1. A PRESIDENTE FALA

Na noite da quinta-feira, 20 de junho, Dilma convocou os ministros a permanecerem em Brasília para reunião de emergência no dia seguinte.[1] Segundo a *Veja*, a presidente estava perplexa e teria inquirido o chefe do Gabinete de Segurança Institucional: "Como a Abin (Agência Nacional de Inteligência) não percebeu nada disso?". Quando se deu conta, já havia cerca de 50 mil pessoas descendo a Esplanada. Dilma então ligou para dois conselheiros, João Santana, que comandava seu marketing, e Lula, seu padrinho. O que tratou com o antecessor, a revista não conta; já ao marqueteiro, a pergunta foi incisiva: "Como as suas pesquisas nunca pegaram isso, João?".[2]

A surpresa virou ação, por conselho ou à revelia dos conselheiros. Deve ter ouvido ao menos o segundo, pois, no 21, falou à nação, envolta no que se via nas ruas. A presidente vestiu-se de espelho. No pronunciamento em rede nacional, trajou amarelo-claro, contrastado pela parede esverdeada, e postou-se ao lado da bandeira brasileira. A candidata à voz da nação disse em dez minutos o que calava desde o início do mês.

Saudou "brasileiros e brasileiras", "amigos e amigas" e avançou diagnóstico: os protestos eram tanto prova da maturidade da democracia brasileira quanto a punham em risco, ao descambarem em "arruaça". Reiterou a secção que se alastrava na mídia, apartando democratas pacíficos de vândalos autoritários: a "violência, promovida por uma pequena minoria, não pode manchar um movimento pacífico e democrático". Declarou-se tão aberta ao diálogo com os primeiros quanto pronta a enquadrar os segundos: "Não podemos conviver com essa violência que envergonha o Brasil. Todas as instituições e os órgãos da segurança pública têm o dever de coibir, dentro dos limites da lei, toda forma de violência e vandalismo".[3]

A presidente organizou o protesto em cinco temas: educação, saúde, transporte, segurança e corrupção. Via, assim, com clareza, uma parte das reivindicações de rua, mas não todas. Ao propor um "grande pacto nacional", para os quais conclamou prefeitos, governadores e Congresso, fez um expurgo e uma restrição. O expurgo foi a segurança. Anunciou medidas para produzir "serviços públicos de mais qualidade" em três áreas: transporte público (o Plano Nacional de Mobilidade Urbana), educação (com destinação dos royalties do petróleo) e saúde, com o embrião do Mais Médicos, visando atrair profissionais do exterior para o SUS. Para a segurança, nada.

A restrição foi na moralidade. Nesse item, a resposta presidencial reduziu a demanda à sua dimensão pública, como gestão do Estado. De moral privada, nem sombra; cumpriu a promessa eleitoral de deixar o aborto intocado e nada disse de direitos LGBTQIA+ e política de drogas. Circunscreveu-se ao "combate sistemático à corrupção e ao desvio de recursos públicos. Todos me conhecem. Disso eu não abro mão".[4] Tinha, de fato, alta populari-

240

dade por justiceira contra os "malfeitos". Mas, em vez de domar a onda, subindo em sua crista, como líder dos caçadores de corruptos, a presidente, afinal de partido recém-assolado pelo julgamento do Mensalão, afundou no reino do vago. Nem novas regras de licitação de serviços, nem punição de funcionários públicos, nem nada. Ficou na genérica "transparência", prometendo ampliar a Lei de Acesso à Informação.

A postura propositiva se transmutou em defensiva ao abordar as críticas aos partidos. Os gritos de "sem partido" na rua visavam partidos de esquerda, muitos acompanhados de ataques pessoais a Dilma e Lula.[5] Em vez de engolir esse osso duro, repartiu o problema com aliados e adversários: "É um equívoco achar que qualquer país possa prescindir de partidos". Dilatou o problema, como faziam mídia e intelectuais, para falar em crise de representação. Daí a proposta, também no país da vaguidão, de uma "ampla e profunda reforma política, que amplie a participação popular". Relevando a vaia tomada na Copa das Confederações, arrematou com os estádios que, disse, não drenavam recursos de saúde e educação. E "o futebol e o esporte são símbolos de paz e convivência pacífica entre os povos. O Brasil merece e vai fazer uma grande Copa".

O discurso anunciou a abertura de negociações com "os líderes das manifestações pacíficas, os representantes das organizações de jovens, das entidades sindicais, dos movimentos de trabalhadores, das associações populares". A ideia era, assim, conversar com a esquerda, ignorando que neossocialistas e autonomistas não estavam sozinhos na rua.

Deu no *New York Times*. E no *Washington Post*, no *El País*, no *Guardian*, na BBC.[6] O mundo observava a presidente, em expectativa. A oposição inclusive e sem simpatia. O governador de Minas, do arquiadversário PSDB, aventou que a insatisfação vinha de antes: "Não devia ser tão de repente assim, já era alguma coisa que certamente estava grassando no meio da sociedade".[7] A presidente convidou-o à conversa, assim como ao prefeito de Belo Horizonte, que soprara sugestão de um plebiscito.[8] Soou como vento trazendo tábua de salvação em mar revolto. E plebiscito rimava com o participacionismo petista.

2. A SEGMENTAÇÃO

Na exponenciação do dia 20, o ciclo adquirira seu ponto alto de participação e diversidade. Daí por diante, dois processos marcaram a rua. Um foi a difusão do protesto para capitais aonde ainda não chegara, Aracaju, João Pessoa e Teresina, e para 41 novas cidades médias e pequenas. Outro foi a reconfiguração das relações entre os campos de ativismo e a escalada da disputa pelo controle nacional do protesto.

No 21, começou o declive do protesto. Nesse dia ainda houve manifestações em treze capitais. A mais gorda, a paulistana, teve 110 mil, muito, mas nada perto do dia antecedente, e no seguinte, queda maior: apenas 35 mil.[9] Acabava o fôlego aumentado pelo adesismo da massificação.

Na ladeira abaixo do ciclo de protestos, a modalidade de manifestantes contra o Estado se manteve, a separação entre os campos voltou a ser física, como no começo do ciclo, e permaneceu tensa quando ocupavam o mesmo espaço.

No gênero batalha campal entre Estado e rua, Belo Horizonte foi protagonista por dois dias consecutivos. No 21, bloqueios de trechos das rodovias BR-040 e BR-381 produziram doze horas de congestionamento, a queima de um ônibus e a depredação da Câmara Municipal. Três protestos separados somaram 11 500 mil intranquilos: além de armas apreendidas, dois policiais baleados.[10] O último suspiro vigoroso de Minas em junho foi, de novo, um jogo da Copa das Confederações. No 22, Copac e Associação Brasileira de Lésbicas, Gays, Bissexuais, Travestis e Transexuais levaram 15 mil ao Mineirão. A diversidade de agendas e movimentos cresceu com um protesto de setenta ambientalistas e outro do Sindicato da Educação. Mas a coisa só ficou grande, 66 mil, quando chegou o terceiro campo, com nacionalismo e corrupção: "Um, dois, três, quatro, cinco, mil, ou para a roubalheira ou paramos o Brasil". Em frente à UFMG, Hino Nacional e balões verdes e amarelos. Na boca do estádio, a divisão *black bloc* versus "sem violência". O gás, equânime, foi para todos. Quebra-quebra arrasou quatro lojas de carros, uma agência bancária, o prédio de uma faculdade, radares e semáforos.[11] Nem as forças da ordem escaparam; tentou-se invadir o 3º Batalhão de Bombeiros. Um coronel fez alerta radiofônico tão ameaçador quanto inócuo.[12] Depois soltou os cachorros, os cavalos, a Força Nacional, o Gate e um blindado, que juntos feriram vinte, entre manifestantes e jornalistas, embora a imprensa trajasse coletes de sinalização.[13] Outros protestaram dentro do estádio, com camisa da seleção, cartazes em mau inglês e o coro: "Eu sou brasileiro com muito orgulho, com muito amor".[14]

Com exceção dos mineiros, houve menos aderentes e mais irritação com a tática *black bloc*. A imprensa tornou à chave do "vandalismo" do início do ciclo. No Rio, a briga manifestantes/Estado apareceu no 21. Povo pouco, cerca de um milhar, que andou de Ipanema à casa do governador, no Leblon. O perseguido abandonou o lar. Fuga inútil, pois em sua porta se instalou filhote do Ocupe Delfim Moreira, o Ocupa Cabral.[15] Na Tijuca, correu a quebradeira. Antecipando o futuro, os shoppings fecharam. Camiseta na cara, um grupo danificou janelas, equipamentos e 45 carros de uma concessionária; sua vizinha arcou com menos prejuízo graças às portas de aço — foram-se os computadores, ficaram os automóveis.[16] O protesto escorreu pela Baixada. Aí cerca de 5 mil mandaram para os ares vidros de carros de polícia e do prédio da prefeitura de São João de Meriti. A ação se espalhou por Duque de Caxias, Nova Iguaçu e Magé,[17] dando dor de cabeça tanto para quem ia por Dutra, Rio-Santos e RJ-116, como para os 22 — uma dúzia deles, menor de idade — levados pela PM.

Teve pega-pega com a polícia também em Vitória, no 21, quando cinco centenas pediram a extinção do pedágio na ponte que liga a cidade a Vila Velha. Foi tranquilo até que não foi mais. Pedras e rojões, de um lado, bombas do outro, trinta detidos.[18]

Cena repetida em dia de jogo da Copa das Confederações, o 22, em Salvador. Também quase sem povo, 2500 pessoas, e povo dividido. Uns acompanharam a turma do Não Vai Ter Copa e o Passe Livre Salvador, enquanto os outros guerreavam a corrupção. Uns partiram da praça Campo Grande, outros, do Shopping Iguatemi. A marcha à esquerda foi até o estádio, deixando rastro *black bloc* de lojas arrombadas, pontos de ônibus e vidros quebrados, lixeiras em fogo e um ônibus atravessado na avenida Paralela, interditando o trânsito. A moeda voltou na forma de balas de borracha, gás lacrimogêneo, cinco presos e um repórter detido por engano.[19]

Teresina também teve sua correria e confronto com a polícia e a divisão entre estudantes de Anel e Passe Livre, de um lado, e campo patriota, com cara pintada e cartazes anticorrupção, de outro.[20] Foi no 24, mesmo dia em que, em Cubatão, duzentos manifestantes por passe livre para estudantes e atletas[21] bloquearam rodovia, ateando fogo em ônibus e pneus e virando a carga de caminhão na pista, antes de trocar suas pedras pelas bombas da PM.

Porto Alegre ainda alcançou expressivos 10 mil nesse 24, mas os presentes atendiam a dois chamados. Um de sindicatos, como Conlutas e CUT, por transportes. Outro, contra a PEC 37, pela prisão de Renan Calheiros e por transformar a corrupção em crime hediondo.[22] O confronto repetiu-se entre manifestantes e polícia e entre os useiros da tática *black bloc* e os "sem violência", que protegiam lojas,[23] contêineres e bancos sob mira.

Coisas parecidas ocorriam noutras capitais, mas houve também manifestações contíguas de campos diferentes batendo de frente. Foi assim em Curitiba, no 21. Quinze mil anti-Copa fizeram pichações e ofensivas a pontos de ônibus, lojas e prédios públicos. Foram escorraçados pela polícia. Mas não só. Na porta do estádio, levaram rojões e pedradas dos torcedores do Atlético.[24]

Noutras praças, o conflito entre manifestantes e polícia faltou, mas não entre os campos. No 22, em Brasília, dois nichos miúdos se movimentaram em torno da moralidade. A pública atraiu 3 mil bradando contra a PEC 37 em frente ao Congresso Nacional,[25] enquanto a moral privada levava um pouco mais, 5 mil, em nova Marcha das Vadias.[26] Cada macaco no seu galho. No dia anterior, em Goiânia, os campos também se bifurcaram. A Marcha contra a Corrupção levou famílias com crianças e uma comissão de frente de jovens vestindo camisetas pretas estampadas com o mapa do Brasil em verde e amarelo, cores repetidas nas faces. Na faixa abre-alas: "O Brasil contra a impunidade e a corrupção".[27] Do outro lado, apesar das 70 mil intenções no Facebook, a Frente de Lutas Goiás carregou poucos estudantes, incapazes de impedir agendas intrusas:[28] "O protesto foi tomado por algo além da gente", com "pautas nacionalistas" de uma "direita fascista", que ganhou a parada. A Frente comunicou que se ausentaria do "Dia do Basta", da série criada em 2011 contra a PEC 37, cuja chamada seria engrossada por promotores do MP.[29]

A disputa entre campos apareceu também em São Paulo. Depois de se reunirem, movimentos de campos autonomista, neossocialista e socialista se retiraram, uma vez que "grupos conservadores se infiltraram nos últimos atos para defender propostas que não nos representam",[30] "pessoas claramente contra as organizações sociais e que nunca participaram de manifestações" estariam invadindo o espaço antes cativo da esquerda. Seriam "militantes de extrema direita", de "ares fascistas"[31] a "promover a barbárie". Isso no 21, data para a qual o Facebook anunciava o "Maior Protesto da História do Brasil". Os 400 mil confirmados não foram à rua, mas explicitaram na rede a sua motivação: contra a corrupção e o aborto, pela diminuição da maioridade penal e por intervenção militar. O teor desnorteou[32] e o volume prometido também. Autonomistas e neossocialistas decidiram se unir fisicamente para fazer face a tanta "gente esquisita".

Uma coalizão se formou, no dia seguinte, com trinta grupos, entre autonomistas, neossocialistas e socialistas, inclusive pequenos partidos de esquerda. O próprio PT compareceu.[33] Visava-se traçar estratégia unificada contra o campo patriota, identificado como inimigo comum. Enquanto o campo autonomista se aturdia, o socialista reassumia o protagonismo perdido desde os anos Lula. A reunião correu sob bastão do MST e em reação à agressão por "grupos de skinheads e neonazistas" contra "movimentos sociais, partidos e sindicatos". Correu ali a tese do "sequestro": os protestos teriam nascido com "um caráter progressista, pois buscam a ampliação de diversos direitos sociais para a juventude e para a classe trabalhadora", e estariam sofrendo invasão da "direita organizada", que praticaria a "incitação ao ódio às organizações trabalhadoras" e pretenderia "utilizar o sentimento de indignação contra a política para expulsar a classe trabalhadora organizada dos atos" e "acabar com o caráter de classe e de luta por direitos concretos das mobilizações".[34] A terminologia inteira era socialista, numa submissão retórica do campo autonomista e mesmo do neossocialista. Isso se viu ainda no encaminhamento, "realizar uma jornada nacional de lutas conjuntas" para "disputar a consciência destas pessoas", as "esquisitas". A reunião era para unir, mas acabou com o campo socialista (o antigo, não o neo) elevado a senhor da agenda: "a democratização dos meios de comunicação, a redução da jornada de trabalho, a suspensão dos leilões do pré-sal, a reforma política e a prioridade de investimento dos recursos públicos em saúde e educação".[35] Encontros similares aconteceram em Rio, Brasília e Minas,[36] sempre com o campo socialista no controle.

Essa união das duas esquerdas autonomista e neossocialista com a antiga socialista em nada afetou o outro campo. A turma do verde-amarelo saiu em São Paulo, nesse 22, com cartazes contra a PEC 37, a corrupção e "mudanças" no Código Penal. Aglomeraram--se no Masp e marcharam rumo à sede do Ministério Público Estadual,[37] no centro. Eram 35 mil membros da "gente esquisita": famílias e jovens, liderados pelo empreendedor e logo fundador do Movimento Brasil Livre (MBL), Renan dos Santos. Mesma coisa na praça da Sé, no 24, mas lá o Movimento contra a Corrupção carregou apenas duas dezenas, dada a chuva.[38]

A simbologia patriota apareceu nos dias 22 e 23 no Rio, primeiro com protesto-instalação, que distribuiu quinhentas bolas de futebol pintadas com cruzes vermelhas pela areia de Copacabana, representando "meio milhão de brasileiros assassinados nos últimos dez anos", uma ação do Movimento Rio de Paz e da página Brasil Padrão Fifa.[39] No 23, atores globais desfilaram com bandeiras brasileiras e cartazes contra a PEC 37[40] em Copacabana. No Flamengo, o Rio Brincante teve designers, arte-educadores e crianças com listrinhas verdes e amarelas nas bochechas.[41] A moralidade pública se vestiu de nacionalismo no 22 em Rio Branco, onde 20 mil atestaram: "O Acre existe. E tem corrupção". Lá estava a polícia, mas, em vez de briga, congraçamento: "Polícia, Polícia, Polícia Federal, prende todo mundo pra nação ficar legal". Inclusive quem a governava: "O povo contra os petralhas", "Fora PT". E o onipresente verde e amarelo.[42] Cores repetidas em Brasília, no 23, com pais carregando os filhos e, neles, as cores nacionais para a frente do Congresso, onde a criançada desenhou enorme bandeira nacional.

Nos cartazes, em letra infantil: "Meu primeiro protesto — Brasil sem corrupção". Cantou-se a música-pátria.[43]

O estilo nacionalista prosperou em manifestações bem-comportadas de no máximo centenas, nos 22 e 23, fora das capitais. No interior de Minas, São Paulo,[44] Roraima, Santa Catarina e Rio Grande do Sul,[45] a agenda repetiu a pauta redistributiva (saúde e educação) das metrópoles, mas reforçada pela demanda por segurança[46] e tematizações da moralidade. A mais vistosa foi em torno da moral privada, em Orlândia, onde marcha LGBT baixou na porta da "Catedral do Avivamento", que era também a casa de Marco Feliciano.[47] E quem levou a maior rua de cidade pequena, 30 mil em Santa Maria, foi a corrupção.[48]

3. DE VOLTA ÀS INSTITUIÇÕES

Ciclo de protesto é momentoso, mas acaba sem charme. A maioria volta às suas rotinas, nem que seja para tomar fôlego e retomar a rua adiante. Depois da exponenciação, tornam a normalidade política, os protestos pequenos, no tamanho pré-ciclo. Assim foi no fim de junho, com desocupação paulatina da rua. A tendência, contudo, não foi capturada pelas autoridades, daí a sequência de iniciativas institucionais tardias, quando a multidão já desertara o protesto.

Atarantados, 27 governadores e 26 prefeitos atenderam ao chamado da presidente na segunda-feira, 24. Era para conversar, mas foi um pronunciamento. Além do politicamente correto da linguagem — "queridos" e "caros", variando o gênero —, Dilma reiterou o diagnóstico do PT sobre o sentido dos protestos. O "maior processo de mudança da nossa história", conduzido pelos governos do partido, teriam combinado "amplas liberdades democráticas" com o crescimento econômico e geração massiva de empregos"[49] e reduzido a desigualdade, com inclusão de "40 milhões de pessoas" tanto no "mercado de consumo de massa" quanto na "construção da cidadania". O novo patamar teria suscitado demandas por mais do mesmo: "Ele [o povo] está nos dizendo que quer mais cidadania". "Cidadania plena", que traduziu em "serviços públicos de qualidade", "combate à corrupção" e "representação política permeável à sociedade". E asseverou: "Junto com a população podemos resolver grandes problemas". A solução que tirou do bolso do tailleur não foi uma, mas cinco, na forma de "pactos em favor do Brasil".

O primeiro nada tinha que ver com o mencionado no discurso ou reclamado nas ruas. Era a "responsabilidade fiscal, para garantir a estabilidade da economia e o controle da inflação". Os protestos criticavam o governo, o PT, a presidente e os políticos de sua base de sustentação, mas Dilma nublou esse foco, adotando a linha mais confortável da "crise de representação". Propôs, em decorrência, mudar as regras do jogo todo, via "uma ampla e profunda reforma política, que amplie a participação popular e amplie os horizontes da cidadania". Vaga no objetivo, mas concreta na forma: "a convocação de um plebiscito popular que autorize o funcionamento de um processo constituinte específico para fazer a reforma política [de] que o país tanto necessita". Era método com tintas "republicanas e participativas" fiel ao participacionismo petista. O plebiscito fora sugerido pelo prefeito de Belo Horizonte, mas nenhum protesto o pedira.

Os campos autonomista e neossocialista tinham, sim, demandado melhoria das políticas públicas, o que o discurso de Dilma abordava. Mas o campo patriota reclamava menos Estado, menos impostos. Os manifestantes não solicitavam exatamente mais participação. Muitos pediam menos, com cartazes pelo fim do voto obrigatório.

O segundo pacto, sim, abordava tema dominante: a corrupção. Aí a presidente andava fora de jurisdição, a sua, como a de seu público presencial, governadores e prefeitos: uma "nova legislação que classifique a corrupção dolosa como equivalente a crime hediondo, com penas severas, muito mais severas". Tanto isso quanto a reforma política eram alçadas do Legislativo. Na sua estava "agilizar a implantação plena da Lei de Acesso à Informação, que dá ao governante mais instrumentos de combate à corrupção e contribui para a participação da cidadania".

Apareceu em terceiro um tópico recorrente nas manifestações, as políticas de saúde. Propôs "acelerar os investimentos" e tirou da gaveta o estudo do governo visando atrair médicos estrangeiros para suprir gargalos do SUS. Nesse ponto, foi premonitória. Alertou que não visava "medida hostil ou desrespeitosa aos nossos profissionais", mas previu o contencioso: "Sei que vamos enfrentar um bom debate democrático". Tratava-se de invadir a parte nobre do condado privativo da elite social, as faculdades de medicina. As políticas de inclusão estudantil iriam assoreá-lo gradualmente:

> Estamos tocando o maior programa da história de ampliação das vagas em cursos de medicina e formação de especialistas. Isso vai significar, entre outras coisas, a criação de 11 447 novas vagas de graduação e 12 376 novas vagas de residência para estudantes brasileiros até 2017.

Já o Mais Médicos assoreava em prazo curtíssimo. Tampouco a rua pedia a resolução transnacional dos gargalos da saúde. Um dos movimentos, o CCC, se manifestara em junho especificamente contra a atração de médicos cubanos, que o governo vinha estudando. Esse foi um dos dois assuntos que a presidente pediu a ministros para detalhar.

O outro vinha em penúltimo lugar. Era o que se interpretara

como causa das causas, o transporte. Dilma fez genérica promessa de "mais metrôs, VLTs e corredores de ônibus, renúncia fiscal para subsidiar tarifas, facilitar a compra de ônibus e baratear fontes de energia". No começo do ano, pressionara prefeitos a congelar tarifas para segurar a inflação, agora convidava a renunciarem aos seus ganhos fiscais na área. Essa foi a parte do discurso com dinheiro numerado, "50 bilhões para novos investimentos em obras de mobilidade urbana". Sempre com o participacionismo a tiracolo: anunciava o Conselho Nacional de Transporte Público e receitava aos outros níveis de governo que replicassem a iniciativa

Last, but not least, a educação. A presidente falou ao coração de uma parte da rua, a esquerda socialista, nova ou estabelecida, a quem prometeu o mundo — creches, educação integral, ensino técnico profissionalizante, universidade de excelência, incentivos à pesquisa científica e à inovação —, sem dizer quais seriam os fundos. Caberia ao Parlamento tirar os "cem por cento dos royalties do petróleo" e "cinquenta por cento dos recursos do pré-sal" de outras rubricas e das mãos de municípios.

Depois das promessas a manifestantes legítimos, a ameaça aos ilegítimos: "Meu governo não vai transigir na manutenção da lei e da ordem, coibindo a ação de vândalos arruaceiros que tentam perturbar o caráter pacífico das manifestações". Reconheceu dificuldades: "Tenho enfrentado, desde que assumi a presidência, inúmeras barreiras, mas a energia que vem das ruas é maior do que qualquer obstáculo". E buscou a nota do otimismo:

> Meu governo está ouvindo a voz democrática, as vozes democráticas que saem e emergem das ruas e que pedem mudanças. É preciso saber escutar a voz das ruas. Só ela é capaz de nos impulsionar a andar ainda mais rápido. [...] Se aproveitarmos bem o impulso dessa nova energia política, poderemos fazer mais rápido muita coisa.

De fato, essa "energia" impulsionaria muita coisa adiante, mas não na direção vislumbrada pela presidente.

Ao concluir, fez as contas — erradas — dos potenciais falantes na conversa que abria: 54 (eram 53). Não houve espaço para debate genuíno — segundo um participante, "não foi uma conversa propriamente, tinha muita gente, então não dava para conversar" — mas para partilha de uma "compreensão" de que o problema "tinha chegado no plano federal, que era uma questão nacional.[50] Nisso petistas e pessedebistas estavam de acordo. Antes da reunião, o PSDB se reunira na casa do senador Aécio Neves. Na saída, o governador do Paraná resumiu o pensamento oposicionista: "Ela quer é dividir o ônus com os demais governantes".[51]

Hipnotizada, como muitos, pela ideia de que os protestos pediam a radicalização de políticas à esquerda, Dilma marcou, para o próprio 24, outra negociação com quem supunha no comando da rua. Sentaram-se à sua volta o ministro das Cidades, a secretária da Juventude e os secretários geral e executivo da Presidência. Já a "juventude" foi dividida dos dois lados da mesa presidencial, mas não representavam a direita e a esquerda da rua. O espectro estava mal recoberto mesmo à esquerda, onde poucos foram chamados e pouquíssimos os escolhidos, basicamente o MPL paulistano, corporificado em um quarteto.[52] Do encontro resultaram apenas fotografias emparelhando MPL e presidente. Teria talvez tido efeito no 17, quando se buscava um líder para os protestos. Uma semana mais tarde, o próprio movimento já reconhecera que a multidão não era sua.

Equívoco de timing e seletividade de interlocutores. Embora reconhecesse a corrupção como incontornável, a presidente deixou de chamar à mesa os movimentos organizados em torno dela. Por isso, nem os pactos, nem a reunião podiam selar a paz entre o governo e as ruas, como se soube logo, na própria segunda-feira. O Movimento de Combate à Corrupção Eleitoral, com a OAB e a

CNBB, lançou projeto de lei de iniciativa popular por uma reforma política distinta da presidencial. Para combater a corrupção, pedia "uma reforma profunda do sistema eleitoral" para dar voz às "pessoas de bem" e evitar as "relações espúrias com os financiadores de campanha".[53] A OAB sonhava reviver seus anos dourados, nas Diretas Já e no Fora Collor. Dilma recebeu o projeto, mas reiterou a intenção de um plebiscito para autorizar uma Constituinte. E pôs um ministro para viabilizá-lo.[54]

Logo saiu do ovo nem bem botado um monte de serpentes. Ninguém gostou, nem os profissionais do meio, nem os cientistas políticos, nem a mídia, nem mesmo o governo inteiro. No 25, a BBC mapeou todos os óbices. A ideia seria "prematura" e tomara de surpresa governadores e prefeitos. A OAB se juntou: "Convocar Constituinte não é adequado porque atrasa o processo de reforma política".[55] Do dia 24 para o 25, a Constituinte foi desbastada até se reduzir a plebiscito. Quem persuadiu a presidente a arredar pé foi o seu vice.[56]

Demovida Dilma, coube ao demovedor deixar o dito pelo não dito: "Ontem o que a presidente quis significar e disse é que era importante 'ouvir a voz das ruas'. E a voz das ruas se ouve pelo plebiscito. O que ela propõe exatamente é um plebiscito. A ideia é de um plebiscito, consultar o povo, não é exatamente uma Constituinte".[57] No 25, só se falava disso, apesar do recesso parlamentar. Presidentes de Câmara, Senado e República se reuniram, e a Constituinte foi para fora do baralho. O plebiscito sobreviveu. Não por muito tempo, malhado pela imprensa.[58] Querendo rimar com os pactos, Dilma sugeriu perguntas sobre cinco pontos: financiamento de partidos e campanhas, sistema eleitoral, suplência de parlamentares, coligações partidárias e voto secreto no Parlamento. Para o Parlamento foi o plebiscito e lá giraria em falso até morrer de inanição.

O presidente do Senado, que estava nos letreiros da rua —

"Fora Renan" —, entrou na onda dos "pactos". Aos cinco dilmistas acresceu um federativo, outro de segurança. A criminalidade estava nos cartazes, e o olho desse lince conservador a viu. Colocaria para andar um

> projeto que agrava os crimes cometidos contra a vida, não permitindo que aqueles que praticam homicídios recebam liberalidades [...]. O auxílio reclusão é indefensável. Quem necessita realmente do amparo do Estado em uma tragédia derivada da irrespirável criminalidade urbana são as famílias, as vítimas daqueles que destroem lares, famílias e ainda são brindados — pasmem! — com a ajuda do Estado.[59]

No dia seguinte, aprovou-se projeto de lei para punir corrupção passiva e ativa como "crimes hediondos". A reforma do Código Penal circulava desde 2011, e José Sarney, o autor, aproveitou a pressa para incluir como hediondo o homicídio simples, tirando do condenado vários direitos, como livramento condicional e progressão de regime. O senador discursou em nome da lei e da ordem. Como Calheiros, usou a retórica do medo da criminalidade.[60] No 27, os senadores voltaram a dar satisfações à rua: o plenário aprovou urgência para passe livre estudantil, lastreado no pré-sal, e para ficha limpa no serviço público, abarcando cargos de confiança ou comissionados. Eram acenos para os lados esquerdo e direito da rua. Contudo, como Dilma, Calheiros recebeu apenas um — UNE e Ubes —[61] e ignorou o outro. Tudo para ontem, com promessas de novas medidas de saúde e contra corrupção para amanhã.[62]

Vilipendiados nos protestos, os deputados também se mexeram. A Câmara derrubou, no 25, quase por unanimidade (apenas nove votos contrários), a PEC 37. O presidente da Casa celebrou o ato como o "reencontro" do Parlamento com o povo. "Nós so-

.mos parlamentares que vêm das ruas do Brasil. Então, temos que estar atentos ao que elas dizem para esta Casa fazer o que o povo brasileiro quer."[63] Nas galerias, promotores públicos e estudantes com camiseta amarela e letreiro PEC 37 riscado de vermelho comemoravam.[64] Nesse dia agitado, na mesma Câmara, a Comissão de Assuntos Econômicos aprovou projeto de lei com incentivos para reduzir tarifas do transporte público, via redução da carga tributária, que já passara pelo Senado.[65] Na madrugada para o 26, aprovaram-se ainda os 75% do pré-sal para a educação e os 25% para a saúde.[66]

Respondia-se também ao clamor em torno da moralidade privada. Enquanto o país só olhava para a rua, Marco Feliciano fez sua diatribe. No 18, aprovou por votação simbólica a "cura gay" na Comissão de Direitos Humanos. Celeuma de um lado aplacada pelo presidente da Câmara, que, no 26, recebeu e prometeu ao movimento Juntos por Outro Futuro enterrar o assunto.[67] Mas o gesto pastoral de Feliciano já ressoava no seu lado da rua, o que se preparava para a Marcha para Jesus.

4. DEPOIS DA MULTIDÃO

No fim de junho, a multidão sumiu. Nem pactos, nem comissões, menos ainda a estratégia punitiva, selaram paz entre o governo e as ruas, mas as manifestações gigantes e ecumênicas amainaram por exaustão. Depois do miolo quente do mês, a maioria de estudantes e professores retornou às escolas, os advogados aos tribunais, os médicos aos hospitais, as famílias às suas salas de estar. Os membros das redes cívicas, esgotada sua disposição para protestar ao vivo, voltaram aos seus nichos e foram cuidar de suas rotinas. Quem seguiu na rua foram os profissionais da política, os já organizados, ou os que pegaram gosto pela coisa e enveredaram pela carreira do ativismo.

Passada a massificação, a média de manifestações declinou subitamente, como é típico nos fins de ciclos de confronto. A média de 40,6 protestos diários da fase de massificação (17 a 26 de junho) despencou para 26, uma desmobilização abrupta e quase imediata. Diminuiu o volume de gente, os 236,9 mil manifestantes do ponto mais inchado do ciclo desabaram para 18,8 mil na porção final.[68]

O padrão geográfico, por outro lado, se manteve: protestos nas capitais maiores, Rio e São Paulo, nas com jogos da Copa das Confederações, Belo Horizonte e Fortaleza, e, naturalmente, em Brasília.

A violência política permaneceu, mas também caiu de uma média de dez para 3,3 conflitos por dia. A rua desinchou: menos cidades, menos manifestantes, menos organizadores. Em decorrência, menos confrontos. A modalidade *black bloc* × PM ainda teve sobrevida em atos pequenos, como na passeata do 25, quando 4 mil estudantes foram fechar a ponte Rio-Niterói, mas a tropa de choque fechou foi o tempo, com gás de escurecer os céus.[69] Na sexta, 28, duzentos tentaram bloquear a rodovia Dutra e invadir o aeroporto de Cumbica, impedidos pelo mesmo número de policiais e suas bombas de gás.[70]

As últimas brigas feias do mês foram na semifinal da Copa das Confederações. O maior contingente de manifestantes, 50 mil, foi, no 26, em Belo Horizonte. Protesto partido: um bloqueio de cinco rodovias, uma passeata do Copac e outra dos que a impediam de chegar ao estádio. Quem a barrou, afinal, foi a polícia. A noite avançou entre cassetetes e bombas, saques a lojas e ataques a quatro concessionárias — uma incendiada. De saldo, 25 detidos, dezoito feridos e um morto, o manifestante em fuga que caiu de um viaduto[71] e se tornou a quinta vítima fatal do ciclo — um tinha sido atropelado em Ribeirão Preto, duas em Cristalina, perto de Brasília, e a gari de Belém, que infartou enquanto apenas trabalhava. No jogo do dia seguinte, em Fortaleza, repetiu-se o confronto entre catorze carros da Força Nacional, PM, tropa de choque e cavalaria contra 5 mil armados de paus, pedras, pedaços de grades e pneus queimados.[72]

Afora a Copa das Confederações, o mais correu relativamente tranquilo, miúdo e dividido. Os protestos à esquerda baixaram ao patamar pré-junho, com os campos autonomista e neossocialista se manifestando avulsos. No 25, o MTST bloqueou a ponte João Dias, na Zona Sul paulistana, e, ajudado pela chuva, congestionou a marginal. Iam mil moradores da periferia, negros e de ocupações sem especialização, como ajudante de pedreiro, reclamando do que ardia na pele: falta de moradia e excesso de violência policial.[73] No Rio, duas comunidades com Unidades de Polícia Pacificadora (UPPS) desceram juntas o morro, lideradas por estudantes. A Rocinha chegou ao Leblon, com pauta igual à dos paulistanos, mas na areia deu com faixas anticorrupção e bandeiras do Brasil.[74] A saída do Vidigal fez baixarem as portas de lojas e shopping em São Conrado. Protesto de pobre assusta rico.[75] Ao mesmo tempo, sindicatos, Psol, MST, Liga Bolchevique Internacionalista e vinte indígenas da Aldeia Maracanã fizeram manifestação esquálida, engrossada quando chegou o movimento SOS Bombeiros, com máscaras do Anonymous e pedidos de piso salarial nacional para profissionais de segurança pública.[76] O último protesto organizado pelo campo neossocialista em junho foi em Brasília, no 27. Apesar dos muitos convocadores,[77] pediam o que já se obtivera, 10% do PIB e/ou os royalties do petróleo para educação, e juntaram apenas 2 mil, insuficientes para encher o gramado da Esplanada. O campo autonomista seguia na briga com Marco Feliciano e a "cura gay". Pequenas manifestações e beijaços aconteceram entre 26 e 28, em Brasília, São Paulo, Porto Alegre, Rio e Recife.[78]

A esquerda amiudara e o campo patriota se exibia. Em Aracaju, no 25, teve protesto contra impostos. No 26, em São Paulo, a praça Roosevelt foi tomada por críticos dos pactos da presidente, querendo reserva de mercado para os diplomados nacionais em vez de médicos estrangeiros. No Masp, máscaras do Anonymous na cara e cartazes: "Fora Dilma", "PT nunca mais" e a faixa "Queremos os militares novamente no poder".[79] No mesmo dia, protesto contra o foro privilegiado e a corrupção em Brasília.

A presidente continuou a ignorar essa parte da rua. No 28, recebeu 24 movimentos entre socialistas e neossocialistas, capitaneados pela UNE: movimentos estudantil, confessional e de trabalhadores, sindicatos.[80] Recebeu também autonomistas. O movimento LGBT foi apoiar a iniciativa do dia anterior, quando o governo federal criara o Sistema Nacional de Promoção de Direitos e Enfrentamento à Violência contra Lésbicas, Gays, Bissexuais, Travestis e Transexuais.[81] E, de novo, reclamar de Feliciano e da "cura gay". Dilma ouviu esse lado, de ouvidos moucos para o contrário, reclamou Silas Malafaia no Twitter: "Povo evangélico, acorda! Dilma se encontra com rep. [representantes] da Ig [Igreja] católica, lgbt, vadias, e etc. E nós? nada!". Feliciano, ainda presidente da Comissão de Direitos Humanos e Minorias da Câmara, retuitou o colega pastor e denunciou "o desprezo e a desconsideração" da presidente para com os evangélicos.[82]

Dilma tampouco recebeu movimentos anticorrupção. A essa parte dos manifestantes seguiu falando via marketing, brandindo a imagem da presidenta guerreando "os malfeitos". Tática ineficaz para conter o desmoronamento. No 29 de junho, sua aprovação desceu a 30%.[83] Faltou, por isso, ao encerramento carioca da Copa das Confederações, no dia seguinte.[84] Temia a repetição da acolhida da abertura: uma sonora vaia.

Nesse final de mês, nada de massa. Copac, Anel e Ocupa Cabral ajuntaram 1200 perto do estádio. Dois manifestantes carregaram faixa contra a privatização na arquibancada. Do lado de fora, os lenços negros, as máscaras do Anonymous, os molotovs, respondidos a gás e cães. A cena básica de junho, do começo ao fim.

Outra cena junina deu as caras no Rio. Na Tijuca, 5 mil se aglomeraram contra a corrupção. Na porta do Maracanã, fardados de verde e amarelo, jovens, idosos e casais, muitos com seus bebês, esperavam a vez para a foto de família ao lado ou em cima de tanques.[85] A celeuma em torno da CNV gerara resultado inesperado, a recuperação dos militares como símbolos nacionais para uma parte do país. Em volta do estádio, havia espaço para o lúdico, uns pintados de branco dançavam com bambolês, e o religioso: o grupo Regar estendeu faixas com trechos do Antigo Testamento.

No coração do poder, junho acabou em pique família. A Marcha das Crianças levou quinhentos jornalistas, publicitários, artistas e respectivas proles ao Parque da Cidade. Esses brasilienses eram contra a redistribuição de recursos, os impostos, as oportunidades, o Enem: "O Brasil tem uma taxa de impostos altíssima e não retribui isso para a população". Teve boneco gigante, música, dança, bandeira do Brasil.[86] Um menininho levou cartaz entrelaçando anticorrupção e a Galinha Pintadinha.

A moralidade privada abriu e fechou o ciclo de protestos. A marcha do Dia Mundial do Orgulho LGBT, no 28, do Grupo Arco-Íris, ocupou um único quarteirão da Rio Branco, no Rio, levando quinhentos contra o Estatuto do Nascituro, a violência sexual e a "cura gay". O lema era "Estado laico já", mas havia quem jogasse religião contra religião: "Eu tenho direito de ser gay e ser cristão".[87]

O encerramento simbólico do mês foi no 29, quando a multidão deu pela última vez as suas caras em junho. Foi na Marcha para Jesus. Em Cuiabá, o foco foi a "cura gay". À frente, um pastor evangélico "curado", fundador da Associação Brasileira de ex-

-Lésbicas, Gays, Bissexuais, Travestis e Transexuais, deu testemunho do milagre:

> [...] sou pastor, ministrante e pregador. Sou casado há quinze anos [...] e sou pai de um filho. [...] O pastor Marco Feliciano luta em prol da família. [...]. Eu pensava que tinha nascido homossexual, mas refletindo na Bíblia eu entendi que não nasci assim. Deus pode me restaurar e hoje eu luto em prol da família.

Atrás do converso, 10 mil manifestantes marcharam por dois quilômetros, levados por 150 igrejas evangélicas e doze bandas gospel.[88] Muito mais gente apareceu em São Paulo, para onde confluíram 2 mil ônibus de caravanas de todo o país. Marcha nacional e de envergadura: 200 mil de acordo com o Datafolha, 800 mil para a PM e 2 milhões na conta entusiástica dos organizadores. Carros de rádios do nicho evangélico transmitiram ao vivo o show de música gospel, com cobertura da Globo e patrocínio da prefeitura.[89] A cidade parou, regurgitando fiéis das estações de metrô. Enquanto brancos de alta escolaridade dominavam a avenida Paulista no começo do mês, a Marcha tinha outra gente e outra paisagem. Saiu da praça da Luz, rumo a monumento de celebração das Forças Armadas, a praça Heróis da Força Expedicionária Brasileira, na Zona Norte. Era sábado, e das nove às oito da manhã sucederam-se as mais badaladas bandas gospel, como a Renascer Praise e a Diante do Trono.[90]

Era reza, era festa, era política. Lá estava a Frente Parlamentar Evangélica. Marco Feliciano suscitou idolatria. Vestia camiseta de resposta às demandas dos protestos: "Eu represento vocês". Ao discursar, esclareceu o *vocês*: "Eu represento um segmento conservador da sociedade, um segmento família da sociedade. Esses aqui eu represento".[91] Representava mesmo: 87% dos participantes da Marcha concordavam com sua "cura gay".[92] Foi ovacionado.

Dilma fugiu do que lhe tocaria, enviando à Marcha o ministro Gilberto Carvalho, que aguentou, em nome do governo, uma longa vaia.[93]

Como na avenida Paulista, cartazes mencionavam redistribuição — saúde, educação e transporte e o menos manjado meio ambiente.[94] Mas a moralidade foi a protagonista. A pública esteve no "Procurando Lula". Mas o forte foi a moral privada, "a cura gay", em especial estampada em vários cartazes: "O ativismo gay se aproveita da manifestação do povo. Que vergonha". Outros afirmavam a supremacia da religião sobre o Estado:[95] "Brasil Contra a Cristofobia", "O Brasil é de Jesus".[96] A bandeira nacional lá estava. As listrinhas verdes e amarelas nas faces compunham com o "Jesus" escrito nas testas. Até a conclamação laica ganhou nota sacra: "#vemprarua falar de Jesus", "vem pra rua marchar com Cristo".[97] Uma multidão atendeu ao chamado, em nome da moral, da religião e da pátria. O tema da Marcha de 2013 era uma profecia: "Novo tempo".

O espólio de junho

O "desculpe o transtorno, estamos mudando o Brasil" de junho de 2013 não era exagero retórico. O país caiu num furacão político desde então, com dois outros ciclos de protesto, em 2015 e 2016, um impeachment, em 2016, a virada da sequência de governos de esquerda para o outro polo do espectro político, em 2018, e o retorno do PT ao poder, com a eleição de 2022. Muita coisa mudou no caminho. Este livro seguiu um processo político longo e intrincado, do qual nem todos os ângulos e partes foram explorados, focalizou apenas numa das mudanças, a transformação da política de rua. Desde a primeira chegada do PT ao comando da nação, lentamente se construíram tendências, atores e temas que se cristalizariam em junho de 2013, na forma de um ciclo de protesto.

Quando um partido de esquerda se tornou governo, a geometria do protesto se alterou. Primeiro em assuntos. Três zonas de conflito se constituíram em torno de reformas executadas ou apenas enunciadas pelos governos Lula, que tematizavam o fundamental na vida em sociedade: redistribuição, moralidade, violência, conflitos que amadureceriam nos anos Dilma. Segundo, na ocupação da rua. Começou o declínio dos movimentos socialistas como os campeões da mobilização social. Alinhados com o governo, deixaram a rua. Espaço logo povoado, mas não por um único ator, fosse "nova esquerda", fosse "nova direita". A ocupação foi bem mais variada. Três campos de ativismo nasceram, cresceram e protestaram em independência já nos anos Lula, cozinhando, em fogo brando, temas, lideranças, formas de ação e aderentes que explodiriam na cozinha de Dilma.

De um lado, a esquerda de rua se segmentou. Os antigos socialistas, ocupando ou apoiando o governo, foram vistos como insuficientemente progressistas nas três zonas de conflito por uma nova geração de ativistas da política de rua. Parte dela se alistou em movimentos neossocialistas, parte criou coletivos autonomistas. Dois campos independentes, cada qual com suas agendas e estilos de ativismo, mas ambos bem enraizados em redes cívicas solidárias e encantados com a máxima de que os cidadãos organizados são mais eficientes e legítimos que o Estado para resolver problemas coletivos. Todos igualmente críticos dos empacamentos da gestão petista, sobretudo no relativo à sexualidade e à terra.

Em simultâneo, um terceiro campo de ativismo foi se configurando a partir de redes cívicas empreendedoras, também fincadas na crença da sociedade autogestionada. Aí se formaram movimentos sociais de combate a um Estado demasiado intervencionista na dinâmica socioeconômica, para uns, e nos costumes, para outros. Embora em número menor, organizaram-se ainda os que se incomodaram com a abertura da caixa-preta da ditadura. Distintos, em razões e agendas e nem sempre convergentes em cada zona de conflito, eram todos críticos das políticas petistas. A outra confluência foi na moralidade, graças à ambiguidade de "corrupção", a englobar desvios morais na esfera privada e no mundo público. A aliança se estendeu ao estilo de ativismo. O nacionalismo, inscrito na memória nacional, pelas manifestações das Diretas Já e do Fora Collor, e realçado por protestos antiesquerda na linha do Tea Party, indicou os signos comuns sob os quais agregar os diferentes. A Copa das Confederações deu a materialidade, ao inundar o mercado de camisas e bandeiras do Brasil.

Deu também a ocasião. O evento internacional foi oportunidade aproveitada por movimentos de todos os campos. Os protestos até então pequenos foram engrossados a partir da repressão desproporcional do 13 de junho, que, ao impactar a cobertura da imprensa, reforçou a convocação às redes cívicas enraizadas em estratos altos em renda ou educação. Apenas então o ciclo de protestos adquiriu sentido pleno, chegando a todas as capitais e levando às ruas mais gente do que qualquer outra manifestação desde o ciclo da redemocratização. Em junho, os campos ficaram lado a lado, sem serem aliados. Em vez de um movimento unitário, houve um ciclo de protestos. Diferentes movimentos, mobilizados por razões distintas, carregaram consigo seus estilos de protestar e suas próprias redes cívicas para se manifestarem ao mesmo tempo. Daí o volume excepcional. Junho foi um mosaico, todo clivado por diferenças. Movimentos que disputavam entre si e com o governo os rumos da sociedade acerca de como distribuir recursos, acessos e oportunidades, se cabe ao Estado ou aos particulares regrar, e como, o uso da violência e quais princípios devem orientar a gestão pública e a conduta privada. Essa segunda face da moralidade foi negligenciada por respostas institucionais e nas análises de junho. Embora se tenha falado da relevância da moral pública nos protestos, pouco se atentou para a dimensão dos costumes e, no entanto, as manifestações que abriram e fecharam o mês tematizavam a sexualidade.

A simultaneidade dos diferentes tensionou a convivência na

rua e desnorteou o governo, que reagiu como se os protestos fossem exclusivos da esquerda. Em parte eram, em parte não, por isso as respostas institucionais produziram uma desmobilização apenas momentânea e junho não acabou em junho.

A rua de 2013 depois de junho

As respostas de governo e Parlamento, de um lado, e o fim da Copa das Confederações, de outro, tiraram a urgência do protesto. A rua seguiu agitada em 2013, mas sua ocupação pós-junho retornou aos níveis habituais. Com uma exceção. Outra vez foi a moralidade quem puxou muitos à manifestação. O chamado foi religioso. A Jornada Mundial da Juventude arrastou cerca de 3 milhões para rezarem com Francisco, no Rio de Janeiro, entre 22 e 27 de julho.

O papa, como as autoridades políticas, entendeu que os protestos do mês anterior tinham tido alma progressista: "Os jovens nas ruas querem ser protagonistas da mudança [...], superando a apatia e oferecendo uma resposta cristã às questões políticas". Por isso os abençoou, contribuindo para a mistura de moral e política: "Saiam às ruas como fez Jesus".[1] Saíram mesmo, mas separados e já sem puxar multidão. É que as zonas de conflito justapostas em junho voltaram a rodar cada qual na sua lógica.

Se a moral seguiu ajuntando, a redistribuição perdeu contingente. O campo neossocialista reapareceu no Dia Nacional de Lutas: "O povo na rua, Dilma a culpa é sua". O MST voltou com seu Grito dos Excluídos, no 11 de julho, em 83 cidades. Mas a terra sozinha aglomerou, no máximo, em São Paulo, 5 mil. Os antirredistributivistas tampouco foram muitos, mas fizeram barulho quando vingou um dos pactos da presidente, no 8 de julho.[2] O Mais Médicos abria o mercado de medicina, via subsídio à vinda de profissionais cubanos para atuar onde os diplomados nacionais nunca iam, aos rincões e às periferias.[3] Manifestação contrária, de 2 mil, paralisou a Paulista, no 16, e houve outras, no 23 e no 30, em doze estados, além do adendo de uma greve.[4] Quando 96 profissionais cubanos, na maioria negros, desembarcaram em Fortaleza, em 27 de agosto, o Sindicato dos Médicos os recepcionou com um corredor polonês, aos gritos de "Voltem para a senzala".[5]

A zona de conflito em torno da violência ganhou momentum com a suspeita da execução do pedreiro Amarildo Dias de Souza pela polícia carioca. Em vez da segurança dos estratos altos, dessa vez o foco era o extermínio de negros de baixa extração. Mas a campanha "Cadê o Amarildo?", uma frente de movimentos, em maioria do campo neossocialista, lotou mais as redes do que as ruas.[6]

Depois do papa, nada mais de multidão em 2013. Os aderentes, mobilizados por suas redes cívicas, tinham voltado para casa. Já os profissionais da política nunca descansam. Mas os campos autonomista e neossocialista perderam fôlego. A aliança circunstancial durante a massificação do ciclo de junho, quando se viram encurralados pelos movimentos do campo patriota, não perdurou. No segundo semestre do ano, as colaborações recuaram ao status do início do ciclo, episódicas. Ao passo que voltaram a disputar entre si o controle da parte esquerda da rua.

Os socialistas, que tinham perdido as luzes da ribalta midiática em junho, buscaram retomar as rédeas. Sindicatos, caso de Força Sindical e CUT, tentaram reavivamento da tradição grevista. Mas quem cresceu foi o flanco mais recente de movimentos, o campo neossocialista, ao largo do sindicalismo. Foi a vez de ocupações e bloqueios do MTST substituírem a tática *black bloc* no interesse nacional e policial. Em vez da destruição de patrimônio, os bloqueios prejudicavam a circulação, obstruindo as artérias viárias. Ofensiva de alto impacto televisivo, que projetou seu líder

Guilherme Boulos, mas sem ganhar envergadura, rodando no eixo dos 3 mil manifestantes.

Já o campo autonomista exibiu os pés de barro, débil para amontoar gente quando desacompanhado dos outros campos. Murchou. Seus movimentos retomaram os miúdos contornos anteriores nas manifestações seguintes. O MPL, tão celebrado como líder da rua, foi evaporando. Apenas o uso da tática *black bloc* manteve a corda tesa, a mídia atenta e a polícia violenta. O sucesso da tática em junho deveu-se ao efeito surpresa. Depois, seu uso encontrou o contraste de instituições escoladas.

Do lado das instituições, houve redesenho de estratégias para o contraponto. Discussões sobre legislação preventiva e política de policiamento vinham de antes, no planejamento para a Copa das Confederações e a do Mundo, mas depois da quebradeira de junho se aprovou no ritmo do raio.[7] Usuários da tática seriam, daí por diante, tratados como membros de "organização criminosa".[8] Vândalos. Em outubro, o ministro da Justiça e secretários da Segurança Pública paulista e carioca estabeleceram núcleo comum de inteligência, para coibir o "vandalismo"[9] em protesto. As prevenções institucionais tornaram o uso da violência política na rua mais custoso e perigoso. Afastou aderentes. A Copa do Mundo teria protesto, mas muito longe do visto na das Confederações. Dados o planejamento e a repressão, ao contrário dos slogans de junho, sim, teve Copa.

Enquanto os dois campos à esquerda fragmentavam agendas e voltavam às manifestações de pouca adesão, o terceiro campo de junho encorpou.

No campo patriota, movimentos já ativos incharam em aderentes, financiamento e implantação espacial, e grupos atuantes em junho, mas então sem nome próprio, se formalizaram. Um desses batismos foi provocativo: o MBL substituiu o "passe" pelo "Brasil" na autonomeação. E deu outro sentido ao L, de liberal, mas que também se podia ler como de libertação em relação à esquerda. Outro movimento reclamou para si a *hashtag* popular em junho: Vem pra Rua. Foi tempo de acumulação de forças. Por exemplo, o Movimento contra a Corrupção, que tinha em torno de 100 mil curtidas antes de junho, chegou a dezembro com mais de 1 milhão.[10]

O governo dialogou e fez alianças com atores institucionalizados desse lado do espectro político, os partidos de centro e direita, mas não reconheceu sua legitimidade como oposição de rua. A visão então canônica na esquerda de que movimentos sociais apenas existem do seu lado da cerca política predominou entre estudiosos, imprensa e partidos. Tudo o mais foi visto na chave da despolitização e do antipartidarismo. Essa perspectiva impediu identificar o uso de símbolos nacionais como marcadores visuais de movimentos sociais à direita do governo. Os movimentos do campo patriota não foram reconhecidos como atores políticos e não subiram, por isso, à estatura de interlocutores legítimos. Essa incompreensão cegou para as reivindicações de movimentos liberais e conservadores operando dentro do esquadro democrático. Foram desqualificados in limine, na chave do reacionarismo e do autoritarismo — "fascistas", como diziam os ativistas de esquerda.

Não houve fracasso de interlocução com essa parte da rua, houve ausência. Como 2015 mostraria, era o maior dos lados de 2013, tão grande quanto ignorado em junho.

Depois de 2013

Dilma contou com apoio de muitos dos ausentes das ruas de junho. Se em 2013 havia muita elite em protesto, em 2014 teve muito estrato baixo nas urnas, os beneficiários de políticas petistas. O suficiente para conceder o quarto mandato ao PT, não para acalmar quem protestava. Se um pedaço da sociedade endossou a presidente, outro, com seus movimentos organizados e suas redes cívicas, se empenhou em retirar-lhe a legitimidade.

A vitória eleitoral foi imediatamente contestada em protestos pequenos do campo patriota, logo agigantados. Em junho de 2013, todos os manifestantes somados foram 4,8 milhões, distribuídos em 211 cidades. Resultado da convocação de três campos de ativismo.[11] Em 15 de março de 2015, apenas em São Paulo, apareceu coisa de 1 milhão, mobilizados por apenas um campo, que imprimiu imensa mancha verde e amarela na história nacional. Foi a gota d'água na virada da dominação de rua. A esquerda socialista, senhora dos protestos desde a redemocratização, perdeu o posto não para o que temia, uma "nova esquerda", mas para a "gente esquisita" que nem reconhecia, o campo patriota.

Começou em 2015 um ciclo de protestos patriota puro-sangue. De novo, não se tratava de movimento único. Eram muitos, com muitos líderes. Movimentos com agendas clivadas como em junho, em cada uma das zonas de conflito (moralidade, redistribuição, violência), mas que mobilizaram suas redes cívicas e seus recursos numa única direção. Focalização nascida não de agenda substantiva compartilhada, mas da oposição comum às políticas petistas pelo flanco direito. A adoção do mesmo estilo de ativismo, ancorado nos símbolos nacionais, distinguiu esse campo em relação aos da esquerda e fez o contraste com o governo petista. Reivindicaram o patriotismo, com "patriota" definido como sinônimo de antiesquerda.

O campo patriota não era uma "nova direita". Nada tinha de "novo". Vários de seus movimentos tinham surgido nos anos Lula ou antes.[12] Nem era "direita" una. Eram movimentos divididos quanto à orientação da economia (dos pró-mercado aos estatizantes), da política (num gradiente de democratas a autoritários), e dos costumes (dos modernos aos tradicionalistas). Configuravam um campo de ativismo, de unidade estratégica, cheio de aliados circunstanciais, mas sem identidade comum.

Estiveram unidos em 2013 e assim permaneceram em 2015 não graças a um mesmo "projeto de poder", mas por coincidirem no diagnóstico do problema: a raiz dos males nacionais não seria, como o PT apregoara, a desigualdade, mas a corrupção. A lassidão desse termo permitiu a aliança entre movimentos díspares em tudo o mais porque comprimia dois sentidos, sem distinguir corrupção do Estado e corrupção de costumes, numa única retórica de moralização do país.

A moralidade sempre está em disputa na vida social. O que aconteceu ao longo dos governos petistas foi a politização dos conflitos morais. A moralidade que diz que as pessoas são iguais umas às outras, a despeito de gênero, orientação sexual, etnia, renda, se expandiu na sociedade brasileira, mas não se universalizou. A moralidade tradicional, que professa o oposto, reiterando as hierarquias, conta com respaldo de grandes comunidades morais, atravessa todos os estratos sociais e as diferentes gerações.

A moral privada deixou o foro íntimo e passou, como as práticas religiosas, a objeto da luta política por várias razões. Longe de irrelevante foi a mão do STF, ao aprovar o casamento entre pessoas do mesmo sexo e o aborto de anencefálico e ratificar o direito de demandar a legalização do consumo de psicotrópicos. Na moral pública, a corrupção subiu a assunto de primeira ordem nos anos 1990 por obra e graça do PT, em seu combate ao governo Collor. A bala ricocheteou, depois de anos mortiça, a partir do julgamento do Mensalão, para cuja espetacularização o Supremo e a grande mídia contribuíram.

A ambiguidade de "corrupção" compactou o Estado na pessoa do ocupante do governo. Nessa retórica, as formas moralmente superiores de gerir o Estado e empregar recursos públicos dependeriam menos das instituições e mais dos atributos morais da pessoa de seus ocupantes. Retórica moralista que se espalhou como praga nos anos subsequentes, incentivando soluções personalistas (o "cidadão de bem") para problemas formulados como morais. A tônica da "ética na política" encaminhou a saída testada no Fora Collor, o impeachment.

O processo se abriu na Câmara dos Deputados, justificado como resposta ao clamor da rua. Mas a rua se reapresentou bifurcada também em 2016. À diferença do ciclo mosaico, quando todos os descontentes com o governo a dividiram, mas também do ciclo patriota, quando um único campo a dominou, no ciclo do impeachment, a rua se partiu no meio. O campo patriota permaneceu na estrada em que vinha. Sua campanha "Tchau, querida" adotou a expressão do telefonema entre Lula e Dilma, vazada pelo então juiz Sérgio Moro para impedir a posse do ex-presidente como ministro. Os dois campos à esquerda tardaram a se reagrupar na campanha rival. Ao longo dela, ficaram sob a liderança que antes rechaçavam, a do velho campo socialista. Houve um vaivém na rua, com bastante volume, mas a campanha "Não vai ter golpe" foi menor em número e eficácia. Nenhum dos lados produziu nada comparável ao que se vira antes. O maior dos eventos desse ciclo, no 13 de março, foi pelo impeachment, atraindo 1,4 milhão do lado patriota.[13] O ataque à presidente foi incisivo; sua defesa, não. A maior manifestação foi em desagravo a Lula,[14] não em defesa de Dilma.

As manifestações se prolongaram até a votação, em agosto de 2016, do que um lado chamou "impeachment" e o outro, "golpe". Quando o processo foi a voto, os que estiveram lado a lado nas ruas em 2013 tinham confluído para dois campos antagônicos. A divisão invisível se materializou num muro em frente ao Parlamento.

Ao longo dos três ciclos, o protagonismo nas ruas pendera para o campo patriota. Nas instituições também. A maioria do sistema político votou no impeachment, vocalizando a mesma retórica moralizadora. Falou-se então de moralidade pública, com 65 menções à corrupção. Mas falou-se mais que o dobro de vezes de moral privada, com 59 invocações a Deus e 136 à família tradicional. De redistribuição, quase nada se disse, e apenas no lado perdedor.

Foi quando a zona de conflito em torno da violência legítima se incendiou. O porta-voz do lado vitorioso foi o combatente do desarmamento no primeiro governo Lula, opositor contumaz do "kit gay", termo que inventou, e da CNV, nos anos Dilma. O deputado ex-capitão disse ao que vinha, ao condensar moral privada, antipetismo e defesa da ditadura militar:

> Eles perderam em 64. Eles perderam agora em 2016. Pela família e pelas crianças inocentes nas escolas. Contra o comunismo, pela liberdade, contra o Foro de São Paulo. Pela memória do coronel Carlos Alberto Brilhante Ustra, o terror de Dilma Rousseff.[15]

A disputa em torno da violência legítima se alçava ao primeiro plano. Seu tamanho e sua força se expressariam nos anos seguintes. A votação foi toda recheada de moralismo e violência. Ocasião cheia de sínteses, epílogos e profecias.

Intelectuais sempre se encantam com grandes protestos, vislumbrando neles projetos emancipatórios e promessas de bonança futura. Foi assim em 2013. Muitos hipertrofiaram o pequeno campo autonomista como se fosse a cabeça da rua. Deixaram de ver seus braços, o campo neossocialista, e apenas muito depois enxergaram as pernas patriotas. Quando elas marcaram o passo, caricaturizaram os movimentos à direita como antes tinham exaltado os da esquerda.

Longe de independentes entre si, os três campos foram partes de um mesmo processo político, frenético e conflitivo, com tendências e contratendências. Junho foi seu ponto alto, mas começara bem antes, e teve muitos desdobramentos posteriores. Em 2013, disputaram-se agendas, formas de fazer política e direções para o país, sem horizonte comum ou definido.

O futuro estava em jogo, por isso junho não foi uma causa primeira, da qual decorreria inevitavelmente tudo o que veio depois. O que teria acontecido se os conflitos tivessem sido equacionados de outra maneira? E se o governo tivesse reconhecido e negociado com a rua à sua direita? E se partidos de centro ou direita tivessem dirigido os movimentos de tendência avizinhada? E se a esquerda de rua tivesse apoiado em vez de contestar a esquerda no governo? Outras linhas de ação dariam outros desfechos.

A política de rua é política, é sempre dinâmica, sem um desfecho inescapável. O cruzamento das ações de movimentos diferentes em motivos, estilos, propósitos, consolidou uma direção no longo prazo. Mas o que veio depois não resultou do cálculo avulso de nenhum dos grupos. Foi inadvertido e mesmo paradoxal para muitos deles. A ocupação da presidência da República pela facção mais extrema do campo patriota resultou do longo e lento processo político de conflito nas ruas, mas também nas instituições. Desfecho não planejado, não vislumbrado e indesejado pela maioria dos que foram à rua pedir mudança. E pelo qual pagamos todos.

História de uma pesquisa

Esta pesquisa nasceu do susto. Quando os protestos cresceram em número de manifestantes, em 20 de junho de 2013, eu era a diretora científica do Centro Brasileiro de Análise e Planejamento (Cebrap). Chamei um seminário fechado dos pesquisadores, e lotou. Éramos apenas nós, cientistas sociais, atônitos e afoitos por entender o que se passava na rua. Relatos e hipóteses saltavam da conversa, mas não criavam convergência.

O debate já bombava também na Amsoc, a lista de discussões do grupo de estudiosos da política contenciosa criado por Charles Tilly, para o qual escrevi um pequeno relato a quente. Ann Mische fez outro. As duas pesquisas exploratórias imediatas confluíram para um mesmo artigo,[1] no qual estão várias das ideias aqui desenvolvidas. Sem esse diálogo tão profícuo este livro nem teria começado.

O interesse dos cebrapianos me levou a propor um projeto coletivo de pesquisa. Todo mundo gostou. Depois, a poeira da rua abaixou e a maioria voltou à sua agenda anterior. Ficamos Débora Maciel, Marta Machado, Charles Kirschbaum e eu. Iniciamos pesquisa sistemática em 2016, divididos em dois projetos: um sobre a dinâmica do protesto, outro sobre a repressão que sofreram. Muito e muitas vezes discutimos 2013, e tudo o que escrevi a respeito é devedor dos três de um modo ou de outro.

A dedicação à pesquisa foi bem limitada até 2019, quando acabou meu mandato como presidente do Cebrap. Mas, de outro lado, os debates cotidianos na casa ajudaram a fermentar, burilar e descartar hipóteses. Esse espírito coletivo é em tudo tributário a José Arthur Giannotti e Elza Berquó, com os quais tanto aprendi. Agradeço aos demais cebrapianos na pessoa de Ronaldo de Almeida.

No início, contei com o apoio entusiasmado de Nicole Fobe. Depois, na pesquisa formal, financiada pela Fundação de Amparo à Pesquisa do Estado de São Paulo (Fapesp), o núcleo duro teve Rafael de Souza, Hellen Guicheney, Lilian Sendretti e Viviane Brito de Souza, que desabrocharam como pesquisadores de primeira. De maneira mais tópica, Pedro Rebucci e Veronica Freitas contribuíram. Na consolidação e análise dos dados, Patricia Jimenez Rezende e Rafael Furlan Carnio trabalharam incansavelmente. Todos ajudaram muito, mas cabe aqui um agradecimento especial a Viviane Brito de Souza e Rafael de Souza, que me apoiaram ao longo de quase todo o processo.

Paulo Markun e eu fizemos as entrevistas, que geraram dois audiovisuais: a série documental de seis episódios, *Junho, o começo do avesso* (2022), com subsídio do Fundo Setorial Audiovisual, e o longa *Ecos de junho* (2022), apoiado por Agência Nacional do Cinema (Ancine) e Rede Globo. Agradeço à equipe da Arapy Produções — Beatriz Recco, Camila Coimbra, Eduardo Domenico, Leila Chagas, Sergio Sanchez e Tide Gugliano — pelo trabalho meticuloso e paciente, e, em especial, a Paulo Markun, meu guia em terras novas.

No departamento de sociologia da USP contei com o apoio

de Antonio Sérgio Guimarães, Fernando Pinheiro, Leopoldo Waizbort, Márcia Lima, Nadya Guimarães e Sérgio Adorno e, sobretudo, de meu professor Brasílio Sallum Jr.

Objeções e sugestões ajudaram a refinar o argumento quando resultados preliminares foram apresentados em conferências ou mesas-redondas no Instituto de Estudos Sociais e Políticos (Iesp) da Universidade do Estado do Rio de Janeiro (2015), École de Hautes Études en Sciences Sociales (2017), Fundação Getúlio Vargas de São Paulo (2015), Rede de Ação Política pela Sustentabilidade (Raps, 2017), Cebrap (2013, 2014, 2017 e 2019), Casa das Garças (2018), Brazil Center — Princeton (2018), Universidade Federal de Santa Catarina (UFSC, 2018), Universidade Federal de Minas Gerais (UFMG, 2016, 2017 e 2018), Universidade Federal de São Carlos (2018, 2023), Carlos III — Universidad Autónoma de Madrid (2019), Universidade de Hamburgo (2021), Instituto de Estudos Avançados da Universidade de São Paulo (IEA-USP, 2021), Universidade Estadual de Campinas (Unicamp, 2022), Seminário Sociologia, Política e História (USP, 2020) e nos congressos de European Sociological Association (2015), Associação de Brasilianistas na Europa (Abre, 2019), International Sociological Association (ISA, 2016), International Political Science Association (Ipsa, 2021), Sociedade Brasileira de Sociologia (2015), Associação Nacional de Pós-Graduação e Pesquisa em Ciências Sociais (Anpocs, 2021) e Latin American Studies Association (Lasa, 2014, 2017 e 2022). Agradeço aos participantes, em particular a Armínio Fraga, Breno Bringel e Stéphane Boisard, pela frutífera interlocução.

Sou tributária de editores e revisores das revistas *Bulletin of Latin American Research* (Londres), *Población y Sociedad* (Buenos Aires), *Alcores — Revista de Historia Contemporánea* (Salamanca), *Novos Estudos Cebrap* e *Journal of Democracy* (em português), nas quais resultados preliminares foram publicados — e aqui reaproveitados.[2] Argumentos também foram testados em minha coluna na *Folha de S.Paulo*.

Agradeço ainda aos pareceristas das agências que financiaram a pesquisa, que contou com dois apoios da Fapesp, bolsa de pesquisa do CNPq e financiamento da Oak Foundation[3] (nela, um obrigada a Ana Alfinito).

A Companhia das Letras tocou com agilidade o processo editorial. Agradeço à equipe toda na pessoa de Ricardo Teperman, que me empurrou para começar e acabar.

Há 27 anos partilho a vida com Fernando Limongi e nada vinga sem a sua companhia. Alice, Tomás e Daniel povoaram de alegria as agruras deste livro, mais um tributário do amor em família e dedicado à parte dela que tornou tudo possível, meus tios Mário Soler e Elisa Soler.

DECISÕES METODOLÓGICAS

Toda pesquisa sofre acidentes, reviravoltas e perrengues. O leitor do trabalho pronto não vê esse bastidor. As decisões teóricas e operacionais implicam abandonar alternativas, perder nuances e detalhes. Nada é neutro, e toda escolha ilumina uma parte e sombreia outras do fenômeno em estudo. Aqui a embocadura escolhida foi a teoria do confronto político,[4] que ancorou conceitualmente o levantamento empírico, por sua vez valido de três tipos de material: jornais, sites de movimentos e associações civis, e entrevistas.

Banco de Eventos de Protesto (*BEP/ Cebrap*)

A pesquisa na imprensa deu origem ao BEP, construído no Núcleo de Movimentos Sociais e Instituições Políticas do Cebrap. Baseou-se na metodologia canônica na sociologia dos movimentos sociais, a análise de eventos de protesto. Sua montagem consistiu em coletar e sistematizar informações qualitativas e quantitativas de manifestações de rua na imprensa periódica. Há extenso debate acerca de vantagens e limites do uso desse tipo de fonte. Os vieses mais comuns são os de seleção, isto é, a atenção mais a certos temas e atores do que a outros, e a cobertura politicamente interessada.[5]

Como eliminar vieses por completo é impossível, o que se fez aqui foi controlá-los. Primeiro testando o escopo de cobertura dos jornais de maior circulação: *Folha de S.Paulo* e *O Estado de S. Paulo*, para São Paulo, *Correio Braziliense*, para Brasília, *O Globo*, para o Rio, *Zero Hora*, para o Rio Grande do Sul, *Diário do Nordeste*, para o Ceará, *A Tarde*, para a Bahia, e *Diário de Pernambuco*, para Pernambuco. O teste revelou que os jornais regionais, ao contrário do esperado, não cobriam significativamente mais eventos locais do que os nacionais. Outro teste foi uma comparação entre *Folha* e *O Estado de S. Paulo*, que constatou 92% de coincidência de eventos reportados. Optou-se, por isso, por trabalhar apenas com um periódico, o de maior circulação na época, a *Folha de S.Paulo*. Para controlar o viés editorial desse veículo, utilizou-se como controle o portal G1.

Notícias foram selecionadas a partir de palavras-chave, definidas após pré-teste com várias delas. Mostraram-se mais eficientes em identificar notícias relevantes as seguintes: manifestação/ manifestante/ manifestar; protesto/ protestar; reivindicar/ reivindicação; greve/ grevistas; paralisação; passeata; concentração; ato; baderna/ baderneiros/ vândalos; depredação; *black bloc*. Pablo Calcina criou uma ferramenta de código aberto em Python para coletar a íntegra das notícias que contivessem uma ou mais palavras-chaves. Assim se levantaram 17 752 notícias publicadas ao longo de junho de 2013, das quais 6265 continham, de fato, informações sobre protestos.

A consolidação da base de dados dependeu de leitura atenta de cada notícia, para incluir apenas acontecimentos em acordo com a definição de evento de protestos,[6] isto é, os que eram: 1) ação *pública e coletiva*; 2) organizada por *atores não estatais*; 3) de *contestação* a instituições, práticas ou valores; e 4) apresentassem *reivindicações* sociais e/ou políticas. Expurgaram-se, de outro lado, eventos: 1) individuais, realizados em nome próprio; 2) coletivos, de caráter exclusivamente disruptivo (como criminalidade comum) ou lúdico (caso de festas), se não apresentassem reivindicações, e 3) atos políticos rotineiros não contestatórios (encontros, reuniões, convenções etc.). Desconsideraram-se ainda eventos transcorridos apenas no âmbito virtual e os anunciados para os quais não se encontrou evidência de realização.

Vários eventos noticiados em conjunto foram desmembrados, ao passo que notícias diferentes sobre um mesmo evento foram agrupadas. Isto é, a unidade do BEP é o evento, não a notícia, evitando-se, assim, a inflação espúria do número de protestos.

O banco original tinha 36 variáveis. Como para muitas foi impossível encontrar informações fidedignas, circunscreveu-se um conjunto menor de variáveis, preenchidas na integralidade ou perto disso, com coleta suplementar no G1. Além da identificação do evento (data, cidade, local), registraram-se atores, temas, slogans, táticas, conflitos e número de manifestantes (segundo organizadores, imprensa e Polícia Militar). Optou-se por usar aqui a estimativa de volume que costuma ser a mais generosa, a dos organizadores. A versão consolidada conta com 626 eventos de protesto, ocorridos em 211 cidades, entre 1º e 30 de junho de 2013.

Os gráficos apresentados ao longo do livro resultaram desse material e foram feitos por Rafael Furlan Carnio, assim como o mapa e a rede. O mapa usou como base o pacote Geobr, do Instituto de Pesquisa Econômica Aplicada (Ipea), de 2020. Já a rede se baseou no cálculo de coocorrências, isto é, nas vezes em que um tema e um ator apareceram juntos em dado protesto. O grafo resultante foi exportado do programa R para o Gephi e ajustado para facilitar a visualização. O tamanho dos nódulos corresponde ao número de ligações e a espessura das arestas, ao número de eventos em que ator e tema apareceram juntos durante o ciclo. O que se apresenta na rede são os tipos de atores mais recorrentes, a nomenclatura por isso não corresponde ao nome próprio de nenhum movimento.

Banco de Associações Civis e Grupos Políticos (Baco)

O BEP foi a semente para uma segunda base de dados, com informações sobre atores coletivos organizados em manifestações de rua. Todos os identificados foram incluídos: atores coletivos, políticos, culturais, religiosos, profissionais e empresariais, formal ou informalmente organizados. A fonte base foi o site oficial dos grupos e suas páginas no Facebook e no Twitter. O Baco continuou sendo alimentado para os ciclos posteriores de protesto e conta com 463 associações civis organizadoras ou participantes de protestos realizados entre 2003-22. Contém informações distribuídas em 25 variáveis, relativas aos nomes dos atores; dia, mês e ano de fundação; cidades e estados de origem; participação ou não em coalizões políticas; presença nos ciclos de protestos de 2013, 2015 e 2016; tipos de organização; escalas de atuação e princípios ou missões.

Entrevistas exploratórias e diretivas

A pesquisa começou, em 2013, com oito entrevistas exploratórias (uma delas realizada por Rafael de Souza e as demais por mim), com membros de movimentos organizadores de protestos em São Paulo, localizados por bola de neve. Falaram sob condição de anonimato, aqui preservado, e são a fonte para o mapa cognitivo do capítulo 5, gerado por Viviane Brito de Souza.

A partir do BEP, selecionaram-se lideranças de atores coletivos que tinham participado de três ou mais eventos de protesto em junho nas cidades com manifestações mais intensas, Salvador, Belo Horizonte, Rio de Janeiro, São Paulo e Brasília. Trajetórias sociopolíticas foram elaboradas para cada uma delas, assim como para as autoridades políticas e policiais de cada uma das cidades, de forma a subsidiar as entrevistas.

A equipe da Arapy contatou essas pessoas para entrevistas gravadas em vídeo. Todos os prefeitos atenderam ao convite. Os responsáveis pelo policiamento, em maioria, não. Apenas em Belo Horizonte contamos com a anuência da chefe do policiamento. Em São Paulo, o coronel Ben-Hur aceitou, para depois desistir. O ponto de vista das instituições do estado foi registrado, por isso, a partir do relato de um coronel e de uma defensora pública. Em Salvador e Rio, o mesmo não foi possível. Tampouco a presidente Dilma, o ex-presidente Lula e o governador Geraldo Alckmin, embora tenham sinalizado nos atender, aceitaram os repetidos convites. O ponto de vista do governo federal veio pela voz de ministros envolvidos na resposta aos protestos e na do vice-presidente da República. Adicionalmente, ouvimos a mídia alternativa mais ativa em junho, a Mídia Ninja, e a maior das nacionais, a Rede Globo.

Ao final, foram 52 entrevistas, a maioria realizada entre 2018 e 2019, e as derradeiras, em 2021, a partir de roteiro comum, com pequenas variações. Em alguns casos, Paulo Markun e eu as realizamos juntos, mas na maior parte das vezes Markun as conduziu.

O livro se baseia em tudo isso, um trabalho coletivo que eu seria incapaz de produzir sozinha. Os erros e imprecisões, contudo, são apenas meus.

Lista de siglas

Acrissul — Associação dos Criadores do Mato Grosso do Sul

Alerj — Assembleia Legislativa do Estado do Rio de Janeiro

Anajure — Associação Nacional de Juristas Evangélicos

Ancop — Articulação Nacional dos Comitês Populares da Copa

Anel — Assembleia Nacional dos Estudantes — Livre

Assepec — Associação das Esposas dos Praças e Militares do Estado do
Ceará

CCC — Comando de Caça aos Corruptos

Cimi — Conselho Indigenista Missionário

CNA — Confederação da Agricultura e Pecuária do Brasil

CNV — Comissão Nacional da Verdade

Conlutas — Coordenação Nacional de Lutas

Contag — Confederação Nacional dos Trabalhadores na Agricultura

Copac — Comitê Popular dos Atingidos pela Copa

CPT — Comissão Pastoral da Terra

CUT — Central Única dos Trabalhadores

DAR — Coletivo Desentorpecendo a Razão

Doi-Codi — Destacamento de Operações de Informação — Centro de Operações de Defesa Interna

Famasul — Federação da Agricultura e Pecuária de Mato Grosso do Sul

Fiesp — Federação das Indústrias do Estado de São Paulo

FPA — Frente Parlamentar de Agropecuária

FPAA — Frente Parlamentar de Apoio à Agropecuária

FPE — Frente Parlamentar Evangélica

Funai — Fundação Nacional dos Povos Indígenas

GLB (2005) — Gays, Lésbicas e Bissexuais

GLBT (2005 — 8 de junho de 2008) — Gays, Lésbicas, Bissexuais, Travestis e Transexuais

GLS (anos 1980 e 1990) — Gays, Lésbicas e Simpatizantes

Ibope — Instituto Brasileiro de Opinião Pública e Estatística

Intersindical — Central da Classe Trabalhadora

Ipea — Instituto de Pesquisa Econômica Aplicada

ISA — Instituto Socioambiental

LGBT (2008) — Lésbicas, Gays, Bissexuais, Travestis, Transexuais e Transgêneros (estabelecido pela I Conferência Nacional LGBT em junho de 2008)

LGBTQ+ (variações mais recentes a depender do ativismo)

LGBTQIA+ (variações mais recentes a depender do ativismo)

MBCC — Movimento Brasil contra a Corrupção

MBL — Movimento Brasil Livre

MCC — Movimento de Combate à Corrupção

MCCE — Movimento de Combate à Corrupção Eleitoral

MEB — Movimento Endireita Brasil

Movida — Movimento pela Vida e não Violência
MPD — Movimento do Ministério Público Democrático
MPL — Movimento Passe Livre
MST — Movimento dos Trabalhadores Rurais Sem Terra
MTST — Movimento dos Trabalhadores Sem-Teto

OAB — Ordem dos Advogados do Brasil
OATL — Organização Anarquista Terra e Liberdade

PCB — Partido Comunista Brasileiro
PCdoB — Partido Comunista do Brasil
PCO — Partido da Causa Operária
PDT — Partido Democrático Trabalhista
PL — Partido Liberal
PMDB — Partido do Movimento Democrático Brasileiro
PNBE — Pensamento Nacional de Bases Empresariais
PNDH — Plano Nacional de Direitos Humanos
PP — Partido Progressista
Prona — Partido de Reedificação da Ordem Nacional
PSB — Partido Socialista Brasileiro
PSC — Partido Social Cristão
PSDB — Partido da Social Democracia Brasileira
Psol — Partido Socialismo e Liberdade
PSTU — Partido Socialista dos Trabalhadores Unificado
PT — Partido dos Trabalhadores
PV — Partido Verde

TFP — Sociedade Brasileira de Defesa da Tradição, Família e Propriedade

Ubes — União Brasileira dos Estudantes Secundaristas
UDR — União Democrática Ruralista
Uerj — Universidade do Estado do Rio de Janeiro

Uesp — União dos Estudantes Secundaristas de Pernambuco

UFMG — Universidade Federal de Minas Gerais

UJS — União Jovem Socialista

UnB — Universidade de Brasília

UNE — União Nacional dos Estudantes

Unesp — Universidade Estadual Paulista

Unicamp — Universidade Estadual de Campinas

USP — Universidade de São Paulo

Notas

QUANDO O PERSONAGEM É A RUA [pp. 9-16]

1. Entrevista de Gilberto Carvalho, ministro-chefe da Secretaria-Geral da Presidência da República do Brasil, 6 fev. 2019.

2. Entrevista de Camila Jourdan, Organização Anarquista Terra e Liberdade, 13 nov. 2018.

3. ANONYMOUS BRASIL. "As 5 causas!". YouTube. Disponível em: <https://www.youtube.com/watch?v=v5iSn76I2xs>. Acesso em: 25 mar. 2023.

4. R7, 20 jun. 2013.

5. Entrevista de Eron Morais, o "Batman" dos protestos, 12 nov. 2018.

6. "O ponto de vista dele era assim: o povo tem pão e quer manteiga. Entrevista de Fernando Haddad, prefeito de São Paulo, 31 jan. 2019.

7. Marilena Chaui, Rede Brasil Atual, 19 jun. 2013; André Singer, Rede Brasil Atual, 19 jun. 2013.

8. G1, 18 jun. 2013.

9. Ronald Inglehart, em *The Silent Revolution: Changing Values and Political Styles Among Western Publics* (1977), explica os protestos na Europa dos anos 1960-70 como expressão de uma geração que não viveu a Segunda Guerra e que, tendo suas demandas materiais satisfeitas — renda, moradia etc. —, teria passado a se mobilizar em torno de "demandas pós-materiais" relativas ao estilo de vida, como o ambientalismo e o feminismo.

10. Francisco Carlos Teixeira da Silva, BBC, 18 jun. 2013.

11. Alfredo Bosi, *Correio Braziliense*, 21 jun. 2013; José Álvaro Moisés, *Correio Braziliense*, 21 jun. 2013; Renato Janine Ribeiro, *Correio Braziliense*, 21 jun. 2013; Yvonne Maggie, G1, 21 jun. 2013.

12. Ruy Braga, Blog da Boitempo, 17 jun. 2013; Vladimir Safatle, *Folha de S.Paulo*, 18 jun. 2013.

13. Maria Aparecida de Aquino, G1, 21 jun. 2013.

14. Paulo Arantes, *O Estado de S. Paulo*, 22 jun. 2013.

15. Olavo de Carvalho, *Diário do Comércio*, 19 jun. 2013.

16. Giovanni Alves, Blog da Boitempo, 24 jun. 2013.

17. Marilena Chaui, *Teoria e Debate*, 27 jun. 2013.

18. Ao longo desta pesquisa, foram identificadas 294 publicações, entre artigos, livros e teses sobre junho de 2013, um volume impossível de citar na integralidade. Para exemplos de análises e clivagens da bibliografia, veja-se OR-TELLADO, 2013; SINGER, 2013; NOBRE, 2013, 2022; SOLANO, 2014; MALINI e GOUVEIA, 2014; BRINGEL e DOMINGUES, 2014; TATAGIBA, 2014; KUNRATH, 2014; GOHN, 2015; AVRITZER, 2016, 2017; PINTO, 2017; MENDONÇA, 2018; TATAGIBA e GALVÃO, 2019; MACIEL e MACHADO, 2021.

19. Movimento social é tomado aqui, na tradição tillyana, como modalidade coletiva de ação política a que recorrem grupos sociais sem acesso ou com baixa influência sobre a política institucional. Esta forma de política se materializa em manifestações de protesto no espaço público, sobretudo em interações conflitivas com o Estado e com movimentos oponentes. Ciclo de protesto ou de confronto foi várias vezes redefinido pelo criador do conceito, Sidney Tarrow (1983, 1995, 2022). Utiliza-se aqui a noção em seu sentido mais disseminado na sociologia política, como uma sequência de manifestações coletivas em escalada, que crescem em frequência, intensidade, número e variedade de participantes em um nível extraordinário e tempo curto, suscitando a atenção das autoridades e a adesão de cidadãos não previamente organizados. O pico de um ciclo interrompe atividades sociais rotineiras e é seguido por respostas estatais e desmobilização rápida.

1. ZONAS DE CONFLITO [pp. 17-56]

1. Biblioteca da Presidência, 1º jan. 2003.

2. Id.

3. COSTA; ALONSO; TOMIOKA, 2001; ALONSO; COSTA; MACIEL, 2007; HOCH-STETLER; KECK, 2007.

4. CARTER, 2010, p. 172. Sobre o MST, ver CALDAR, 2001; COMPARATO, 2001.

5. Comunicação oral de uma pessoa que preferiu não ser identificada, mas a quem agradeço.

6. Biblioteca da Presidência, 1º jan. 2003.

7. Foi em setembro de 1993: "uma minoria de parlamentares que se preocupa e trabalha pelo país, mas há uma maioria de uns 300 picaretas que defendem apenas seus próprios interesses". *Folha de S.Paulo*, em 4 de abril de 2003, tratou de lembrar a frase.

8. Dados de D'ARAUJO, 2007, pp. 57-9.

9. CUNY TV. *The Open Mind: Mario Cuomo*, 22 jan. 2009.

10. DAGNINO e TEIXEIRA, 2014, p. 45.

11. O sindicalismo se dividiria também por efeito da Lei das Centrais Sindicais, de 31 de março de 2008, que abriu a concorrência entre sindicatos, gerando cismas e federações concorrentes. Sobre a dinâmica sindical nos governos Lula, veja-se GALVÃO, 2009.

12. Entrevista de Marcelo Freixo, deputado estadual do Rio de Janeiro, 19 nov. 2018.

13. IPEA, 7 out. 2013; IPEA. *Programa Bolsa Família: Uma década de inclusão e cidadania*, 2014

14. Em 2003, o valor era de 240,00 reais; em 2007, chegou a 380,00 reais.

15. NERI, 2012.

16. Entrevista de Guilherme Boulos, Movimento dos Trabalhadores Sem-Teto, 16 jan. 2019.

17. ELIAS, 1990; ELIAS e SCOTSON, 2000.

18. *Folha de S.Paulo*, 3 ago. 2010.

19. Arlie Hochschild (2016) documentou detalhadamente esse processo entre os grupos que se tornariam eleitores de Trump.

20. Os 2 125 958 estudantes em faculdades de 1998 passaram a 3 036 113, em 2001, um crescimento de 45,5%. INEP, 2001; NEVES et al., 2021.

21. Diversos programas colaboraram para essa tendência, como Prouni (Programa Universidade para Todos), Reuni (Programa de Apoio a Planos de Reestruturação e Expansão das Universidades Federais), Universidade Aberta do Brasil, além do ensino à distância (em 2003, eram 52 cursos; em 2010, esse número passou para 930). Os dados sobre a expansão estão no Portal MEC, 2012; no *Censo da Educação Superior Inep/Deed*, 2014, Decreto n. 5800, de 8 jun. 2006. Sobre o assunto, ver também: PINTO, 2009, pp. 326-9; e COELHO, 2017, p. 87.

22. A distribuição regional, contudo, pouco se alterou: mais da metade dos universitários estava concentrada em Sudeste e Sul, sobretudo nas públicas. A matrícula nas privadas, por outro lado, dobrou no Norte e cresceu 115% no Nordeste. Ver CARVALHO, 2014, pp. 217-9 e 223.

23. CARVALHO, 2014, p. 230.

24. De 57 218 para 27 693 indivíduos, de acordo com a "IV Pesquisa do perfil socioeconômico e cultural dos estudantes de graduação das instituições federais de ensino superior brasileiras", da Associação Nacional dos Dirigentes das Instituições Federais de Ensino Superior, 2016.

25. BENOIT, 2002, p. 142.

26. PEREIRA, 2010, p. 482.

27. *Folha de S.Paulo*, 13 jul. 2009.

28. Entrevista de Marina Mattar, Comitê Popular da Copa, 9 out. 2018.

29. Os nomes de movimentos sociais mudam à medida que muda sua agenda, firmam-se alianças ou ocorrem cismas, depois de conflitos entre facções. A alteração da nomenclatura é, assim, uma ação política em si mesma. Por essa razão, optou-se por mudar a grafia dos nomes de movimentos conforme foi sendo redefinida ao longo do processo político acompanhado neste livro. O caso mais notável de mudança é dos movimentos em torno da moral privada. Para os de agenda tradicionalista, grafou-se a cada vez o nome próprio com o qual o movimento — ou frente parlamentar — então se apresentava. No caso dos movimentos em torno de direitos sexuais, acompanharam-se as mudanças de sigla que expressavam a ampliação do arco de alianças, a saber: GLS (gays, lésbicas e simpatizantes), para os anos 1980 e 1990, GLB (gays, lésbicas e bissexuais), de uso curto, em 2005, e logo ampliada para GLBT, com a inclusão de travestis e transexuais. Esta sigla se manteve, mas a I Conferência Nacional LGBT em junho de 2008 passou a usar o T para se referir também a transgêneros. As duas siglas em uso contemporâneo, LGBTQ+ e LGBTQIA+, têm sido mobilizadas por diferentes movimentos, sem que uma delas tenha se estabilizado ainda até a finallização deste livro.

30. Entrevista de Arielli Moreira, Assembleia Nacional dos Estudantes — Livre, 30 out. 2018.

31. "Frases racistas contra cotas são pichadas na UFRGS". Disponível em: <https://www.assufrgs.org.br/2007/06/24/frases-racistas-contracotas-sao-pichadas-na-ufrgs/>. Acesso em: 28 mar. 2023.

32. "SEM CHAPA-BRANCA: CRISTIANO CHIOCCA", YouTube, 31 jul. 2018.

33. "[...] a gente tem duas formas de se tornar um anarcocapitalista libertário: a forma intelectual, no qual você mergulha nos estudos e se convence pelos argumentos; e a forma anal, que é quando o governo acaba com sua vida." Entrevista de Cristiano Chiocca, Instituto Mises Brasil, 12 dez. 2018.

34. Impostômetro, 20 abr. 2005.

35. LIBERTARIANOS: "O Partido da Liberdade". Acesso em 13 ago. 2021.

36. O Fórum existe desde 1988, mas ganhou fôlego novo naquele ano. FÓRUM DA LIBERDADE. Acesso em: 13 ago. 2021

37. Entrevista de Cristiano Chiocca, Instituto Mises Brasil, 12 dez. 2018.

38. DAL PAI, 2017; MISES BRASIL PODCAST. "1º Podcast Mises Brasil — Hélio Beltrão", 5 jan. 2012. Acesso em: 13 ago. 2021; INSTITUTO MILLENIUM. "Hélio Beltrão". Disponível em: <https://www.mises.org.br/FileUp.aspx?id=127>. Acesso em: 13 out. 2022; INSTITUTO ROTHBARD. "Colocando o IMB de volta nos trilhos — Uma entrevista esclarecedora com o presidente Cristiano Chiocca", 31 ago. 2015. Acesso em: 13 ago. 2021.

39. Entrevista com Cristiano Chiocca — O Libertário, 22 dez. 2015. "Foi pela internet que eu costumo dizer que o austro-libertário brasileiro acabou com a solidão, nós encontramos gente que pensava como a gente, não estamos sozinhos no mundo [...]". Entrevista de Cristiano Chiocca, Instituto Mises Brasil, 12 dez. 2018.

40. INSTITUTO MILLENIUM: Quem Somos. Acesso em 13 ago. 2021.

41. *Folha de S.Paulo*, 28 maio 2008.

42. A Aclame (Associação da Classe Média), a Minaspetro (Sindicato do Comércio Varejista de Derivados de Petróleo do Estado de Minas Gerais) e a Federação do Comércio do Rio Grande do Sul. *Folha de S.Paulo*, 28 maio 2008.

43. *Folha de S.Paulo*, 28 maio 2008.

44. Entrevista de Cristiano Chiocca, Instituto Mises Brasil, 12 dez. 2018.

45. Id.

46. Id.

47. Ver SILVA, 2018.

48. Entrevista de Cristiano Chiocca, Instituto Mises Brasil, 12 dez. 2018.

49. "O Instituto [Mises], ele foi um grande irradiador de vários desses movimentos, por exemplo, Estudantes pela Liberdade [...], o Partido Libertário, [...] a turma do MBL." Id.

50. BERGAMASCO e NORDER, 2010, p. 331, nota 38.

51. ONDETTI et al., 2010, p. 277.

52. CARTER e CARVALHO, 2010, p. 305.

53. CPT apud BRANFORD, 2010, p. 431.

54. CARTER e CARVALHO, 2010, pp. 329-33.

55. CARTER, 2010, p. 428; FERNANDES, 2010, pp. 191-2; CARTER e CARVALHO, 2010, p. 311. THÉRY et al., 2012, p. 47.

56. G1, 2 jul. 2003.

57. BRANFORD, 2010.

58. CARTER, 2010, pp. 41 e 228.

59. Sobre a bancada ruralista, ver BRUNO, 2021.

60. CARTER e CARVALHO, 2010, p. 306.

61. CARTER, 2010, pp. 28 e 30.

62. ABERS et al., 2014, pp. 33-7.

63. ALONSO, COSTA e MACIEL, 2007.

64. ABERS et al., 2014.

65. A obra prevista para Belo Monte tinha dimensões grandiloquentes, terceira maior do planeta, com duas barragens e desmate previsto de 238 hectares, visando atender 25 milhões de pessoas. Sobre os conflitos ambientais nesse período, ver HOCHSTETLER e KECK, 2007.

66. *Folha de S.Paulo*, 8 mar. 2006; BBC, 1º jun. 2009; BBC, 9 jul. 2009; UOL, 22 jun. 2010.

67. REZENDE, 2016; MACIEL e MACHADO, 2018, pp. 15-8.

68. REZENDE, 2016; MACIEL e MACHADO, 2018, p. 19.

69. *O Estado de S. Paulo*, 23 jul. 2007.

70. *Senado Notícias*, 24 nov. 2008.

71. REZENDE, 2016. Movimento da Cidadania Brasil sem Aborto, Rebrates (Rede Brasileira do Terceiro Setor), Conferência Nacional dos Bispos do Brasil (CNBB), Federação Espírita Brasileira (FEB), Fórum Evangélico Nacional de Ação Social e Política (Fenasp).

72. CNBB, 29 ago. 2008

73. *Folha de S.Paulo*, 20 mar. 2010; "CAMPANHA NACIONAL CONTRA O ABORTO". YouTube. Acesso em: 13 ago. 2021.

74. Era o Projeto de Lei n. 122/2006. Ver CAMPOS, 2015, p. 168; DAGNINO e TEIXEIRA, 2014, p. 51.

75. G1, 8 mar. 2009; G1, 17 jun. 2009; G1, 4 maio 2007. "Em Brasília a gente tinha um grupinho, começamos a nos articular." Entrevista de Sarah de Roure, Marcha Mundial das Mulheres, 10 out. 2018.

76. Entrevista de Marcello Reis, Revoltados Online, 12 dez. 2018.

77. Lei n. 11.343, de 23 de agosto de 2006.

78. Roberto Chiocca, por exemplo, posicionava-se pela descriminalização da maconha, disputando a pauta com a esquerda. Instituto Mises Brasil, 27 out. 2009.

79. PLANO NACIONAL DE EDUCAÇÃO — PNE para o decênio 2011-20.

80. *Folha de S.Paulo*, 6 jun. 2005.

81. Ibid., 18 ago. 2005.

82. Ibid., 7 set. 2005.

83. Ibid., 21 nov. 2005.

84. Ibid., 14 mar. 2011.

85. ADMINISTRADORES.COM: Qual é o seu Movimento? 17 set. 2012. Acesso em: 13 ago. 2021; INSTITUTO MILLENIUM: Cidadania Empresarial, 21 nov. 2008. Acesso em 13 ago. 2021.

86. *Folha de S.Paulo*, 17 jul. 2006.

87. DATAFOLHA, 12 ago. 2005.

88. "MOVIMENTO CANSEI, MOSTRE A SUA INDIGNAÇÃO TAMBÉM". YouTu-

be. Acesso em: 13 ago. 2021. Na crise do "apagão" aéreo, a ministra do Turismo, Marta Suplicy, complicou a situação ao dizer: "Relaxa e goza porque você vai esquecer dos transtornos". Virou slogan em protestos daquele ano. G1, 30 mar. 2007; G1, 13 jun. 2007.

89. Os organizadores eram Cansei, Fiesp, OAB, Lide, Conselho Federal de Engenharia e Agronomia. *Folha de S.Paulo*, 4/5 ago. 2007.

90. *Folha de S.Paulo*, 14 jul. 2008; UOL, 10 jun. 2009.

91. *Folha de S.Paulo*, 28 maio 2008.

92. PL 135/2010, dispunha sobre a inelegibilidade de políticos condenados na justiça comum ou de governantes com contas não aprovadas pelo Tribunal de Contas.

93. Lei 12 025, de 3 de setembro de 2009.

94. *Folha de S.Paulo*, 10 ago. 2005.

95. Lei 10 826/2003, de 23 de dezembro de 2003.

96. *Senado Notícias*, 19 maio 2005.

97. *Folha de S.Paulo*, 23 out. 2005.

98. Id.

99. Câmara dos Deputados, 23 set. 2005.

100. UOL, 23 out. 2005.

101. *Folha de S.Paulo*, 27 jul. 2015.

102. Entrevista de Cristiano Chiocca, Instituto Mises Brasil, 12 dez. 2018.

103. Entrevista de Paulo Vannuchi, secretário nacional dos Direitos Humanos, a Angela Alonso e Miriam Dolhnikoff, São Paulo, 2014.

104. Comissões criadas, respectivamente, em 1995 e 2002.

105. Entrevista de Paulo Vannuchi, secretário nacional dos Direitos Humanos, São Paulo, 2014.

106. USTRA, 2006, contracapa.

107. *Diário do Comércio*, 14 nov. 2006.

108. ADORNO, 2010, p. 17.

109. O decreto 7037, de 12 de dezembro, criou o PNDH3. Ver ADORNO, 2010, p. 13.

110. PROGRAMA NACIONAL DE DIREITOS HUMANOS PNDH3. Secretaria Especial dos Direitos Humanos da Presidência da República.

111. G1, 13 maio 2010.

112. Rodrigo Constantino, Instituto Millenium, 28 fev. 2010.

113. Reinaldo Azevedo, *Veja*, 7 jan. 2010.

114. Senadora Kátia Abreu (DEM-TO), em artigo na *Folha de S.Paulo*, 12 jan. 2010.

115. Ver ADORNO, 2010.

116. No resumo do abismado Reinaldo Azevedo, "medidas de proteção

aos índios, aos gays, às mulheres, aos quilombolas e aos 'profissionais do sexo'; pretende orientar a saúde, a educação, a cultura, a produção e a pesca artesanal (!); ataca o agronegócio, critica governos anteriores e canta as próprias glórias; tenta interferir nos livros didáticos, busca desmoralizar a Justiça e acena até com um novo padrão produtivo..." (*Veja*, 7 jan. 2010).

117. G1, 14 jan. 2010; G1, 10 jan. 2010; G1, 2 mar. 2010.

118. Ibid., 15 jan. 2010.

119. Os dados do Dieese mostram que foram trezentas greves no primeiro mandato, com ligeiro aumento no segundo. O pico em seus governos foi em 2009, com 518 eventos. Dieese, 2015.

120. Ibope, 4/6 dez. 2010.

121. Entrevista de Fidélis Alcântara, Comitê Popular da Copa de Belo Horizonte, 3 dez. 2018.

122. Obra do comentarista da *Veja* e da Globo News, Diogo Mainardi.

2. OS CIDADÃOS CONTRA O ESTADO [pp. 57-85]

1. A noção de estilo de ativismo político usada aqui é uma transposição para a mobilização de rua da noção weberiana de estilo de vida, atualizada por Norbert Elias e Pierre Bourdieu. Assim como há estilizações do gosto, modelando formas de vestir e comer, há estilizações das performances políticas, maneiras peculiares e diferenciais de protestar. Aqui se definem como estilos de ativismo os arranjos relativamente estáveis de códigos estéticos (marcas corporais, vestuário, cores, adereços), símbolos (signos de pertencimento a grupos, como bottons, camisas e bandeiras) e técnicas organizacionais preferenciais e entrelaçadas, que orientam e facilitam a performance de manifestantes na política de rua. São feixes frouxos, mas imediatamente identificáveis, que tornam certas performances políticas reconhecíveis e as distinguem das demais.

2. Campo de ativismo é entendido aqui como um perímetro demarcado na política de rua, no qual se situam movimentos sociais com mesmo estilo de ativismo e agendas vizinhas (ou não diametralmente opostas) e, por isso, aptos a colaborar entre si em protestos e a criar coalizões contra os campos opostos. A noção é derivada do conceito de campo político-estratégico, de Fligstein e Mc-Adam (2012, pp. 10 e 17).

3. Menções ao impacto do Fórum, sobretudo o de Porto Alegre, sobre as trajetórias de ativismo apareceram em várias das entrevistas realizadas para essa pesquisa, com membros de movimentos tanto autonomistas quanto socialistas.

4. A bibliografia sobre o zapatismo é vasta. Veja-se um balanço em BRINGEL, 2020; DARLING, 2020; NAIL, 2013; BERGER, 2001.

5. "[...] em 94 os zapatistas se insurgem e eles fazem um chamado que chama Ação Global dos Povos e aí diversas localidades começam a pensar em atos globais coordenados [...]" (Entrevista de Paulo Rocha, Passe Livre de Belo Horizonte, 3 dez. 2018).

6. Entrevista de Alexandre Santini, Laboratório de Políticas Culturais do Rio de Janeiro, 14 nov. 2018.

7. Sobre os protestos de Seattle e seu impacto internacional já correu muita tinta. Veja-se, por exemplo, SMITH, 2001.

8. Entrevista de Gabriela Moncau, Coletivo Desentorpecendo a Razão, 17 out. 2018.

9. Era um defensor da violência política: "Se por violência entendermos uma alteração radical das relações sociais de base, então por mais insensato e de mau gosto que pareça dizê-lo, o problema dos monstros históricos que massacraram milhões de seres humanos foi não terem sido suficientemente violentos. Por vezes, não fazer nada é a coisa mais violenta que temos a fazer" (ŽIŽEK, 2014, p. 137).

10. Entrevista de Camila Jourdan, Organização Anarquista Terra e Liberdade, 13 nov. 2018.

11. Entrevista de Fidélis Alcântara, Comitê Popular da Copa, 3 dez. 2018.

12. WILLIAMSON et al., 2011.

13. Id. WUTHNOW, 2018.

14. Entrevista de Rogério Chequer, Vem pra Rua, 14 jun. 2018.

15. BRINGEL e ECHART, 2010.

16. Entrevista de Carla Zambelli, Movimento NasRuas, 17 out. 2018.

17. Entrevista de Maurício Costa, Movimento Esquerda Socialista, 9 out. 2018.

18. Entrevista de Arielli Moreira, Assembleia Nacional dos Estudantes — Livre, 30 out. 2018.

19. A respeito dessa diferença, o líder do MST afirmaria já em 2014: "Com todo o respeito que quem está na luta merece, somos críticos dessa tática. Achamos que ela não contribui para o acúmulo de forças e para o avanço das lutas populares" (Sul21, 23 jun. 2014).

20. Há uma literatura sobre o assunto vasta demais para ser citada. Aqui importa apenas constatar sua existência e crescimento, na esteira dos textos muito influentes de Jürgen Habermas, nos anos 1980 e 1990, sobre democracia deliberativa.

21. Um dos motores dessa difusão foi o livro de Cohen e Arato, de 1992, *Civil Society and Political Theory*.

22. GARRISON, 2000, p. 91.

23. Sobre a proliferação de ONGs no Brasil dos anos 1990 a 2010 há muitos estudos. Para uma visão geral deste campo de estudos, veja-se LAVALLE, 2020.

24. ABERS et al., 2014, nota 5, p. 350; DAGNINO e TEIXEIRA, 2014, p. 46.

25. Os números são de DAGNINO e TEIXEIRA, 2014, pp. 47, 49-50.

26. INESC/ INSTITUTO PÓLIS, 2011; SGP, 2010.

27. DAGNINO e TEIXEIRA, 2014, p. 48.

28. Decreto 7037, de 21 de dezembro de 2009, que criou o Plano Nacional de Direitos Humanos — 3 (PNDH 3). ADORNO, 2010, p. 13

29. Entrevista de Fernando Haddad, prefeito de São Paulo, 31 jan. 2019.

30. Sobre o MTST há ainda relativamente pouco levantamento empírico sistemático. Para uma visão geral, veja-se SCHERER-WARREN, 2009.

31. BENOIT, 2002, p. 139.

32. MTST, 2 dez. 2006; MTST, 23 set. 2006; MTST, 19 jun. 2006.

33. "Grande parte do MPL veio do anarcopunk — uma parte da galera de Fortaleza e do Rio de Janeiro." Entrevista de Paulo Rocha, Movimento Passe Livre de Belo Horizonte, 3 dez. 2018.

34. Entrevista de Paulo Rocha, Movimento Passe Livre de Belo Horizonte, 3 dez. 2018.

35. Entrevista de Gabriela Moncau, Coletivo Desentorpecendo a Razão, 17 out. 2018.

36. Entrevista de Paulo Rocha, Movimento Passe Livre de Belo Horizonte, 3 dez. 2018.

37. CONJUNTO VAZIO: "Sobre". Acesso em: 2 mar. 2021.

38. Em 2005, o Cubo organizou músicos de rock independente sem acesso a gravadoras na Associação Brasileira de Festivais Independentes (Abrafin). BARCELLOS, 2012, pp. 159-70.

39. Entrevista de Pablo Capilé, Mídia Ninja, 25 jan. 2019.

40. Bruno Torturra. *Trip*, 2011, p. 14.

41. *Veja*, 11 ago. 2013.

42. Bruno Torturra. *Trip*, 2011, p. 14.

43. Embora exista desde 1946, uma remodelação em 2010 lhe deu a feição atual. Ver CASA DO POVO: Sobre. Disponível em: <https://casadopovo.org.br/sobre/>. Acesso em: 28 mar. 2023.

44. Outro exemplo paulistano é a Casa Mafalda, fundada em 2011. CASA CULTURAL MAFALDA: A Casa. Disponível em: <https://www.mafalda.org.br/>. Acesso em: 28 mar. 2023.

45. *Mundo do Marketing*, 30 out. 2009.

46. Fernando Dolabela. *O segredo de Luísa*. Rio de Janeiro: Sextante, 2006.

47. SABINO, 2010, p. 5.

48. DOLABELA, 2009; DOLABELA apud SABINO, 2010.

49. G1, 16 out. 2011.

50. MacMagazine, 24 out. 2011.

51. Baguete, 14 nov. 2012. Um exemplo paulistano era o "Coworking Offices Vila Olímpia", que difundia "ideias 'fora da caixa', reunindo donos de pequenos negócios", "em um único espaço interativo e colaborativo de trabalho" (COWORKING OFFICES VILA OLÍMPIA, 7 dez. 2012).

52. Entrevista de Danielle Dahoui, Juntos pela Vida: Acorda Brasil e Movimento Gastronomia Pró-Brasil, 13 set. 2018.

53. Para Almeida (2011, pp. 133-4), a teologia da prosperidade estimula o empreendedorismo: "A possibilidade de crescimento na vida deve-se mais à iniciativa para os negócios do que à disciplina para o trabalho. O empreendedorismo, o desejo de se tornar patrão, é compreendido religiosamente como uma 'virada na vida'. Não é fruto de um trabalho metódico, mas de um investimento visando à prosperidade".

54. *Exame*, 7 abr. 2012.

55. DOSICK, 2011.

56. G1, 29 nov. 2011.

57. CUNHA, 2015, p. 282.

58. Um "[…] casamento entre valores antigos do mundo rural (autodeterminação, natureza, tranquilidade, simplificação das relações sociais) e valores modernos da cidade (racionalidade produtiva, especialização, renovação tecnológica)" (GIULIANI, 1990, pp. 6-7).

59. ALEM, 2004, p. 97.

60. *Veja*, 4 jun. 2003.

61. ALEM, 1996 e 2004.

62. Embora houvesse nichos femininos e queers, sua posição era simbolicamente secundária (ANTUNES, 2012; FRANCA e VIEIRA, 2015).

63. BRUNO, 2021.

3. TENSÕES EM PROCESSO [pp. 86-138]

1. G1, 1º jan. 2011.

2. DATAFOLHA, 17-19 nov. 2010.

3. Discurso de posse, Dilma Rousseff, Biblioteca da Presidência da República, 1º jan. 2011.

4. Id.

5. Entrevista de Gabriel Elias, Movimento Brasil e Desenvolvimento, 6 fev. 2019.

6. "O governo Dilma era bastante criticado pelo seu fechamento, pela sua ausência de diálogo". Entrevista de Guilherme Boulos, Movimento dos Trabalhadores Sem-Teto, 16 jan. 2019.

7. Entrevista de Pablo Capilé, Mídia Ninja, 25 jan. 2019.

8. O Projeto de Lei n. 7376/10, que Lula ensaiara em maio, ainda tramitava no Legislativo.

9. Entrevista de Gilberto Carvalho, ministro de Estado, chefe da Secretaria--Geral da Presidência da República do Brasil, 6 fev. 2019.

10. Discurso de posse, Maria do Rosário, OAB-ES, 5 jan. 2011.

11. *Exame*, 24 ago. 2011.

12. José Elito Carvalho Siqueira, EBC, 3 jan. 2011.

13. Discurso do deputado Jair Bolsonaro, Câmara dos Deputados — Detaq, 5 maio 2011; G1, 1º fev. 2011. Disponível em: <https://www.youtube.com/watch?v=ZOOoa4w3CWI>. Acesso em: 9 fev. 2022.

14. G1, 21 set. 2011.

15. *Bonde News*, 19 set. 2011.

16. CÂMARA DOS DEPUTADOS, 21 set. 2011.

17. Segundo o líder do DEM, "colaboramos para que essa Comissão tenha a missão de buscar e recompor os fatos históricos que sejam de conhecimento nacional que é um direito do Brasil e da cidadania. Sempre fomos a favor da Comissão da Verdade". (Antônio Carlos Peixoto de Magalhães Neto, Câmara dos Deputados — Detaq, 21 set. 2011).

18. Arolde de Oliveira, Câmara dos Deputados — Detaq, 21 set. 2011.

19. Em evento celebrativo de dez anos da Comissão de Anistia, em 24 de agosto de 2011, FHC e seu ex-ministro da Justiça, José Gregori, defenderam a CNV. *Exame*, 24 ago. 2011.

20. *Senado Notícias*, 26 out. 2011.

21. *Extra/O Globo*, 8 jan. 2011.

22. Biblioteca da Presidência da República, 18 nov. 2011.

23. COMISSÃO NACIONAL DA VERDADE, 16 maio 2012.

24. ASSEMBLEIA LEGISLATIVA DO ESTADO DE GOIÁS, Notícias do Gabinete, 8 nov. 2011; A Redação, 8 nov. 2011.

25. *Folha de S.Paulo*, 28 maio 2013.

26. O manifesto foi publicado em 16 de fevereiro de 2012. *Gazeta do Povo*, 2 mar. 2012; Pragmatismo, 17 mar. 2012.

27. Pragmatismo, 30 mar. 2012.

28. *Veja*, 18 set. 2012.

29. MST, Levante Popular da Juventude, 15 maio 2012.

30. Em Belo Horizonte, Guarujá, Salvador, Rio de Janeiro, Recife, Teófilo Otoni, João Pessoa, Belém, Aracaju, Fortaleza, Natal. Estadão Online, 14 maio 2012.

31. Eram José Carlos Dias, ministro da Justiça de FHC, Rosa Maria Cardoso da Cunha, ex-advogada de Dilma, Gilson Dipp, ministro do STJ e do TSE, Cláudio Fonteles, ex-procurador-geral da República, Maria Rita Kehl, psicanalista, José Paulo Cavalcanti Filho, advogado, e Paulo Sérgio Pinheiro, da Comissão Internacional Independente de Investigação da ONU para a Síria.

32. RBA, 19 abr. 2013.

33. ISER. *Um ano de Comissão da Verdade: Contribuições críticas para o debate público*. *2º Relatório de Monitoramento da Comissão Nacional da Verdade*, Rio de Janeiro: Iser, 2013.

34. ASSEMBLEIA LEGISLATIVA DO ESTADO DE SÃO PAULO, 8 mar. 2013; SINDICATO DOS JORNALISTAS PROFISSIONAIS DO ESTADO DE SÃO PAULO, 20 fev. 2013; G1, 26 fev. 2013.

35. EBC, 30 jul. 2012.

36. COLETIVO RJ, 30 jul. 2012.

37. *Carta Capital*, 7 set. 2012.

38. INSTITUTO HUMANITAS UNISINOS, 27 fev. 2013.

39. COMISSÃO NACIONAL DA VERDADE, 26 mar. 2013.

40. RBA, 15 mar. 2013; Oboré, 11 mar. 2013; *Folha de S.Paulo*, 15 mar. 2013.

41. BBC News Brasil, 30 mar. 2013.

42. José Carlos Dias e a Claudio Fontenelle dirigiam a mesa. A vítima era o vereador de São Paulo Gilberto Natalini, que havia deposto antes e contestou Ustra, pondo-se de pé: "Aquilo [o DOI-Codi] era um inferno e o Ustra era o comandante do inferno".

43. "TOMADA PÚBLICA DE DEPOIMENTOS DE AGENTES DE REPRESSÃO: CORONEL USTRA". YouTube. Disponível em: <https://www.youtube.com/watch?v= pWsv4EndpfY>. Acesso em: 9 fev. 2022.

44. *Folha de S.Paulo*, 14 maio 2013. O relatório final apontaria ainda a cumplicidade de membros do Judiciário.

45. Ibid., 28 maio 2013.

46. Marcelo Machado, *Folha de S.Paulo*, 28 maio 2013. Não se encontrou registro de que tenha acontecido. Ver FREITAS, 2023.

47. SENADO FEDERAL, PL 707/2011.

48. Lei 12 850, de 2 de agosto de 2013.

49. UOL, 10 fev. 2012.

50. Em 27 setembro de 2012. O grevismo da segurança se propagou pelo país e dezoito categorias de servidores públicos aproveitaram a onda para cruzar os braços. EBC, 27 set. 2012; UOL, 28 ago. 2012.

51. G1, 8 maio 2013; G1, 10 maio 2013; G1, 12 maio 2013; G1, 16 maio 2013; G1, 17 maio 2013; G1, 18 maio 2013; G1, 20 maio 2013; G1, 21 maio 2013; G1, 22 maio 2013; G1, 25 maio 2013.

52. *Folha de S.Paulo*, 11 jun. 2013.

53. MOVIMENTO PASSE LIVRE, 14 maio 2013.

54. G1, 6 maio 2013; G1, 10 maio 2013; G1, 14 maio 2013; G1, 14 maio 2013; G1, 23 maio 2013; G1, 27 maio 2013.

55. SITRAEMG, 28 jan. 2013.

56. *Folha de S.Paulo*, 11 jun. 2013.

57. Pesquisa CNT, divulgada em 11 de junho de 2013 no portal UOL. O Datafolha encontrou números similares para São Paulo no mês anterior, 15 abr. 2013.

58. G1, 2 jun. 2011.

59. Ibid., 13 maio 2012.

60. Notícias Agrícolas, 2 set. 2011.

61. DIEESE. *Balanço das greves em 2010-2011*, n. 63, nov. 2012.

62. Id. *Balanço das greves em 2012*, n. 66, maio 2013.

63. Id. *Balanço das greves em 2013*, n. 79, dez. 2015.

64. "É uma anistia ampla geral e irrestrita para aqueles que fizeram crime ambiental, para aqueles que ocuparam de forma irregular." Mario Mantovani, SOS Mata Atlântica, G1, 7 jul. 2010.

65. *Exame*, 7 abr. 2011; PARTIDO VERDE, 8 abr. 2011; MOVIMENTO DOS ATINGIDOS POR BARRAGENS, 8 abr. 2011; Biologia na Rede, 5 ago. 2011; EcoDebate, 30 nov. 2011; Biologia na Rede, 16 dez. 2011.

66. *Revista Cafeicultura*, 5 nov. 2011.

67. Associações brasileiras do agronegócio, de criadores de zebu, produtores de algodão, celulose e papel, de defesa vegetal, Organização das Cooperativas do Brasil, União da Indústria de Cana-de-Açúcar, Instituto Nacional de Embalagens Vazias, Sindicato Nacional das Indústrias de Alimentos Animais, Associação dos Produtores de Soja e Milho do Estado de Mato Grosso e Federação das Indústrias do Estado de São Paulo. Também participavam as seguintes empresas: Bunge, Cargill, Vale Fertilizantes, Monsanto, Nestlé, Accenture Consultoria de Gestão, ABMR&A e Valley.

68. BRUNO, 2014.

69. *Globo Rural*, 19 jul. 2011.

70. Canal Rural, 9 maio 2012; G1, 4 maio 2012.

71. *Folha de S.Paulo*, 21 jun. 2012.

72. Notícias Agrícolas, 22 maio 2012.

73. Homero Pereira, líder da Frente Parlamentar da Agropecuária. *Jornal da Globo*, 17 out. 2012.

74. Os dados são do Cimi, com base nas publicações do Ministério da Justiça no *Diário Oficial da União*.

75. *Veja*, 8 fev. 2011.

76. FLEURY e ALMEIDA, 2013, p. 148.

77. *Antropologia Social*, 9 fev. 2011.

78. FLEURY e ALMEIDA, 2013, pp. 146 e 152.

79. *Veja*, 8 fev. 2011; EBC, 3 set. 2012; G1, 15 ago. 2012.

80. FLEURY E ALMEIDA, 2013, p. 148.

81. EcoDebate, 17 abr. 2013.

82. Id.

83. Entrevista de Blairo Maggi, *O Globo*, 26 fev. 2013.

84. *Exame*, 18 abr. 2013.

85. CÂMARA DOS DEPUTADOS, Rádio Câmara, 16 abr. 2013; *O Eco*, 16 abr. 2013.

86. ZHOURI, 2012; FLEURY e ALMEIDA, 2013.

87. *Folha de S.Paulo*, 3 maio 2013.

88. G1, 4 jun. 2013.

89. CARTER, 2012, pp. 414-5.

90. CAMPOS, 2015, pp. 94-7.

91. *Veja*, 2 dez. 2011.

92. UOL, 16 abr. 2012.

93. *Folha de S.Paulo*, 3 jan. 2013.

94. G1, 6 mar. 2013.

95. MST, 19 mar. 2013. A Via Campesina mobilizava acampadas e assentadas contra assassinatos de lideranças no campo (Biodiversidadla, 4 mar. 2013).

96. DIÁLOGO, 6 maio 2013.

97. MST, 19 mar. 2013. A Via Campesina mobilizava acampadas e assentadas contra assassinatos de lideranças no campo. Biodiversidade, 4 mar. 2013.

98. G1, 10 maio 2013; UOL, 4 abr. 2013.

99. SIMÕES e CAMPOS; RUD, 2017, pp. 33-4, 49, 55, 87, 91 e 95.

100. *Senado Notícias*, 23 fev. 2001; G1, 22 jan. 2022.

101. Entrevista de Guilherme Boulos, Movimento dos Trabalhadores Sem-Teto, 16 jan. 2019.

102. SIMÕES, CAMPOS e RUD, 2017, p. 49.

103. Entrevista de Camila Jourdan, Organização Anarquista Terra e Liberdade, Rio de Janeiro, 13 nov. 2018.

104. Belo Horizonte, Brasília, Cuiabá, Curitiba, Fortaleza, Manaus, Natal, Porto Alegre, Rio de Janeiro, Recife, Salvador e São Paulo. "LEI GERAL DA COPA: O povo brasileiro diz não!". In: Dossiê da articulação nacional dos comitês populares da Copa: Megaeventos e violações de direitos humanos no Brasil. Dispo-

nível em: <http://www.direitoamoradia.fau.usp.br/wp-content/uploads/2012/02/Dossie_Violacoes_Copa_COMPLETO.pdf>. Acesso em: 9 mar. 2022.

105. *Globo Esporte*, 5 out. 2012; Cidade Verde, 9 out. 2012; UOL, 13 out. 2012.

106. "PROTESTO NO RIO CONTRA PRIVATIZAÇÃO DO MARACANÃ, COM 500 PESSOAS". *Globo Esporte*, 8 jan. 2012; "PROTESTO NO RIO CONTRA AS OBRAS DA COPA". *Globo Esporte*, 26 nov. 2012.

107. "PROTESTO EM SP, COM 2 MIL PESSOAS, COM PERFORMANCES TEATRAIS", UOL, 1º dez. 2012.

108. G1, 5 abr. 2013.

109. D24AM, 29 abr. 2013.

110. *Correio Braziliense*, 18 maio 2013; UOL, 27 abr. 2013.

111. Id.

112. "ATO CONTRA RACISMO SÃO PAULO". Portal Geledés, 10 fev. 2012.

113. Lei n. 12711, de 29 de agosto de 2012.

114. G1, 23 jan. 2012.

115. Ibid., 29 ago. 2012.

116. Id., 19 ago. 2012; 22 ago. 2012.

117. UOL Educação, 25 set. 2012.

118. CAMPOS, 2014.

119. Resultado da aprovação da PEC 66, de 2012, que se tornaria a lei complementar 150, em 2015.

120. Proposta de Emenda à Constituição 66, de 2012. *Senado Notícias*, 18 mar. 2013; RBA, 21 nov. 2012; CÂMARA DOS DEPUTADOS, 4 dez. 2012; Jusbrasil, abr. 2013.

121. *Senado Notícias*, 18 mar. 2013; RBA, 21 nov. 2012; CÂMARA DOS DEPUTADOS, 4 dez. 2012; Jusbrasil, abr. 2013.

122. *Folha de S.Paulo*, 14 abr. 2013.

123. G1, 18 mar. 2013.

124. Ibid., 14 maio 2011; *Veja*, 14 maio 2011.

125. G1, 1 jan. 2011; 28 dez. 2010; 31 dez. 2010; 27 dez. 2010; 29 dez. 2010.

126. Entrevista de Gabriela Moncau, Coletivo Desentorpecendo a Razão, São Paulo, 17 out. 2018.

127. "A ideia [do financiamento] é comprar materiais de uso fixo da marcha, como megafone, bandeiras e faixas, que podemos usar outras vezes." Entrevista de Gabriela Moncau, Coletivo Desentorpecendo a Razão, 17 out. 2018.

128. *Estado de Minas*, 7 maio 2011.

129. G1, 7 maio 2011.

130. Entrevista de Pablo Capilé, Mídia Ninja, 25 jan. 2019.

131. MANIFESTO DA #MARCHADALIBERDADE, maio 2011.

132. G1, 28 maio 2011.

133. Id.

134. *Tribuna do Norte*, 28 maio 2011.

135. SUPREMO TRIBUNAL FEDERAL, 15 jun. 2011.

136. G1, 18 jun. 2011; Terra, 3 jun. 2011.

137. Id.

138. *Veja*, 5 maio 2012; *Correio do Povo*, 26 maio 2012; *Tribuna do Norte*, 20 maio 2012; NE10, 19 maio 2012.

139. G1, 28 maio 2011.

140. G1, 20 mar. 2012.

141. *O Tempo*, 30 jul. 2011.

142. INSTITUTO CANNABIS, 25 abr. 2013; *O Viés*, 29 maio 2013. Cerca de 5 mil; Rio de Janeiro: cerca de 2 mil pessoas; Porto Alegre: cerca de 5 mil pessoas; Brasília: cerca de mil pessoas; Belo Horizonte: 1. UOL Fotos, 2 abr. 2013; Sampi, 5 maio 2013.

143. *Folha de S.Paulo*, 8 jun. 2013.

144. CÂMARA DOS DEPUTADOS, 27 abr. 2011.

145. PL 1085/2011.

146. MACHADO, 2012, p. 374; PL 478/2007.

147. ASSEMBLEIA LEGISLATIVA DO ESTADO DE GOIÁS, Notícias do Gabinete, 8 maio 2011.

148. "4ª MARCHA NACIONAL PELA VIDA: PELA APROVAÇÃO DO ESTATUTO DO NASCITURO", PL 478/2007. YouTube. Disponível em: <https://www.youtube.com/watch?v=HG1_Z5aJLWc>. Acesso em: 10 fev. 2023. MOVIMENTO NACIONAL DA CIDADANIA PELA VIDA — BRASIL SEM ABORTO: A TRAJETÓRIA DO MOVIMENTO; CNBB, 15 ago. 2011.

149. CLEÓFAS, 29 ago. 2011.

150. DEUS LO VULT, 2 out. 2011.

151. Participaram Arquidiocese de Belém, Conferência Nacional dos Bispos do Brasil, Associação Jurídico Espírita do Pará, Associação Espírita Assistencial Lar de Maria, Associação Médico Espírita do Pará, União Espírita Paraense, Grupo Espírita Jardim das Oliveiras, Legião da Boa Vontade, Movimento Hare Krishna, Igreja Ortodoxa Siriana, Grupo de Estudo e Apoio à Adoção RENASCER, Movimento pela Vida, Centro de Bioética da Amazônia, Sindicato dos Médicos do Pará. Todos registrados no site Brasil sem Aborto, na época da realização desta pesquisa, mas não mais acessível. Acesso em: 16 mar. 2021.

152. O STF julgou a ADPF-54, que pedia o reconhecimento constitucional da antecipação terapêutica de partos nos casos de anencefalia. Oito ministros votaram a favor, e dois, contra. DEFESA DA VIDA, 14 abr. 2012.

153. Em julho, a PL 236/2012 foi encaminhada ao Legislativo pelo PMDB.

154. Decreto-lei 2848, de 7 de dezembro de 1940.

155. Em vigília de oração em defesa da vida, contra a legalização do aborto das crianças portadoras dessa deficiência.

156. Conforme registrado no site Brasil sem Aborto na época da realização desta pesquisa, mas não mais disponível. Acesso em: 16 mar. 2021.

157. *O Estado de Minas*, 1º out. 2012.

158. PL 478/2007.

159. DEUS LO VULT, 11 out. 2011.

160. Organizado pelo Comitê Pernambucano da Cidadania pela Vida — Brasil sem Aborto, na tarde do dia 5 de outubro de 2012, na Estação Central do Recife. Conforme registrado no site Brasil sem Aborto na época da realização desta pesquisa, mas não mais disponível. Acesso em: 16 mar. 2021.

161. Reuniu dezenas "com o intuito de conscientizar a sociedade a votar em políticos que são contra o aborto". A campanha contou com a Grande Loja Maçônica de Pernambuco, Círculo Católico de Pernambuco e o Movimento Nacional da Cidadania pela Vida — Brasil sem Aborto. Conforme registrado no site Brasil sem Aborto na época da realização desta pesquisa, mas não mais disponível. Acesso em: 16 mar. 2021.

162. G1, 22 dez. 2012.

163. *Diário do Nordeste*, 10 nov. 2012.

164. Segundo HELENE, 2013, p. 77: João Pessoa; Fortaleza, Barbalha, Porto Alegre, Esteio, Pelotas, Santa Maria, Cuiabá, Campo Grande, Dourados, Araraquara, Campinas, São Paulo, São Carlos, São José dos Campos, Curitiba, Criciúma, Londrina, Recife, Alagoas, Macapá, Belém, Brasília, Belo Horizonte, Juiz de Fora, Salvador, Itabuna, Vitória, Natal, Florianópolis, Rio de Janeiro, Aracaju e Goiânia.

165. HELENE, 2013, p. 75.

166. Carta Manifesto da Marcha das Vadias/DF, 2012.

167. *Folha de S.Paulo*, 4 jun. 2011.

168. Lá estavam Promotoras Legais Populares, Marcha Mundial de Mulheres, Coletivo Feminista, Grupo Identidade, Grupo de Mulheres da Periferia, STU e DCE da Unicamp, Pro-Pós Unicamp, ANEL, CACH/Unicamp, Centro Acadêmico XVI de Abril (Direito Puccamp), PSTU, Psol, Coletivo contra a Violência de Barão Geraldo, Casa de Cultura Fazenda Roseira, Coletivo Feminista Rosa Lilás, Coletivo de Mulheres do PT, Sindicato dos Químicos, Movimento Popular de Saúde de Campinas, CDDH Campinas, Comunidade de Jongo Dito Ribeiro. Coletivo das Vadias Campinas, 2011.

169. *Folha de S.Paulo*, 21 jun. 2012.

170. G1, 7 set. 2012.

171. *Folha de S.Paulo*, 1 abr. 2011.

172. CÂMARA DOS DEPUTADOS — Detaq, 1º fev. 2011.

173. G1, 12 maio 2011.

174. UOL, 26 maio 2011; G1, 25 maio 2011.

175. CÂMARA LEGISLATIVA, 1º jun. 2011.

176. G1, 1º jun. 2011.

177. Ibid., 17 maio 2011; 18 maio 2011; 1º jun. 2011.

178. PL 1672/2011; *Veja*, 14 jul. 2012.

179. CÂMARA LEGISLATIVA, 2 jun. 2011.

180. G1, 28 jun. 2011.

181. UOL, "Congresso em Foco", 6 jan. 2012; CÂMARA DOS DEPUTADOS, "9º Seminário Nacional de Lésbicas, Gays, Bissexuais, Travestis e Transexuais, que já acontece há oito anos". 15 maio 2012.

182. G1, 15 dez. 2011.

183. A Parada foi ambientalmente correta. "Recicle seus conceitos, jogue o lixo na lixeira" indicava as caçambas para lixo reciclável alocadas no percurso e que coletaram onze toneladas. OBSERVATÓRIO DO TURISMO DA CIDADE DE SÃO PAULO. Relatório Evento Parada Gay 2012; *Gazeta do Povo*, 10 jun. 2012; *Guia da Semana*, 10 jun. 2012.

184. G1, 18 nov. 2012; CONTRAF-CUT, 19 nov. 2012.

185. Gospel Mais, 15 jul. 2012.

186. *Estado de Minas Nacional*, 11 jun. 2012; G1, 10 jun. 2012.

187. UOL, "Congresso em Foco", 6 jan. 2012. A presidente enviou Marcelo Crivella, evangélico e ministro da Pesca, para representá-la na Marcha. Notícias Gospel Mais, 15 jul. 2012.

188. CÂMARA LEGISLATIVA, 25 abr. 2013.

189. BOL, 9 jan. 2013.

190. Em BH, no 23 de janeiro, a banda norueguesa Antestor, de "metal cristão", fez show com adesão e protesto. Primeiro pelas redes e, no dia, sessenta metaleiros se plantaram na entrada do show. Deu confusão. Os músicos postaram no Facebook: "CARAMBA! Essa foi uma noite que nunca vamos esquecer. Policiais, tiros, tumultos, o melhor público do mundo. Essa noite teve de tudo. Agradecimentos especiais para as pessoas que se arriscaram para organizar o show. Temos orgulho de chamá-los de nossos irmãos e irmãs em Cristo. Por último, mas não menos importante, devemos agradecer os seguranças e a polícia de Belo Horizonte por nos proteger em meio a multidão enfurecida". Cifraclub, 23 jan. 2013.

191. Brasil 247, 22 set. 2012.

192. G1, 7 mar. 2013.

193. Pragmatismo, 7 mar. 2013; *O Globo*, 9 mar. 2013; Terra, 7 mar. 2013; G1, 9 mar. 2013; Terra, 24 mar. 2013.

194. Terra, 7 mar. 2013.

195. RBA, 21 mar. 2013.

196. *O Estado de Minas*, 30 mar. 2013.

197. Bahia Notícias, 29 maio 2013.

198. BOL, 24 maio 2013.

199. G1, 16 maio 2013; 17 maio 2013; 18 maio 2013.

200. ConJur, 3 dez. 2011

201. "Eu passei a ser entrevistada por jornais escritos, [...] desde 2011 [...] a liderança é algo natural, não é algo que você força". Entrevista de Carla Zambelli, Movimento NasRuas, 17 out. 2018.

202. Id.

203. Id.

204. Nas contas da *Veja*.

205. *Veja*, 7 set. 2011.

206. Id.

207. Entrevista de Marcos Musse, Movimento Passe Livre de Salvador, 25 jan. 2019.

208. Entrevista de Clay Zeballos, Movimento Brasil contra a Corrupção, 5 fev. 2019.

209. Entrevista de Carla Zambelli, Movimento NasRuas, 17 out. 2018.

210. Ibid. O Revoltados Online tinha a mesma opinião: "O Dia do Basta se dizia de direita, mas não era de direita. Então, sempre teve esse choque". Marcello Reis, Revoltados Online, 12 dez. 2018.

211. ALONSO, 2021.

212. *Veja*, 5 jan. 2012.

213. Terra, 18 ago. 2011.

214. Lá estava, por exemplo, o movimento Pátria Minha, que defendia 10% do PIB para a educação; voto aberto no Parlamento, fim do foro privilegiado e corrupção como crime hediondo.

215. G1, 21 abr. 2012.

216. MORENO, 2017, p. 106.

217. Sobre o enquadramento moral da corrupção durante o julgamento do Mensalão, veja-se BARROS, A. T. de; LEMOS, C. R. F. (2018). "Política, pânico moral e mídia: controvérsias sobre os embargos infringentes do escândalo do Mensalão". *Opinião Pública*, 24, 2018, pp. 291-327. Disponível em: <https://doi.org/10.1590/1807-01912018242291>. Acesso em: 30 mar. 2023.

218. Outros exemplos na revista *Brasileiros*, 27 ago. 2012, e "O menino pobre que mudou o Brasil", na *Veja*, 10 out. 2012.

219. *Veja*, 27 nov. 2012.

220. *Gazeta do Povo*, 7 set. 2012.

221. UOL, 14 dez. 2012.

222. Entrevista de Clay Zeballos, Movimento Brasil contra a Corrupção, 5 fev. 2019.

223. EBC, 30 jan. 2013.

224. Ibid., 23 fev. 2013.

225. Estadão Online, 1 abr. 2013.

226. Entrevista de Clay Zeballos, Movimento Brasil contra a Corrupção, 5 fev. 2019.

227. CÂMARA DOS DEPUTADOS, PEC 37/2011.

228. A campanha "Brasil contra a impunidade", coordenada pelas associações nacional e do Distrito Federal do Ministério Público, do Ministério Público Militar, dos Procuradores da República, dos Procuradores do Trabalho e o Conselho Nacional de Procuradores-Gerais, visava "mobilizar a sociedade para uma série de atos contra a medida". CONSELHO NACIONAL DO MINISTÉRIO PÚBLICO, 12 abr. 2013; MINISTÉRIO PÚBLICO DO ESTADO DO PARÁ, 26 mar. 2013.

229. Banco de Associações Civis e Grupos Políticos (BACO/Cebrap).

230. *Veja*, 29 jul. 2011.

231. G1, 4 abr. 2013; Terra, 1º abr. 2013.

232. Ibid., 15 maio 2013; 16 maio 2013.

233. DATAFOLHA. "Razões de avaliação da presidente Dilma Rousseff", 20/21 mar. 2013.

234. Id.

235. G1, 29 maio 2013.

4. A ECLOSÃO [pp. 139-78]

1. TV BrasilGov, 1º jun. 2013.

2. DATAFOLHA, 3 jun. 2013. Os números de manifestantes em junho de 2013 têm como fonte o Banco de Eventos de Protestos (BEP/ Cebrap), cuja metodologia está descrita na seção "História de uma pesquisa".

3. O slogan aparece em foto de Flavio Moraes para o G1, 2 jun. 2013.

4. G1, 2 jun. 2013.

5. O slogan aparece em foto de Flavio Moraes para o G1, 2 jun. 2013.

6. Era o projeto de decreto legislativo 234/11. CÂMARA DOS DEPUTADOS, *Notícias*, 2 jul. 2013.

7. RBA, 4 jun. 2013.

8. G1, 4 jun. 2013.

9. O anteprojeto PL 236/2012 apresentado ao Senado reformava o Código Civil e seu artigo 128 descriminalizava o aborto em quatro situações: risco à

saúde da gestante; gravidez resultante de violência; feto com anencefalia e decisão da mulher, até a décima segunda semana da gestação.

10. G1, 4 jun. 2013.

11. De acordo com números da PM, 40 mil.

12. G1, 5 jun. 2013.

13. Id.

14. Id.; 8 jun. 2013; *O Popular*, 8 jun. 2013.

15. Discurso de apresentação de Luís Roberto Barroso na CCJ, no dia 5 de junho de 2013. SENADO FEDERAL. "Secretaria-Geral da Mesa". Acesso em: 25 out. 2021.

16. Escreva Lola Escreva, 9 jun. 2013.

17. Id.

18. PROJETO VESTINDO SAÚDE, 10 jun. 2013.

19. CNT/MDA. "Pesquisa: Relatório síntese, rodada 113", 1-5 jun. 2013.

20. Gabriela Moncau, Coletivo Desentorpecendo a Razão, UOL, 8 jun. 2013.

21. Números da organização; na conta da PM, seria cinco vezes menor.

22. Estadão Online, 8 jun. 2013.

23. MOVIMENTO DE COMBATE À CORRUPÇÃO ELEITORAL. "Em defesa da Lei da Ficha Limpa". Brasília, 4 jun. 2013.

24. Congresso em Foco, 5 jun. 2013.

25. Sobre a atuação política do Ministério Público nos governos petistas, veja-se KERCHE, F; VIEGAS, R. R. (2023). "The Brazilian Federal Public Prosecutor's Office: from Defender of Rights to Anticorruption Fighter (1988-2018)". Disponível em: <https://doi.org/10.1590/SciELOPreprints.5690>. Acesso em: 3 abr. 2023.

26. SINDICATO DOS POLICIAIS FEDERAIS NO DISTRITO FEDERAL. Vídeo da campanha nacional "Diga não à PEC 37". Acesso em: 26 mar. 2023.

27. NÃO À PEC 37, 4 jun. 2013. Acesso em: 15 nov. 2021. O dia 26 seria aquele no qual aconteceria a votação no Congresso.

28. A petição alcançaria, até seu encerramento no dia 25 de junho, 454 420 assinaturas. CHANGE.ORG. Acesso em: 10 fev. 2023.

29. INSTITUTO BRASILEIRO DE DEFESA DO CONSUMIDOR, 6 jun. 2013.

30. MINISTÉRIO PÚBLICO DE SÃO PAULO. Campanha Brasil contra a Impunidade recebe apoio internacional. Disponível em: <https://www.mpsp.mp.br/w/campanha-brasil-contra-a-impunidade-recebe-apoio-internacional>. Acesso em 2 jan. 2023.

31. MOVIMENTO PARANÁ SEM CORRUPÇÃO, 25 jun. 2013.

32. MINISTÉRIO PÚBLICO DO PARANÁ. Região norte central — População se reúne para discutir o combate à corrupção. Disponível em <https://planeja-

mento.mppr.mp.br/modules/conteudo/conteudo.php?conteudo=2604>. Acesso em: 4 nov. 2022.

33. *Veja*, 10 jun. 2013.

34. *Conjur*, 14 jun. 2013.

35. ANAJURE, 5 jun. 2013.

36. G1, 10 jun. 2013.

37. Entrevista de Rui Cosmedson, Comando de Caça aos Corruptos, 14 jun. 2019.

38. Em 29 de dezembro de 2012, Cosmedson alterou o nome de uma página que administrava no Facebook de "Conselho Legislativo Nacional" para "Movimento Popular Corrupção Não".

39. Disponível em: <https://www.facebook.com/ruicosmedson/posts/539757619388500?__tn__=-R>. Acesso em: 22 out. 2021. Disponível em: <https://www.facebook.com/ruicosmedson/posts/340482852719741?__tn__=-R>. Acesso em: 22 out. 2021. Disponível em: <https://www.facebook.com/ruicosmedson/posts/349226655198312>. Acesso em: 22 out. 2021.

40. OCC ALERTA BRASIL, 11 jun. 2013. Disponível em: <http://occalertabrasil.blogspot.com/2013/06/marcha-da-familia-com-deus-em-defesa-da_11.html>. Acesso em: 10 fev. 2013.

41. Id.

42. BLOG DO UOL. "A gourmet itinerante", 6 jun. 2013.

43. Chefes dos restaurantes D.O.M., Dalva e Dito, Marcel, Dui, Amici, Zena Caffé, Per Paolo, Ici Bistrô, 210 Diner, Carlota e Las Chicas.

44. Entrevista de Danielle Dahoui, Juntos pela Vida: Acorda Brasil e Movimento Gastronomia Pró-Brasil, 13 set. 2018.

45. *Folha de S.Paulo*, 8 jun. 2013.

46. CONTRAF-CUT, 6 jun. 2013.

47. G1, 3 jun. 2013.

48. Notícias R7, 7 jun. 2013.

49. CNT/MDA. "Pesquisa: Relatório síntese, rodada 113", 1/5 jun. 2013.

50. SINDISPGE, 7 jun. 2013.

51. SINDICATO DOS SERVIDORES PÚBLICOS MUNICIPAIS DE JOINVILLE E REGIÃO, 17 jun. 2013.

52. G1, 3 jun. 2013.

53. *Conjur*, 4 jun. 2013; InfoMoney, 4 jun. 2013.

54. FORÇA SINDICAL, 5 jun. 2013.

55. SINDICATO DOS METALÚRGICOS DA GRANDE CURITIBA, 12 jun. 2013.

56. *Bahia Notícias*, 10 jun. 2013; *Folha de S.Paulo*, 12 jun. 2013.

57. CONFEDERAÇÃO NACIONAL DOS TRABALHADORES EM SEGURIDADE SOCIAL, 7 jun. 2013.

58. Diário do Transporte, 11 jun. 2013.

59. Ibid., 3 jun. 2013.

60. *Conjur*, 4 jun. 2013; InfoMoney, 4 jun. 2013.

61. *Diário do Grande ABC*, 6 jun. 2013.

62. O movimento tinha como base um estudo técnico do Incra para calçar a tese de ocupação irregular da área pela empresa. No dia 5, a ocupação de três meses, no Eixo Monumental, foi encerrada. MST, 7 jun. 2013.

63. RBA, 3 jun. 2013.

64. G1, 4 jun. 2013.

65. BBC News Brasil, 3 jun. 2013.

66. André Puccinelli (PMDB).

67. *O Globo*, 3 jun. 2013.

68. EBC, 6 jun. 2013.

69. Era ainda a senadora Kátia Abreu. EBC, 6 jun. 2013.

70. BBC News Brasil, 3 jun. 2013.

71. UNISINOS, 3 jun. 2013.

72. BBC News Brasil, 3 jun. 2013.

73. RFI, 5 jun. 2013.

74. G1, 6 jun. 2013.

75. EBC, 7 jun. 2013.

76. *Senado Notícias*, 11 jun. 2013.

77. *O Globo*, 7 jun. 2013.

78. *Senado Notícias*, 11 jun. 2013.

79. Bahia Notícias, 3 jun. 2013.

80. G1, 5 jun. 2013; LEIAMAISba, 4 jun. 2013.

81. G1, 10 jun. 2013.

82. LEIAMAISba, 4 jun. 2013.

83. MPL/SP, 3 jun. 2013.

84. "[…] um aumento de tarifa fora de hora porque era para ter acontecido em janeiro… e a pedido do governo federal foi adiado de forma quase que impositiva." Entrevista de Fernando Haddad, prefeito de São Paulo, 31 jan. 2019. Recife e Vitória tinham feito o ajuste em janeiro, Fortaleza, em fevereiro, Curitiba, Manaus e Porto Alegre (quando tinha havido protesto), em março, Natal, Goiânia e Aracajú, em maio. G1, 13 jun. 2013.

85. Entrevista de Nina Cappello, Movimento Passe Livre de São Paulo, 28 out. 2018.

86. Fábio Motta. *Estadão Conteúdo*; G1, 3 jun. 2013.

87. G1, 13 jun. 2018; Ibid., 12 jun. 2018.

88. Ibid., 6 jun. 2013.

89. Ibid., 20 jun. 2013.

90. Ibid., 6 jun. 2013.

91. Id.

92. UOL, 6 jun. 2013.

93. De acordo com a PM, cerca de 2 mil pessoas.

94. *Folha de S.Paulo*, 6 jun. 2013.

95. Segundo o relatório da PM à Secretaria de Segurança Pública. UOL, 7 jun. 2013.

96. *Folha de S.Paulo*, 6 jun. 2013.

97. UOL, 7 jun. 2013.

98. G1, 7 jun. 2013.

99. *Carta Capital*, 7 jun. 2013.

100. G1, 8 jun. 2013.

101. Ibid., 10 jun. 2013.

102. "Nós montamos uma linha para proteger o terminal, e eles passaram a agredir os policiais, jogando pedras, coquetel molotov, lixeira. Jogando tudo e partindo para cima dos policiais. Então, não houve outra saída a não ser dispersar o grupo. [...] Eles queriam invadir o terminal e incendiar ônibus." Coronel Pignatari, comandante do policiamento, EBC, 11 jun. 2013.

103. Terra, 12 jun. 2013.

104. Entrevista à Rádio França Internacional (RFI), em Paris. G1, 11 jun. 2013.

105. G1, 11 jun. 2013.

106. *Folha de S.Paulo*, 13 jun. 2013; *O Estado de S. Paulo*, 13 jun. 2013.

107. DATAFOLHA, 6/7 jun. 2013.

108. BIBLIOTECA PRESIDÊNCIA DA REPÚBLICA. Entrevista coletiva concedida pela Presidenta da República, Dilma Rousseff, antes da cerimônia de entrega do Sistema Integrado de Comando e Controle para Segurança de Grandes Eventos. Acesso em: 8 nov. 2022.

109. Entrevista de Glauco Silva de Carvalho, coronel de reserva, 17 jan. 2019.

110. DELLA PORTA, 2013; MACIEL e MACHADO, 2021.

111. ND+, 13 jun. 2013; *O Estado*, 14 jun. 2013.

112. G1, 13 jun. 2013.

113. *Folha de S.Paulo*, 14 jun. 2013.

114. Entrevista de Danielle Dahoui, Juntos pela Vida: Acorda Brasil e Movimento Gastronomia Pró-Brasil, 13 set. 2018.

115. *Folha de S.Paulo*, 14 jun. 2013.

116. UOL, 13 jun. 2013.

117. *Folha de S.Paulo*, 13 jun. 2013. A PM calculou um quarto disso.

118. Entrevista de Glauco Silva de Carvalho, coronel de reserva, 17 jan. 2019.

119. Terra, 13 jun. 2013.

120. G1, 13 jun. 2013.

121. Tenente-coronel Ben-Hur Junqueira. R7, 14 jun. 2013.

122. Entrevista de Daniela Skromov, Defensoria Pública do Estado de São Paulo, 31 out. 2018.

123. EBC, 13 jun. 2013.

124. Entrevista de Glauco Silva de Carvalho, coronel de reserva, 17 jan. 2019.

125. "Eu fui conversar com o coronel Ben-Hur e […] olha, a gente tá aqui num ato pacífico como você tá vendo, a nossa ideia não é quebrar nada". […] ele disse assim 'é verdade, hoje vocês estão de parabéns'". Entrevista de Maurício Costa, *O Estado de S. Paulo*, 14 jun. 2013.

126. G1, 14 jun. 2013a.

127. EBC, 13 jun. 2013.

128. Entrevista de Sarah de Roure, Marcha Mundial das Mulheres, 10 out. 2018.

129. Entrevista de Virgínia Barros, presidente da União Nacional dos Estudantes, 10 out. 2018.

130. Estadão Online, 13 jan. 2016; TV Estadão, 13 jan. 2016.

131. R7, 13 jun. 2013; *Folha de S.Paulo*, 14 jun. 2013; G1, 14 jun. 2013.

132. R7, 13 jun. 2013.

133. Terra, 14 mar. 2013.

134. Houve também a detenção de 21 pessoas. *Folha de S.Paulo*, 14 jun. 2013.

135. G1, 13 jun. 2013.

136. Id.

137. GZH Geral. "Porto Alegre: Contra aumento da tarifa", 14 jun. 2013.

138. Estadão Online. "Em ato de desagravo", 14 jun. 2013.

139. *Gazeta do Povo*, 13 jun. 2013.

140. G1, 13 jun. 2013.

141. UOL, 13 jun. 2013

142. G1, 13 jun. 2013.

143. UOL, 13 jun. 2013.

144. Entrevista de Pablo Capilé, Mídia Ninja, 25 jan. 2019.

145. Ativismo portátil é entendido aqui como um estilo de ativismo modular, composto por performances políticas padronizadas e flexíveis, o que as torna fáceis de reproduzir. Ver Alonso, 2022.

146. INSTITUTO SOU DA PAZ, 14 jun. 2013.

147. Consciência, 18 jun. 2013; G1, 14 jun. 2013; UOL, 14 jun. 2013; Estadão Online, 14 jun. 2013.

148. Notas da Federação Nacional dos Jornalistas, Associação Nacional de Jornais e Associação Brasileira de Jornalismo Investigativo. UOL, 13 jun. 2013.

149. *Brasil Urgente*, 13 jun. 2013. Acesso em: 7 fev. 2023. Disponível em: <https://www.youtube.com/watch?v=7cxOK7SOI2k>.

150. JUDENSNAIDER et al., 2013, pp. 117 e 123.

151. PARTIDO DO TRABALHADORES (PT). "Nota do Diretório Municipal do PT-SP repudia violência da PM durante manifestação." Acesso em: 7 fev. 2023. Alckmin condenou os "vândalos", Haddad retrucou: "Isso não faz parte do meu vocabulário político". Fazia da língua do comandante da PM, que acusou o Psol de "recrutar punks" para os protestos. G1, 18 jun. 2013; *Folha de S.Paulo*, 16 jun. 2013.

152. Conectas, 12 jun. 2018.

153. *Folha de S.Paulo*, 13 jun. 2013.

154. Entrevista de Ali Kamel, Rede Globo, 22 maio 2019.

155. Estadão Online, acervo de 15 jun. 2013, p. 1.

156. *Folha de S. Paulo*, 15 jun. 2013.

157. *Veja*, 14 jun. 2013.

158. G1, 19 jun. 2013.

159. *Globo Esporte*, 22 jun. 2013.

160. Midiamax.uol, 19 jun. 2013.

161. G1, 16 jun. 2013.

162. DW, 16 jun. 2013

163. G1, 16 jun. 2013; *Folha de S.Paulo*, 16 jun. 2013.

164. BBC News Brasil, 16 jun. 2013.

165. Campo Grande News, 14 jun. 2013.

166. *Folha de S.Paulo*, 14 jun. 2013.

167. G1, 14 jun. 2013.

168. Em Porto Alegre, por exemplo, MST e Levante Popular da Juventude. Porém, havia muitos outros, sem contar estudantes universitários ou recém-formados das universidades.

169. G1, 14 jun. 2013.

170. *O Tempo*, 15 jun. 2013; G1, 15 jun. 2013.

171. UOL, 15 jun. 2013.

172. G1, 15 jun. 2013.

173. *Folha de S.Paulo*, 14 fev. 2013.

174. DW, 15 jun. 2013.

175. *Veja*, 16 jun. 2013.

176. *Estado de Minas*, 16 jun. 2013; G1, 18 jun. 2013.

177. BBC News Brasil, 16 jun. 2013.

178. *Correio do Povo*, 16 jun. 2013.

179. Terra, 15 jun. 2013.

180. Id.

181. *Folha de S.Paulo*, 14 jun. 2013.

182. R7, 16 jun. 2013.

183. G1, 17 jun. 2013.

184. Ferrer (pseudônimo). Matéria Incógnita, 16 jun. 2013.

185. Entrevista de Eduardo Paes, prefeito do Rio de Janeiro, 20 nov. 2018.
Entrevista de Fernando Haddad, prefeito de São Paulo, 31 jan. 2019.

5. O MOSAICO [pp. 179-238]

1. G1, 17 jun. 2013.

2. *Exame*, 17 jun. 2013.

3. *Folha de S.Paulo*, 14 jun. 2013.

4. Entrevista de Fernando Haddad, prefeito de São Paulo, 31 jan. 2019.
VIATROLEBUS, 17 jun. 2013.

5. *Folha de S.Paulo*, 17 jun. 2013.

6. Entrevista de Fidélis Alcântara, Comitê Popular da Copa de Belo Horizonte, 3 dez. 2018.

7. Entrevista de Márcio Lacerda, prefeito de Belo Horizonte, 4 dez. 2018.

8. SINDICATO DOS TRABALHADORES RODOVIÁRIOS DE BELO HORIZONTE E REGIÃO, 8 jul. 2013.

9. R7, 17 jun. 2013; *O Tempo*, 20 jun. 2013; *Exame*, 17 jun. 2013.

10. G1, 15 jun. 2013.

11. *O Tempo*, 17 jun. 2013; G1, 15 jun. 2013.

12. Entrevista de Márcio Lacerda, prefeito de Belo Horizonte, 4 dez. 2018.

13. Entrevista de Cláudia Romualdo, coronel da Polícia Militar do Estado de Minas Gerais, 4 dez. 2018.

14. *O Tempo*, 17 jun. 2013.

15. Entrevista de Cláudia Romualdo, coronel da Polícia Militar do Estado de Minas Gerais, 4 dez. 2018.

16. *O Tempo*, 17 jun. 2013; G1, 17 jun. 2013.

17. Entrevista de Fidélis Alcântara, Comitê Popular da Copa de Belo Horizonte, 4 dez. 2018.

18. *O Tempo*, 17 jun. 2013.

19. Entrevista de Marcos Musse, Movimento Passe Livre de Salvador, 25 jan. 2019.

20. G1, 17 jun. 2013.

21. Bahia, 18 jun. 2013.

22. ESPN, 17 jun. 2013.

23. G1, 17 jun. 2013; G1, 18 jun. 2013; ESPN, 17 jun. 2013.

24. ESPN, 17 jun. 2013; G1, 17 jun. 2013.

25. GZH Geral, 17 jun. 2013; Alagoas na Net, 17 jun. 2013; G1, 17 jun. 2013.

26. G1, 17 jun. 2013.

27. Id.

28. Id.

29. Id.

30. Id.

31. *Exame*, 17 jun. 2013; G1, 17 jun. 2013; *Jornal do Brasil*, 17 jun. 2013.

32. *Veja*, 18 jun. 2013.

33. Id.

34. G1, 18 jun. 2013.

35. Ibid.

36. Entrevista de Eduardo Paes, prefeito do Rio de Janeiro, 20 nov. 2018.

37. G1, 18 jun. 2013.

38. Entrevista de Sarah de Roure, Marcha Mundial das Mulheres, 10 out. 2018.

39. Entrevista de Danielle Dahoui, Juntos pela Vida: Acorda Brasil e Movimento Gastronomia Pró-Brasil, 13 set. 2018.

40. Entrevista de Maurício Costa, Movimento Esquerda Socialista, 9 out. 2018.

41. DATAFOLHA, 17 jun. 2013.

42. Entrevista de Danielle Dahoui, Juntos pela Vida: Acorda Brasil e Movimento Gastronomia Pró-Brasil, 13 set. 2018.

43. "A Ponte Estaiada é o símbolo de como o estado prioriza o capital e mostra a opção que a cidade tomou por escolher o transporte individual." Mayara Vivian, ativista do Movimento Passe Livre de São Paulo, G1, 18 jun. 2013.

44. "Quando a passeata chegou ao cruzamento da Faria Lima com a Juscelino, fomos praticamente empurrados para o lado direito [em direção à Marginal]. Nessa hora achamos aquilo muito esquisito." Depoimento de uma manifestante, Medium, 19 jun. 2013.

45. G1, 17 jun. 2013.

46. Entrevista de Daniela Skromov, Defensoria Pública do Estado de São Paulo, 31 out. 2018.

47. Entrevista de Maurício Costa, Movimento Esquerda Socialista, 9 out. 2018.

48. SOUZA, 2018, p. 263.

49. Entrevista de Danielle Dahoui, Juntos pela Vida: Acorda Brasil e Movimento Gastronomia Pró-Brasil, 13 set. 2018.

50. Entrevista de Maurício Costa, Movimento Esquerda Socialista, 9 out. 2018.

51. Entrevista de Carla Zambelli, Movimento NasRuas, 17 out. 2018.

52. Entrevista de Marcello Reis, Revoltados Online, 12 dez. 2018.

53. Id.

54. Entrevista de Rui Cosmedson, Comando de Caça aos Corruptos, 14 jun. 2019.

55. Estado de Minas Nacional, 17 jun. 2013; CÂMARA DOS DEPUTADOS, 18 jun. 2013; EBC, 17 jun. 2013; UOL, 17 jun. 2013; G1, 18 jun. 2013; *Gazeta do Povo*, 17 jun. 2013. Entrevista de Clay Zeballos, Movimento Brasil contra a Corrupção, 5 fev. 2019.

56. Estado de Minas Nacional, 17 jun. 2013. Entrevista de Clay Zeballos, Movimento Brasil contra a Corrupção, 5 fev. 2019. Entrevista de Pedro Henrichs, Juventude do PT do Distrito Federal, 5 fev. 2019.

57. G1, 18 jun. 2013.

58. Entrevista de Agnelo Queiroz, governador do Distrito Federal, 6 fev. 2019.

59. André Vargas, *Tribuna*, 17 jun. 2013.

60. *Gazeta do Povo*, 17 jun. 2013.

61. Id.

62. Segundo estimativa do IBGE para o ano seguinte. Disponível em: <www.ibge.gov.br/home/estatistica/populacao/estimativa2014>. Acesso em: 23 jan. 2023.

63. CBN, 17 jun. 2013. A revista *IstoÉ* da semana, que saiu dois dias depois, no 19, dedicou o editorial a condenar a ação "truculenta" da polícia.

64. YAMAMOTO, 2016, p. 113.

65. Entrevista de Nina Cappello, Movimento Passe Livre de São Paulo, 28 out. 2018.

66. Entrevista de Ali Kamel, diretor-geral de jornalismo da Rede Globo, 22 maio 2019.

67. Entrevista de Agnelo Queiroz, governador do Distrito Federal, 6 fev. 2019.

68. DATAFOLHA, 18 jun. 2013.

69. As outras eram Alvorada, Pelotas e Caxias do Sul, no Rio Grande do Sul, e Guaratinguetá e São Sebastião, em São Paulo. G1, 17 jun. 2013.

70. Entrevista de Fernando Haddad, prefeito de São Paulo, 31 jan. 2019.

71. "Mantemos o convite para o prefeito, Fernando Haddad, se reunir com o MPL na quarta-feira, 19/06, às 10h no sindicato dos jornalistas." Movimento Passe Livre de São Paulo, 17 jun. 2013.

72. G1, 18 jun. 2013.

73. BRASIL. "Nota da SPM sobre o Projeto de Decreto Legislativo 234/1", 21 jun. 2013.

74. G1, 18 jun. 2013.

75. Entrevista de Eduardo Paes, prefeito do Rio de Janeiro, 20 nov. 2018.

76. G1, 19 jun. 2013; BBC, 19 jun. 2013; RBA, 19 jun. 2013; *O Povo*, 19 jun. 2013; BBC, 19 jun. 2013; NSC Total, 19 jun. 2013.

77. G1, 18 jun. 2013; Estadão Online, 19 jun. 2013.

78. "O Movimento dos Trabalhadores Sem-Teto e o Movimento Periferia Ativa [...], durante esta semana organizaremos manifestações e bloqueios em várias partes da periferia de São Paulo." MOVIMENTO PASSE LIVRE DE SÃO PAULO, 17 jun. 2013.

79. Segundo o UOL, 21 jun. 2013, foram 388 cidades com protestos nesse dia, mas não foram encontradas evidências de outras fontes que corroborem a existência da maioria desses eventos. Apenas foram considerados para integrar o BEP/ Cebrap eventos para os quais as notícias permitiam discriminar a cidade e o estado de ocorrência. Portais de notícias, como UOL, noticiaram uma estimativa, sem distinguir entre anúncios de eventos e eventos efetivamente ocorridos. O mais provável é que tenham noticiado muitos protestos convocados, mas que não chegaram a ocorrer.

80. G1, 20 jun. 2013.

81. Id.

82. *Exame*, 20 jun. 2013.

83. UOL, 20 jun. 2013.

84. JC Online, 20 jun. 2013; Rádio Jornal, 20 jun. 2013; *Diário de Pernambuco — Blog Mobilidade*, 21 jun. 2013.

85. Goiás 24horas, 20 jun. 2013.

86. EBC, 20 jun. 2013.

87. UOL, 20 jun. 2013; G1, 20 jun. 2013.

88. "A uma quadra da Faria Lima [...], alguém que falou que estava tendo algum tipo de confusão... Meus filhos eram pequenos [...] tive um sentimento de proteção que me impediu de chegar mais perto." Entrevista de Rogério Chequer, Vem pra Rua, 14 jun. 2018.

89. *Gazeta de Alagoas*, 21 jun. 2013.

90. G1, 20 jun. 2013; *Folha de S.Paulo*, 19 jun. 2013.

91. Ibid., 21 jun. 2013.

92. Ibid., 20 jun. 2013.

93. Ibid., 21 jun. 2013.

94. *Folha de S.Paulo*, 20 jun. 2013.

95. G1, 20 jun. 2013.

96. Id.

97. Id.

98. Terra, 21 jun. 2013.

99. G1, 20 jun. 2013.

100. Id.; *Folha de S. Paulo*, 20 jun. 2013.

101. *Correio do Estado*, 20 jun. 2013; Campo Grande News, 20 jun. 2013.

102. Campo Grande News, 20 jun. 2013.

103. G1, 20 jun. 2013; UOL, 20 jun. 2013; *Jornal da Paraíba*, 20 jun. 2013; Vermelho.org, 20 jun. 2013.

104. *Folha Vitória*, 19 jun. 2013; UOL, 20 jun. 2013.

105. G1, 21 jun. 2013.

106. Id.

107. Entrevista de Marcos Musse, Movimento Passe Livre de Salvador, 25 jan. 2019.

108. La Parola, 20 jun. 2013.

109. Entrevista de Jaques Wagner, governador da Bahia, 26 jan. 2019.

110. Entrevista de Antônio Carlos Magalhães Neto, prefeito de Salvador, 26 jan. 2019.

111. Entrevista de Marcos Musse, Movimento Passe Livre de Salvador, 25 jan. 2019.

112. G1, 20 jun. 2013; *Correio Braziliense*, 20 jun. 2013; UOL, 20 jun. 2013.

113. La Parola, 20 jun. 2013.

114. UOL, 20 jun. 2013.

115. Entrevista de Alexandre Santini, Laboratório de Políticas Culturais do Rio de Janeiro, 14 nov. 2018.

116. UOL, 20 jun. 2013; BBC, 20 jun. 2013; *Correio Braziliense*, 20 jun. 2013.

117. Id.; G1, 21 jun. 2013.

118. *Veja*, 21 jun. 2013.

119. Entrevista de Virgínia Barros, presidente da União Nacional dos Estudantes, 10 out. 2018.

120. *Veja*, 21 jun. 2013.

121. Entrevista de Marcello Reis, Revoltados Online, 12 dez. 2018.

122. Entrevista de Rui Cosmedson, Comando de Caça aos Corruptos, 14 jun. 2019.

123. *Folha de S.Paulo*, 20/21 jun. 2013.

124. *Folha de S.Paulo*, 21 jun. 2013; G1, 21 jun. 2013.

125. BBC, 20 jun. 2013.

126. UOL, 20 jun. 2013.

127. R7, 20 jun. 2013.

128. IBOPE. Pesquisa realizada em 20 de junho de 2013.

129. Entrevista de Arielli Moreira, Assembleia Nacional dos Estudantes — Livre, 30 out. 2018.

130. O estranhamento reapareceu em entrevistas, gravadas entre 2018 e 2021, em parceria com Paulo Markun, listadas ao final deste volume.

131. Entrevista de ativista do MST a Angela Alonso, 29 jun. 2013.

132. Entrevista de Francisco Foureaux, Tarifa Zero BH, 2 dez. 2018.

133. Entrevista Priscila Musa, Movimento Fora Lacerda, 2 dez. 2018.

134. TARIFA ZERO, 18 jun. 2013.

135. Entrevista de Cláudia Romualdo, coronel da Polícia Militar do estado de Minas Gerais, 4 dez. 2018.

136. Entrevista de Eron Morais, o "Batman" dos protestos, 12 nov. 2018.

137. Entrevista de Carla Zambelli, Movimento NasRuas, 17 out. 2018.

138. Entrevista de Virgínia de Barros, presidente da União Nacional dos Estudantes—Livre, 10 out. 2018.

139. Pesquisa Ibope realizada em 20 de junho de 2013, em São Paulo, Rio de Janeiro, Belo Horizonte, Porto Alegre, Recife, Fortaleza, Salvador e Brasília, com 2002 entrevistas, margem de erro de dois pontos e 95% de intervalo de confiança.

140. G1, "Assuntos no Twitter", 20 jun. 2013.

141. Dados da pesquisa Ibope realizada em 20 de junho de 2013. Respostas múltiplas, reaglutinadas para a pergunta: "Como você soube da manifestação de quinta (20)?".

142. IBOPE, 20 jun. 2013.

143. O Ibope pesquisou oito capitais no dia 20. A Expertise/Heap Up, nos dias 21 e 22, fez o levantamento mais abrangente de junho, em 27 capitais, ouvindo 2344 pessoas. Pelas duas pesquisas, a manifestação foi meio a meio em gênero, mas havia variações: em São Paulo, onde a *Folha* também pôs seu instituto na rua, cada vez mais homens se manifestaram, à medida que o volume crescia: respectivamente 47%, 63% e 61%, nos levantamentos do Datafolha de 13, 17 e 20 de junho. Ainda segundo o Datafolha, os menos educados eram quase um terço dos manifestantes no início. Adiante, os filiados a sindicatos foram suplantados pela elite escolar.

144. Para outra interpretação, ver SINGER, 2013.

145. Segundo a tabela 10.6, do *Retrato das desigualdades de gênero e raça: 1995-2015*, do Ipea, para o ano de 2013.

146. TSE. O eleitorado era então de 138 544 348, 30 jul. 2012.

147. Entrevista de Carla Zambelli, Movimento NasRuas, 17 out. 2018.

148. Entrevista de Camila Jourdan, Organização Anarquista Terra e Liberdade, 13 nov. 2018.

149. Reagrupando a variável "Razões para participar da manifestação" da pesquisa Ibope de 20 de junho, redistribuição alcança 60% e moralidade, 32%,

enquanto violência atinge 7,5%. Os dados não são comparáveis com os da Expertise/Heap Up, que não disponibiliza os números precisos para cada variável, mas apenas a agregação.

150. Entrevista de Cristiano Chiocca, Instituto Mises Brasil, 12 dez. 2018.

6. COMO JUNHO ACABA [pp. 239-61]

1. G1, 21 jun. 2013.

2. *Veja*, 22 jun. 2013.

3. BIBLIOTECA PRESIDÊNCIA DA REPÚBLICA. "Pronunciamento da Presidenta da República, Dilma Rousseff, em cadeia nacional de rádio e TV, 21 jun. 2013". Acesso em 8 dez. 2022.

4. G1, 21 jun. 2013.

5. *O Estado de S. Paulo*, 21 jun. 2013; Portal Geledés, 21 jun. 2013; *Gazeta do Povo*, 21 jun. 2013.

6. *Veja*, 21 jun. 2013.

7. *Correio Popular*, 23 jun. 2013.

8. No dia 24, "o Pimentel, ele ia para Brasília, eu disse 'ó, sugere a Dilma que o caminho é uma Constituinte para fazer reforma política' e saí dali e mandei um e-mail para ela. E ao entrar na reunião lá dos prefeitos, logo na sequência daqueles dias, ela me cumprimentou e disse 'ó, aquela sugestão que você deu vou encampar'". Entrevista de Márcio Lacerda, prefeito de Belo Horizonte, 4 dez. 2018.

9. *O Globo*, 22 jun. 2013.

10. G1, 21 jun. 2013.

11. *O Tempo*, 22 jun. 2013.

12. BBC News Brasil, 22 jun. 2013.

13. Outro coronel justificou: "Somos pacíficos, mas não somos passivos. A autoridade policial está aqui e vamos reagir". *O Tempo*, 22 jun. 2013; *O Globo*, 22 jun. 2013.

14. ESPN, 22 jun. 2013.

15. Acorda Cidade, 24 jun. 2013, *Hoje em Dia*, 22 jun. 2013.

16. G1, 22 jun. 2013.

17. Id.

18. G1, 24 jun. 2013.

19. *Placar Abril*, 22 jun. 2013; G1, 22 jun. 2013.

20. *Folha de S.Paulo*, 24 jun. 2013.

21. G1, 24 jun. 2013.

22. *Jornal do Comércio*, 24 jun. 2013.

23. *Folha de S.Paulo*, 24 jun. 2013.

24. G1, 22 jun. 2013.

25. EBC, 22 jun. 2013; *O Globo*, 22 jun. 2013.

26. *Correio Braziliense*, 22 jun. 2013.

27. *O Popular*, 21 jun. 2013.

28. Id.

29. Ibid., 22 jun. 2013.

30. As aspas são de um membro do MPL, *Folha de S.Paulo*, 21 jun. 2013.

31. Terra, 20 jun. 2013.

32. Estadão Online, 22 jun. 2013.

33. Foi no Sindicato dos Químicos do ABC. Compareceram à Marcha Mundial das Mulheres, UNE, Conlutas, CUT, Via Campesina, PSTU, Psol. RBA, 22 jun. 2013.

34. Sindicato dos Químicos do ABC, 22 jun. 2013.

35. Id.

36. Id.

37. No dia 22, em Goiânia, menos gente ainda: duas centenas de pessoas contra a PEC-37 foram à praça Cívica e marcharam até o lago das Rosas. *O Globo*, 22 jun. 2013.

38. NASCIMENTO, 2022; Terra, 24 jun. 2013.

39. BBC News Brasil, 22 jun. 2013; *Hoje em Dia*, 22 jun. 2013.

40. Purepeople, 23 jun. 2013.

41. Blog Hermes C. Fernandes, 23 jun. 2013; *Extra*, 23 jun. 2013.

42. BBC News Brasil, 23 jun. 2013.

43. EcoDebate, 23 jun. 2013.

44. Poder Aéreo, 23 jun. 2013.

45. Minas (Betim, Igarapé, Santa Luzia, Nova Lima, Ibirité), São Paulo (Montes Claros, Itapeva, Orlândia, Mogi-Guaçu), Roraima (Vilhena), Santa Catarina (Brusque, Blumenau, Timbó, Taió) e Rio Grande do Sul (Santa Maria). *O Tempo*, 22 jun. 2013; G1, 22 jun. 2013.

46. PREFEITURA MUNICIPAL DE ITAPEVA (MG). "Manifestação pela paz ocorre em Itapeva/MG", 23 jun. 2013. Acesso em: 8 jan. 2023.

47. Alagoas 24 Horas, 23 jun. 2013. Em Blumenau, a "cura gay" também foi tema. Terra, 23 jun. 2013.

48. G1, 22 jun. 2013.

49. BIBLIOTECA PRESIDÊNCIA DA REPÚBLICA. "Discurso da presidenta da República, Dilma Rousseff, durante reunião com governadores e prefeitos de capitais", 24 jun. 2013. Acesso em: 8 dez. 2022.

50. Entrevista de Fernando Haddad, prefeito de São Paulo (PT), 31 jan. 2019.

51. *Exame*, 24 mar. 2013.

52. GZH Geral, 24 jun. 2013.

53. Vinicius Furtado Coelho, presidente da OAB, *Estado de Minas*, 24 jun. 2013.

54. "A pedido da presidenta, eu sentei e conversei com o ex-presidente Fernando Henrique Cardoso. [...] o PSDB tinha a posição contrária à Constituinte — foi dito pelo Fernando Henrique Cardoso, que ele não via nenhum problema [para] fazer um plebiscito. Então, ficou de dialogar. Mas aí essa informação saiu nos jornais, criou-se uma confusão." Entrevista de José Eduardo Cardozo, ministro da Justiça, 5 fev. 2019.

55. BBC News Brasil, 25 jun. 2013.

56. Entrevista de Michel Temer, vice-presidente da República, São Paulo, 27 out. 2021.

57. *Hoje em Dia*, 25 jun. 2013.

58. *Veja*, 24 jun. 2013.

59. *Senado Notícias*. "Pronunciamento de Renan Calheiros", 25 jun. 2013.

60. *Senado Notícias*, 26 jun. 2013.

61. Rede Ubes, 27 jun. 2013; SENADO FEDERAL, PRESIDÊNCIA, 27 jun. 2013.

62. *Senado Federal Notícias*, 27 jun. 2013. Atrasada, Belo Horizonte, baixou a tarifa em 29 de junho.

63. CÂMARA DOS DEPUTADOS, Henrique Eduardo Alves, 25 jun. 2013; Jornal do Senado, 26 jun. 2013, p. 5.

64. *Senado Notícias*, 25 jun. 2013.

65. Id.

66. CÂMARA DOS DEPUTADOS, 26 jun. 2013.

67. Congresso em Foco, 26 jun. 2013.

68. Excluída a Marcha para Jesus, que, por sua magnitude, distorceria a média.

69. EBC, 26 jun. 2013.

70. *Folha de S.Paulo*, 28 jun. 2013.

71. ESPN, 27 jun. 2013; G1, 26 jun. 2013.

72. G1, 27 jun. 2013; RBA, 27 jun. 2013.

73. *Exame*, 25 jun. 2013.

74. EBC, 25 jun. 2013; *Folha de S.Paulo*, 25 jun. 2013.

75. UOL, 25 jun. 2013.

76. Ibid., 27 jun. 2013.

77. *O Globo*, 27 jun. 2013.

78. UNIÃO BRASILEIRA DOS ESTUDANTES SECUNDARISTAS, 27 jun. 2013.

79. Terra, 26 jun. 2013.

80. UNIÃO NACIONAL DOS ESTUDANTES, 26 jun. 2013.

81. BRASIL. Gov.br, 26 jun. 2013.

82. Estadão Online, 28 jun. 2013.

83. DATAFOLHA, 29 jun. 2013; G1, 29 jun. 2013.

84. No mesmo 29, os cariocas fizeram outro protesto, com quinhentos manifestantes, contra remoções de moradores de comunidades e a violência da polícia contra eles. EBC, 29 jun. 2013.

85. G1, 30 jun. 2013.

86. EBC, 30 jun. 2013.

87. A Redação, 29 jun. 2013.

88. G1, 29/06/2013.

89. SANT'ANA, 2014, p. 216; Ibid., 2019, pp. 135-7.

90. G1, 29 jun. 2013.

91. Gospel+, 29 jun. 2013.

92. DATAFOLHA. "Marcha para Jesus", 29 jun. 2013.

93. Gospel+, 29 jun. 2013.

94. Um pastor orou: "Nós profetizamos que o mal que o homem tem feito para a natureza vai ser desfeito, nós declaramos, o rio Tietê é bênção de Deus para essa cidade". SANT'ANA, 2014, pp. 219-20.

95. Gospel+, 29 jun. 2013.

96. G1, 29 jun. 2013.

97. Gospel+, 29 jun. 2013.

O ESPÓLIO DE JUNHO [pp. 262-73]

1. G1, 27 jul. 2013.

2. Outro dos pactos foi efetivado em 9 de setembro: 75% dos royalties do petróleo e 50% do Fundo Social do Pré-Sal para a educação. Lei 12 858, de 9 de setembro de 2013.

3. BRASIL. Programa Mais Médicos.

4. *Veja*, 16 jul. 2013; Terra, 23 jul. 2013.

5. Portal Geledés, 1º set. 2013.

6. R7, 14 ago. 2013.

7. Jurid/OAB-RJ, 17 abr. 2014. Disponível em: <https://oab-rj.jusbrasil. com.br/noticias/100705888/lei-da-ditadura-para-enquadrar-black-blocs>. Acesso em: 11 fev. 2023.

8. MACIEL e MACHADO, 2021.

9. G1, 31 out. 2013.

10. SILVEIRA, 2015, p. 223.

11. BEP/ Cebrap.

12. E 32 ainda antes de 2003. SOUZA, 2023, pp. 29-30.

13. G1, 13 mar. 2016; *Época Negócios*, 13 mar. 2016.

14. Aconteceu em São Paulo, em 18 de março, e teve 1,3 milhão de manifestantes. G1, 18 mar. 2016.

15. CÂMARA DOS DEPUTADOS, 17 jun. 2013.

HISTÓRIA DE UMA PESQUISA [pp. 274-81]

1. Angela Alonso e Ann Mische. "Changing Repertoires and Partisan Ambivalence in the New Brazilian Protests". *Bulletin of Latin American Research*, v. 36, n. 2, pp. 144-59, 2016.

2. "La reacción patriota en Brasil". *Población y Sociedad*, Buenos Aires, v. 28, n. 2, 2021; "El anti-estadista brasileño y la retórica de los bolsonaristas de corazón". Alcores — *Revista de Historia Contemporánea*, Salamanca, v. 24, pp. 113-35, 2021; "A gênese de 2013: formação do campo patriota", v. 8, n. 1, p. 30, 2019; "A política das ruas — Protestos em São Paulo de Dilma a Temer", *Novos Estudos Cebrap*. São Paulo, v. especial, pp. 49-58, 2017.

3. Auxílios à pesquisa Fapesp "Performances políticas e circulação de repertórios nos ciclos de protesto contemporâneos no Brasil (2016-2018)" e "A Política das Ruas: Protestos em São Paulo de Dilma a Temer (2018-2020)". Produtividade em Pesquisa CNPq — 1C (2018-23). OBSERVATÓRIO DA CULTURA DOS MOVIMENTOS DE RUA NO BRASIL E SUAS PERFORMANCES (OP-BRASIL) (2021-2022).

4. MCADAM, TARROW e TILLY, 2001.

5. EARL, 2004.

6. A saber: "collective, public action regarding issues in which explicit concerns […] are expressed as a central dimension, organized by nonstate instigators with the explicit purpose of critique or dissent together with societal and/ or political demands." (FILLIEULE e ROOTES, 2003, p. 273).

Fontes primárias

1. DOCUMENTOS OFICIAIS

BRASIL. *Anais da Câmara dos Deputados,* fev./jun. 2011.

_____. *Anais do Senado Federal,* nov. 2008/jun. 2013.

_____. *Anais do Supremo Tribunal Federal,* jun. 2011.

_____. Biblioteca da Presidência da República. *Discursos presidenciais,* jan. 2003/jun. 2013.

_____. *Comissão Nacional da Verdade,* maio 2012/mar. 2013.

_____. Ministério da Educação. *Plano Nacional de Educação (PNE),* 2011--2020.

_____. Ministério dos Direitos Humanos e Cidadania. *Plano Nacional de Direitos Humanos 3,* 2009.

_____. Ministério Público Federal, *Brasil contra a impunidade,* abr. 2013.

_____. *Programa Mais Médicos,* jun. 2013.

_____. Tribunal Superior Eleitoral. *Eleitorado brasileiro,* jul. 2012.

GOIÁS. Assembleia Legislativa do Estado. *Notícias do Gabinete,* maio 2011.

INEP/DEED. *Censo da educação superior,* 2014.

IPEA. *Programa Bolsa Família: Uma década de inclusão e cidadania,* 2014.

_____. *Retrato das desigualdades de gênero e raça,* 1995-2015.

ITAPEVA (MG). Prefeitura Municipal, jun. 2013.

PARÁ. Ministério Público do Estado, *Brasil contra a impunidade,* mar. 2013.

PARANÁ. Ministério Público do Estado, *Brasil contra a impunidade*, jun. 2013.

SÃO PAULO. Ministério Público do Estado, *Brasil contra a impunidade*, jun. 2013.

SÃO PAULO (Prefeitura). *Relatório Evento Parada Gay 2012*, 2012. SECRETARIA-
-GERAL DA PRESIDÊNCIA DA REPÚBLICA, 2010.

2. RELATÓRIOS DE INSTITUTOS DE PESQUISA

ASSOCIAÇÃO NACIONAL DOS DIRIGENTES DAS INSTITUIÇÕES FEDERAIS DE ENSI-
NO SUPERIOR. *IV Pesquisa do perfil socioeconômico e cultural dos estudantes
de graduação das instituições federais de ensino superior brasileiras*, 2016.

CNT/DMA. *Relatório síntese*, jun. 2013.

DATAFOLHA. "Aprovação do governo federal", 12 ago. 2005.

_____. "Aprovação do governo federal", 6/7 jun. 2013.

_____. "Aprovação dos protestos", 18 jun. 2013.

_____. "Marcha para Jesus", 29 jun. 2013.

_____. "Número de manifestantes", 17 jun. 2013.

_____. "Parada Gay 2013 perde público e reúne 220 mil em São Paulo", 3 jun.
2013.

_____. "Razões de avaliação da presidente Dilma Rousseff", 20/21 mar. 2013.

DIEESE. *Balanço das greves em 2010-2011*, n. 63, nov. 2012.

_____. *Balanço das greves em 2012*, n. 66, maio 2013.

_____. *Balanço das greves em 2013*, n. 79, dez. 2015.

EXPERTISE/HEAP UP, 21/22 jun. 2013.

IBGE. *Projeções da população*, 2014.

IBOPE. "Aprovação do governo federal", 4/6 dez. 2010.

_____. "Pesquisa sobre os manifestantes", 20 jun. 2013.

INESC/INSTITUTO PÓLIS. "Pesquisa sobre audiências e conferências nacionais",
2011.

ISER. "Um ano de Comissão da Verdade: Contribuições críticas para o debate
público". *2º Relatório de Monitoramento da Comissão Nacional da Verdade*,
Rio de Janeiro, maio 2012/maio 2013.

3. IMPRENSA PERIÓDICA

ACORDA Cidade, jun. 2013.

ALAGOAS 24h, jun. 2013.

ALAGOAS na Net, jun. 2013.

BAGUETE, nov. 2012.

BAHIA Notícias, maio/jun. 2013.

BBC News Brasil, mar./jun. 2013.

BIOLOGIA na Rede, ago./dez. 2011.

BLOG da UOL, jun. 2013.

BOL, jan. 2012/maio 2013.

BONDE News, set. 2011.

CAMPO Grande News, jun. 2013.

CANAL Rural, maio 2012.

CARTA Capital, set. 2012/jun. 2013.

CBN, jun. 2013.

CIDADE Verde, out. 2012.

CIFRACLUB, jan. 2013.

CONGRESSO em Foco, jan. 2012/jun. 2013.

CONJUR, dez. 2011.

CORREIO Braziliense, maio/jun. 2013.

CORREIO do Estado, jun. 2013.

CORREIO Popular, jun. 2013.

D24AM, abr. 2013.

DIÁRIO de Pernambuco, Blog Mobilidade, jun. 2013.

DIÁRIO do Comércio, nov. 2006/jun. 2013.

DIÁRIO do Grande ABC, jun. 2013.

DIÁRIO do Nordeste, nov. 2012.

DIÁRIO do Transporte, jun. 2013.

DW Brasil, jun. 2013.

EBC, jun. 2013.

ÉPOCA Negócios, mar. 2016.

ESPN, jun. 2013.

EXAME, abr. 2011/jun. 2013.

EXTRA, jan. 2011/jun. 2013.

FOLHA de S.Paulo, abr. 2003/jul. 2015.

FOLHA Vitória, jun. 2013.

G1, jul. 2003/jan. 2022.

GAZETA de Alagoas, jun. 2013.

GAZETA do Povo, mar. 2012/jun. 2013.

GLOBO Esporte, jan./nov. 2012.

GOIÁS 24horas, jun. 2013.

GZH Geral, jun. 2013.

HOJE em Dia, abr./jun. 2013.

INFOMONEY, jun. 2013.

ISTOÉ, jun. 2013.

JC Online, jun. 2013.

JORNAL da Paraíba, jun. 2013.

JORNAL do Brasil, jun. 2013.

JORNAL Jurid, abr. 2014.

JUSBRASIL, abr. 2013.

LA PAROLA, jun. 2013.

LEIAMAISba, jun. 2013.

MACMAGAZINE, out. 2011.

MATÉRIA Incógnita, jun. 2013.

MEDIUM, jun. 2013.

MIDIAMAX, jun. 2013.

ND+, jun. 2013.

NE 10, maio 2012.

NOTÍCIAS Agrícolas, set. 2011/maio 2012.

NSC Total, jun. 2013.

OBORÉ, mar. 2013.

O ECO, abr. 2013.

O ESTADO de Minas, maio 2011/dez. 2018.

O ESTADO de S. Paulo, jun. 2013/jan. 2016.

O GLOBO, jan. 2011/jun. 2013.

O POPULAR, jun. 2013.

O POVO, jun. 2013.

O TEMPO, jul. 2011/jun. 2013.

O VIÉS, maio 2013.

PLACAR Abril, jun. 2013.

PUREPEOPLE, jun. 2013.

RÁDIO França Internacional, jun. 2013.

RÁDIO Jornal, jun. 2013.

REDE Brasil Atual, jun. 2013.

REVISTA Biodiversidade, mar. 2013.

REVISTA Brasileiros, ago. 2012.

REVISTA Cafeicultura, nov. 2011.

REVISTA Mundo do Marketing, 2009.

REVISTA Trip, 2011.

R7, jun./ago. 2013.

SAMPI, maio 2013.

SUL 21, jun. 2014.

TEORIA e Debate, jun. 2013.

TERRA, jun. 2011/ago. 2013.

TRIBUNA, jun. 2013.

TRIBUNA do Norte, maio 2011/maio 2013.
UOL, out. 2015/jun. 2013.
VEJA, jan. 2010/jul. 2013.
VERMELHO.ORG, jun. 2013.
VIATROLEBUS, jun. 2013.

4. CANAIS DO YOUTUBE

Anonymous Brasil, jun. 2013.
Comissão Nacional da Verdade, maio 2013.
Icaro Queiroz, jul. 2006.
Instituto Mises Brasil, jul. 2018.
Marlon Silveira, nov. 2010.
Não, Sr. Clubista, jul. 2018.
Parlatube Brasil, maio 2011.
Programa Brasil Urgente, jun. 2013.
Promotores da Vida, set. 2011.
TV Brasilgov, jun. 2013.
TV Estadão, jan. 2016

5. PORTAIS DE ASSOCIAÇÕES CIVIS E GRUPOS POLÍTICOS

ANAJURE, jun. 2013.
BLOG DA BOITEMPO, jun. 2013.
BLOG HERMES C. FERNANDES, jun. 2013.
BRASIL SEM ABORTO, 2011/2012.
BRASIL 247, set. 2012.
CASA DO POVO, 2010.
CASA MAFALDA, ago. 2011.
CENTRAL DOS TRABALHADORES E TRABALHADORAS DO BRASIL, abr. 2013.
CLEÓFAS EDITORA, ago. 2011.
CNBB, ago. 2011.
COLETIVO CONJUNTO VAZIO, 2006
COLETIVO DAS VADIAS CAMPINAS, 2011.
COLETIVO RJ, jul. 2012.
CONECTAS DIREITOS HUMANOS, jun. 2018.
CONFEDERAÇÃO NACIONAL DOS TRABALHADORES EM SEGURIDADE SOCIAL, jun.
    2013.

CONTRAF-CUT, nov. 2012/jun. 2013.

COWORKING OFFICES VILA OLÍMPIA, 2012.

DEFESA DA VIDA, abr. 2012.

DEUS LO VULT, out. 2011.

ECODEBATE, nov. 2011.

ESCREVA LOLA ESCREVA, jun. 2013.

FORÇA SINDICAL, jun. 2013.

GOSPEL MAIS, jul. 2012

INSTITUTO CANNABIS, abr. 2013.

INSTITUTO MILLENIUM, nov. 2008/fev. 2010.

INSTITUTO SOU DA PAZ, jun. 2013.

MARCHA DA LIBERDADE, maio 2011.

MARCHA DAS VADIAS, 2012.

MOVIMENTO DE COMBATE À CORRUPÇÃO ELEITORAL, jun. 2013.

MOVIMENTO DOS ATINGIDOS POR BARRAGENS, abr. 2011.

MOVIMENTO DOS TRABALHADORES RURAIS SEM TERRA (MST), mar. 2013.

MOVIMENTO PARANÁ SEM CORRUPÇÃO, jun. 2013.

MOVIMENTO PASSE LIVRE, maio/jun. 2013.

OCC ALERTA BRASIL, jun. 2013.

PARTIDO DOS TRABALHADORES, 2013.

PARTIDO VERDE, abr. 2011.

PODER AÉREO, jun. 2013.

PORTAL GELEDÉS, fev. 2012/set. 2013.

PRAGMATISMO POLÍTICO, mar. 2013.

PROJETO VESTINDO SAÚDE, jun. 2013.

SINDICATO DOS METALÚRGICOS DA GRANDE CURITIBA, jun. 2013.

SINDICATO DOS POLICIAIS FEDERAIS NO DISTRITO FEDERAL, maio 2013.

SINDICATO DOS QUÍMICOS DO ABC, jun. 2013.

SINDICATO DOS SERVIDORES DA PROCURADORIA-GERAL DO ESTADO DO RS, jun. 2013.

SINDICATO DOS SERVIDORES PÚBLICOS MUNICIPAIS DE JOINVILLE E REGIÃO, jun. 2013.

SINDICATO DOS TRABALHADORES DO PODER JUDICIÁRIO FEDERAL NO ESTADO DE MINAS GERAIS, jan. 2013.

SINDICATO DOS TRABALHADORES RODOVIÁRIOS DE BELO HORIZONTE E REGIÃO, jul. 2013.

UNIÃO BRASILEIRA DOS ESTUDANTES SECUNDARISTAS (Ubes), jun. 2013.

UNIÃO NACIONAL DOS ESTUDANTES (UNE), jun. 2013.

UNISINOS, fev./jun. 2013.

6. ENTREVISTAS

Realizadas em Belo Horizonte, Brasília, Rio de Janeiro, São Paulo e Salvador por Paulo Markun e/ou Angela Alonso

Campo autonomista

ABREU, Cinthia. Comitê Popular da Copa de São Paulo, 30 out. 2018.

ALCÂNTARA, Fidélis. Comitê Popular da Copa de Belo Horizonte, 3 dez. 2018.

CAPELLO, Nina. Movimento Passe Livre, São Paulo, 28 out. 2018.

FOUREAUX, Francisco. Tarifa Zero BH, Belo Horizonte, 2 dez. 2018.

JOURDAN, Camila. Organização Anarquista Terra e Liberdade, Rio de Janeiro, 13 nov. 2018.

KARTOLA, Barnabé di. Coletivo Maria Objetiva, Belo Horizonte, 2 dez. 2018.

MATTAR, Marina. Comitê Popular da Copa de São Paulo, 9 out. 2018

MONCAU, Gabriela. Coletivo Desentorpecendo a Razão, São Paulo, 17 out. 2018.

MUSA, Priscila. Espaço Comum Luiz Estrela, Belo Horizonte, 3 dez. 2018.

MUSSE, Marcos. Movimento Passe Livre de Salvador, 25 jan. 2019.

QUADROS, Elisa ("Sininho"). Frente Independente Popular, Rio de Janeiro, 12 nov. 2018.

ROCHA, Paulo. Movimento Passe Livre de Belo Horizonte, 3 dez. 2018.

ROURE, Sarah de. Marcha Mundial de Mulheres, São Paulo, 10 out. 2018.

SANTINI, Alexandre. Laboratório de Políticas Culturais da Universidade Federal do Rio de Janeiro, 14 nov. 2018.

Campo neossocialista

BARROS, Virgínia de. União Nacional dos Estudantes, São Paulo, 10 out. 2018.

BOULOS, Guilherme. Movimento dos Trabalhadores Sem-Teto, São Paulo, 16 jan. 2019.

BRAGA, Everaldo. Sindicato dos Servidores da Prefeitura de Salvador, 26 jan. 2019.

COSTA, Maurício. Juntos! Partido Socialismo e Liberdade, São Paulo, 9 out. 2018.

GRANJA, Patrick. Movimento A Nova Democracia, Rio de Janeiro, 13 nov. 2018.

HENRICHS, Pedro. Juventude do Partido dos Trabalhadores, Brasília, 5 fev. 2019.

MOREIRA, Arielle. Assembleia Nacional dos Estudantes — Livre, São Paulo, 30 out. 2018.

MOREIRA, Laura. Movimento Secundarista, Belo Horizonte, 2 dez. 2018.

SANTOS, Adi dos. Central Única dos Trabalhadores, São Paulo, 10 out. 2018.

Campo patriota

CHEQUER, Rogério. Vem pra Rua, São Paulo, 14 jun. 2019.

CHIOCCA, Cristiano. Instituto Mises Brasil, São Paulo, 12 dez. 2018.

COSMEDSON, Rui. Comando de Caça aos Corruptos, São Paulo, 14 jun. 2019.

DAHOUI, Danielle. Movimento Juntos pela Vida: Acorda Brasil/Movimento Gastronomia Pró-Brasil, São Paulo, 13 set. 2018.

DANTAS, Rafael. União Democrática Acadêmica, Salvador, 25 jan. 2019.

ELIAS, Gabriel. Movimento Brasil e Desenvolvimento, Brasília, 6 fev. 2019.

KICIS, Beatriz. Instituto Resgata Brasil, Brasília, 5 fev. 2019.

MORAIS, Eron (o "Batman dos protestos"). Ativista patriota, Rio de Janeiro, 12 nov. 2018.

REIS, Marcello. Revoltados Online, São Paulo, 12 dez. 2018.

ZAMBELLI, Carla. Movimento NasRuas, São Paulo, 17 out. 2018.

ZEBALLOS, Clay. Movimento Brasil contra a Corrupção, Brasília, 5 fev. 2019.

Mídias

CAPILÉ, Pablo. Mídia Ninja e Fora do Eixo, Salvador, 25 jan. 2019.

KAMEL, Ali. Direção de jornalismo da TV Globo, Rio de Janeiro, 22 maio 2018.

Autoridades

AMÉRICO, José. Vereador de São Paulo, 17 jan. 2019.

AZEVEDO, Gabriel. Subsecretário de Estado do Governo de Minas Gerais, 4 dez. 2018.

CARDOZO, José Eduardo. Ministro da Justiça do Brasil, 5 fev. 2019.

CARVALHO, Gilberto. Ministro de Estado, chefe da Secretaria-Geral da Presidência, 6 fev. 2019.

CARVALHO, Glauco. Polícia Militar de São Paulo, 17 jan. 2019.

FREIXO, Marcelo. Deputado estadual do Rio de Janeiro, 19 nov. 2018.

HADDAD, Fernando. Prefeito de São Paulo, 31 jan. 2019.

LACERDA, Márcio. Prefeito de Belo Horizonte, 4 dez. 2018.

MAGALHÃES NETO, Antônio Carlos. Prefeito de Salvador, 26 jan. 2019.

PAES, Eduardo. Prefeito do Rio de Janeiro, 20 nov. 2018.

QUEIROZ, Agnelo. Governador do Distrito Federal, 6 fev. 2019.

ROMUALDO, Cláudia. Coronel da Polícia Militar de Belo Horizonte, 4 dez. 2018.

SKROMOV, Daniela. Núcleo de Cidadania e Direitos Humanos da Defensoria Pública de São Paulo, 31 out. 2018.

TEMER, Michel. Presidente do Brasil, 27 out. 2021.

WAGNER, Jaques. Senador da Bahia, 26 jan. 2019.

Por Angela Alonso e Miriam Dolhnikoff

VANNUCHI, Paulo. Secretaria Nacional dos Direitos Humanos, 2014. In: ALONSO, Angela; DOHLNIKOFF, Miriam (Orgs.). *1964: Do golpe à democracia*. São Paulo: Hedra, 2015. pp. 353-73.

7. RELATOS E TEXTOS DE INTERVENÇÃO

ARANTES, Paulo. "O futuro que passou". Blog da Boitempo, São Paulo, 27 jun. 2013.

AZEVEDO, Reinaldo. *O país dos petralhas*. Rio de Janeiro: Record, 2008.

_____. *O país dos petralhas: O inimigo agora é o mesmo*. Rio de Janeiro: Record, 2012.

_____. "Janaina Paschoal: Relato de uma uspiana muito estranha. Ou: O 'território livre' se encontra com o Construtivismo na Terra do Nunca". *Veja*, São Paulo, 18 jun. 2013.

BENOIT, Héctor A. "O assentamento Anita Garibaldi: Entrevista com lideranças do Movimento dos Trabalhadores Sem-Teto (MTST). *Crítica Marxista*, Campinas, pp. 134-48, 2002.

CARVALHO, Olavo de. *O mínimo que você precisa saber para não ser um idiota*. Rio de Janeiro: Record, 2018.

CHAUI, Marilena. "As manifestações de junho de 2013 na cidade de São Paulo". *Teoria e Debate*, São Paulo, n. 113, 2013.

CHEQUER, Rogério; BUTTERFIELD, Colin. *VemPraRua: A história do movimento popular que mobilizou o Brasil*. São Paulo: Matrix, 2016.

VAN DEUSEN, David; MASSOT, Xavier (Orgs.). *The Black Bloc Papers*. Kansas City: Breaking Glass Press, 2010.

DOLABELA, Fernando. "O ensino de empreendedorismo: Panorama brasileiro". *Empreendedorismo: Ciência, Técnica e Arte*, Brasília, v. 2, pp. 83-97, 1999.

_____; DANTAS, Anderson de Barros; SANTOS, Paulo da Cruz Freire dos. A influência da cultura familiar no despertar da intenção empreendedora em empresários ibero-americanos, 2009. Disponível em: <https://repository.icesi.edu.co/biblioteca_digital/bitstream/item/1903/1/26.pdf>. Acesso em: 25 mar. 2023.

DOSICK, rabino Wayne. *A bíblia dos negócios: 10 novos mandamentos para trazer valores éticos para o local de trabalho*. São Paulo: Rai, 2011.

LOCATELLI, Piero. *#VemPraRua: As revoltas de junho pelo jovem repórter que recebeu passe livre para contar a história do movimento*. São Paulo: Companhia das Letras, 2013.

MAINARDI, Diogo. *Lula é minha anta*. Rio de Janeiro: Record, 2007.

MORAES, Allana et al. (Orgs.). *Junho potência das ruas e das redes*. São Paulo: Friedrich Ebert Stiftung, 2014.

MOVIMENTO PASSE LIVRE SÃO PAULO (MPL-SP). "Não começou em Salvador, não vai terminar em São Paulo". In: HARVEY, David et al. *Cidades rebeldes: Passe livre e as manifestações que tomaram as ruas do Brasil*. São Paulo: Boitempo, 2015.

PRATA, Antonio. "A passeata". *Folha de S.Paulo*, 19 jun. 2013.

RICCI, Ruda; ARLEY, Patrick. *Nas ruas: A outra política que emergiu em junho de 2013*. Belo Horizonte: Letramento, 2014.

SIMÕES, Guilherme; CAMPOS, Marcos; RUD, Rafael. *MTST: 20 anos de história: Luta, organização e esperança nas periferias do Brasil*. São Paulo: Autonomia Literária, 2017.

USTRA, Carlos Alberto Brilhante. *A verdade sufocada: A história que a esquerda não quer que o Brasil conheça*. Belo Horizonte: Ser, 2007.

ZAMBELLI, Carla. *Não foi golpe: Os bastidores da luta nas ruas pelo impeachment de Dilma*. São Paulo: LVM, 2018.

Referências bibliográficas

ABERS, Rebecca; KECK, Margaret. "Comitês de Bacia no Brasil: Uma abordagem política no estudo da participação social". *Revista Brasileira de Estudos Urbanos e Regionais (RBEUR)*, Rio de Janeiro, v. 6, n. 1, pp. 55-68, 2004.

ABERS, Rebecca; OLIVEIRA, Marília Silva de. "Nomeações políticas no Ministério do Meio Ambiente (2003-2013): Interconexões entre ONGs, partidos e governos". *Opinião Pública*, Campinas, v. 21, pp. 336-64, 2015.

ABERS, Rebecca; SERAFIM, Lizandra; TATAGIBA, Luciana. "Repertórios de interação estado-sociedade em um estado heterogêneo: A experiência na era Lula". *Dados — Revista de Ciências Sociais*, Rio de Janeiro, v. 57, n. 2, pp. 325-57, 2014.

ADORNO, Sérgio. "História e desventura: O 3º Programa Nacional de Direitos Humanos. *Novos Estudos Cebrap*, São Paulo, n. 86, pp. 5-20, 2010.

ALEM, João Marcos. *Caipira e country: A nova ruralidade brasileira*. São Paulo: FFLCH-USP, 1996. pp. 113-212. Tese (Doutorado em Sociologia).

_____. "Rodeios: A fabricação de uma identidade caipira-sertanejo-country no Brasil". *Revista USP*, São Paulo, n. 64, pp. 94-121, dez./fev. 2004.

ALMEIDA, Frederico de. "'Vândalos', 'trabalhadores' e 'cidadãos': Sujeição criminal e legitimidade política na criminalização dos protestos de junho de 2013". *Dados — Revista de Ciências Sociais*, Rio de Janeiro, v. 63, pp. 1-35, 2020.

_____; MONTEIRO, Filipe Jordão; SMIDERLE, Afonso. "A criminalização dos protestos do movimento Passe Livre em São Paulo (2013-2015)". *Revista Brasileira de Ciências Sociais*, Rio de Janeiro, v. 35, pp. 1-24, 2020.

ALMEIDA, Ronaldo. "Religião e desigualdade urbana". *Interseções*, Rio de Janeiro, v. 13, n. 1, pp. 126-35, jun. 2011.

ALONSO, Angela. *The Last Abolition: The Brazilian Antislavery Movement, 1868--1888*. Cambridge: Cambridge University Press, 2021.

_____; COSTA, Valeriano; MACIEL, Débora. "Identidade e estratégia na formação do movimento ambientalista brasileiro". *Novos Estudos Cebrap*, São Paulo, n. 79, pp. 151-67, 2007.

_____; MISCHE, Ann. "Changing Repertoires and Partisan Ambivalence in the New Brazilian Protests". *Bulletin of Latin American Research*, Liverpool, v. 36, n. 2, pp. 144-59, 2017.

ANTUNES, Edvan. *De caipira a universitário: A história de sucesso da música sertaneja*. São Paulo: Matrix, 2012.

AVRITZER, Leonardo. *Impasses da democracia no Brasil*. Rio de Janeiro: José Olympio, 2016.

_____. "Participation in Democratic Brazil: From Popular Hegemony and Innovation to Middle-class Protest". *Opinião Pública*, n. 23, 2017, pp. 43-59. Disponível em: <https://doi.org/10.1590/1807-0191201723143>. Acesso em: 28 abr. 2023.

BAGGIO, Katia Gerab. "Conexões ultraliberais nas Américas: O *think tank* norte--americano Atlas Network e suas vinculações com organizações latino-americanas". *Anais do XII Encontro Internacional da ANPHLAC*, 2016, pp. 1-26.

BARCELLOS, Rebeca de Moraes Ribeiro de. *Por outro eixo, outro organizar: A organização da resistência do circuito fora do eixo cultural brasileiro*. Florianópolis: UFSC, 2012. Tese (Doutorado em Administração).

BARROS, Aparecida da Silva Xavier. "Expansão da educação superior no Brasil: Limites e possibilidades". *Educação & Sociedade*, Campinas, v. 36, pp. 361--90, 2015.

BERGAMASCO, Sonia Maria P. P.; NORDER, Luiz Antonio. "Assentamentos rurais e o MST em São Paulo: Do conflito social à diversidade dos impactos locais". In: CARTER, Miguel (Org.). *Combatendo a desigualdade social: O MST e a reforma agrária no Brasil*. São Paulo: Editora Unesp, 2010. pp. 331-52.

BERGER, Mark T. "Romancing the Zapatistas: International Intellectuals and the Chiapas Rebellion". *Latin American Perspectives*, [S.l.], v. 28, n. 2, pp. 149-70, 2001.

BERTHEZÈNE, Clarisse; VINEL, Jean-Christian (Orgs.). *Conservatismes en mouvement: Une approche transnationale au XXe. siècle*. Paris: EHESS, 2016.

BOHOSLAVSKY, Ernesto; MOTTA, Rodrigo Patto Sá; BOISARD, Stéphane (Orgs.). *Pensar as direitas na América Latina*. São Paulo: Alameda, 2019.

BRANFORD, Sue. "Lidando com governos: o MST e as administrações de Cardoso e Lula". In: CARTER, Miguel (Org.). *Combatendo a desigualdade social: O MST e a reforma agrária no Brasil*. São Paulo: Editora Unesp, 2010.

BRIGNOL, Liliane Dutra. "#Vem pra rua_Santa Maria: Movimentos sociais em rede, mobilização social e usos do Facebook em ações de protesto". *Liinc em Revista*, Rio de Janeiro, v. 10, n. 1, pp. 258-72, 2014.

BRINGEL, Breno M. "Miopias, sentidos e tendências do levante brasileiro de 2013". *Insight Inteligência*, Rio de Janeiro, v. 62, pp. 42-53, 2013.

_____. "Mucho más que un cacerolazo: Resistencias sociales en tiempos de covid-19". *openDemocracy*, Londres, 3 abr. 2020. Disponível em: <https://www.opendemocracy.net/es/mucho-más-que-un-cacerolazo-resistencias-sociales-en-tiempos-de-covid-19/>. Acesso em: 23 mar. 2023.

_____; DOMINGUES, J. Mauricio. "Teoria crítica e movimentos sociais: intersecções, impasses e alternativas". In: GOHN, Maria da Glória; BRINGEL, Breno M. *Movimentos sociais na era global*. 2. ed. Petrópolis: Vozes, 2014.

BRINGEL, Breno M.; ECHART, Enara. "De Seattle a Copenhagen (con escala en la Amazonía): Del movimiento antiglobalización al nuevo activismo transnacional". In: IBARRA, Pedro; GRAU, Elena. *Jóvenes en la red: Anuario de movimientos sociales*. Madrid: Icaria, 2010. pp. 191-201.

BRINGEL, Breno; PLEYERS, Geoffrey (Orgs.). "Les mobilisations de juins 2013". *Brésil(s) sciences humaines et sociales*, Paris, n. 7, pp. 7-18, 2015.

BRUNO, Regina. "Movimento 'Sou Agro': Marketing, *habitus* e estratégias de poder do agronegócio". *Revista de Ciências Sociais da Universidade Federal de Mato Grosso do Sul*, Campo Grande, v. 14, pp. 85-101, 2014.

_____. "Frente Parlamentar da Agropecuária (FPA): campo de disputa entre ruralistas e petistas no Congresso Nacional brasileiro". *Revista Estudos Sociedade e Agricultura*, Rio de Janeiro, v. 29, n. 2, pp. 461-502, 2021.

BUCCI, Eugênio. *A forma bruta dos protestos: Das manifestações de 2013 à queda de Dilma Rousseff em 2016*. São Paulo: Companhia das Letras, 2016.

BÜLOW, Marisa Von. *Fórum Social Mundial: A transnacionalização da sociedade civil brasileira*. Brasília: Editora UnB, 2013.

CALDAR, Roseli Salete. O MST e a formação dos sem-terra: O movimento social como princípio educativo. *Estudos Avançados*, São Paulo, v. 15, pp. 207-24, 2001.

CAMPOS, Luiz Augusto. "A identificação de enquadramentos através da análise de correspondências: Um modelo analítico aplicado à controvérsia das ações afirmativas raciais na imprensa". *Opinião Pública*, Campinas, v. 20, n. 3, pp. 377-406, dez. 2014.

CAMPOS, Marcos Paulo. "Movimentos sociais e conjuntura política: Uma reflexão a partir das relações entre o MST e o governo Dilma". *Cadernos de Estudos Sociais e Políticos*, Rio de Janeiro, v. 4, n. 7, pp. 78-100, jan./jun. 2015.

CAMPOS, Roberta Bivar Carneiro; GUSMÃO, Eduardo Henrique Araújo de; MAURICIO JUNIOR, Cleonardo Gil de Barros. "A disputa pela laicidade: Uma análise das interações discursivas entre Jean Wyllys e Silas Malafaia. *Religião & Sociedade*, Rio de Janeiro, v. 35, n. 2, pp. 165-88, 2015.

CARDOSO, Adalberto. *Classes médias e política no Brasil: 1922-2016*. São Paulo: Editora FGV, 2020.

CARTER, Miguel. "Defying the Odds: The MST, From the Military Regime to the PT Era. In: Latin American Studies Association Meeting. Washington, DC: Latin American Studies Association Meeting, 2013.

_____. "Desigualdade social, democracia e reforma agrária no Brasil". In: _____ (Org.). *Combatendo a desigualdade social: o MST e a reforma agrária no Brasil*. São Paulo: Editora Unesp, 2010. pp. 25-78.

_____. "Epilogue; Broken Promise; The Land Reform Debacle under the PT Governments". In: _____ (Org.). *Challenging Social Inequality: The Landless Rural Worker's Movement and Agrarian Reform in Brazil*. Durham: Duke University Press, 2012.

_____. Origem e consolidação do MST no Rio Grande do Sul. In: _____ (Org.). *Combatendo a desigualdade social: O MST e a reforma agrária no Brasil*. São Paulo: Editora Unesp, 2010. pp. 199-236.

_____; CARVALHO, Horacio M. "A luta na terra: fonte de crescimento, inovação e desafio constante ao MST. In: CARTER, Miguel (Org.). *Combatendo a desigualdade social: O MST e a reforma agrária no Brasil*. São Paulo: Editora Unesp, 2010. pp. 287-330.

CARVALHO, Cristina Helena Almeida de. "Política para a educação superior no governo Lula: expansão e financiamento". *Revista do Instituto de Estudos Brasileiros*, São Paulo, n. 58, pp. 209-44, jun. 2014.

COELHO, Vitarque Lucas Paes. "A política regional do governo Lula (2003-2010)". In: MONTEIRO NETO, Aristides; CASTRO, César Nunes de; BRANDÃO, Carlos Antonio (Orgs.). *Desenvolvimento regional no Brasil: Políticas, estratégias e perspectivas*. Rio de Janeiro: Ipea, 2017.

COHEN, Jean L.; ARATO, Andrew. *Civil Society and Political Theory*. Cambridge: MIT Press, 1992.

COMPARATO, Bruno Konder. "A ação política do MST". *São Paulo em Perspectiva*, São Paulo, v. 15, pp. 105-18, 2001.

COSTA, Andréa Lopes da; PICANÇO, Felícia. "Para além do acesso e da inclusão: Impactos da raça sobre a evasão e a conclusão no ensino superior". *Novos Estudos Cebrap*, São Paulo, v. 39, pp. 281-306, 2020.

COSTA, Sergio; ALONSO, Angela; TOMIOKA, Sérgio. *Modernização negociada: Expansão viária e riscos ambientais no Brasil*. Brasília: Edições Ibama, 2001.

CUNHA, José Marcos P. da. "A migração interna no Brasil nos últimos cinquenta anos: (des)continuidades e rupturas". In: ARRETCHE, Marta T. S. (Org.). *Trajetórias das desigualdades: como o Brasil mudou nos últimos cinquenta anos*. São Paulo: Editora Unesp, 2015. pp. 279-307.

CRUZ, Rafael. *Protestar en España: 1900-2013*. Madri: Alianza Editorial, 2015.

DAGNINO, Evelina; TEIXEIRA, Ana Cláudia Chaves. "The Participation of Civil Society in Lula's Government". *Journal of Politics in Latin America*, Hamburgo, n. 3, pp. 39-66, 2014.

D'ARAUJO, Maria Celina. *Governo Lula: Contornos sociais e políticos da elite do poder*. Rio de Janeiro: CPDOC/FGV, 2007.

DARLING, Victoria Inés. "La episteme zapatista: Otra forma de ver el mundo y hacer política". *Revista Brasileira de Ciências Sociais*, Rio de Janeiro, v. 35, n. 104, 2020.

DELLA PORTA, Donatella. *Clandestine Political Violence*. Cambridge: Cambridge University Press, 2013.

DOWBOR, Monika; SZWAKO, José. "Respeitável público...: Performance e organização dos movimentos antes dos protestos de 2013". *Novos Estudos Cebrap*, São Paulo, pp. 43-55, 2013.

EARL, Jennifer et al. "The Use of Newspaper Data in the Study of Collective Action". *Annual Review of Sociology*, San Mateo, v. 30, n. 1, pp. 65-80, 2004.

ELIAS, Norbert. *O processo civilizador*. Rio de Janeiro: Jorge Zahar, 1990. v. 1.

_____; SCOTSON, John. L. *Os estabelecidos e os outsiders: Sociologia das relações de poder a partir de uma comunidade*. Rio de Janeiro: Jorge Zahar, 2000.

FERES JÚNIOR, João; DAFLON, Verônica Toste; CAMPOS, Luiz Augusto. "Ação afirmativa, raça e racismo: Uma análise das ações de inclusão racial nos mandatos de Lula e Dilma". *Revista de Ciências Humanas*, Viçosa, v. 12, n. 2, pp. 399-414, jul./dez. 2012.

FERNANDES, Bernardo Mançano. "Formação e territorialização do MST no Brasil. In: CARTER, Miguel (Org.). *Combatendo a desigualdade social: O MST e a reforma agrária no Brasil*. São Paulo: Editora Unesp, 2010. pp. 161-97.

FILLIEULE, Olivier; JIMÉNEZ, Manuel. "The Methodology of Protest Event Analysis and the Media Politics of Reporting Environmental Protest Events". In: ROOTES, Christopher. *Environmental Protest in Western Europe*. Oxford: Oxford University Press, 2013. pp. 258-79.

FILLIEULE, Olivier; TARTAKOWSKY, Danielle. *La manifestación, cuando la acción colectiva toma las calles*. Buenos Aires: Siglo Veintiuno, 2015.

FLAVIANO, Viviane; ZAJONZ, Bruna Tadielo; LANGBECKER, Tatielle Belem; ARBAGE,

Alessandro Porporatti. "Empreendedorismo rural: Olhares em contextos diversos". *Revista Conexão UEPG*, Ponta Grossa, v. 15, n. 3, pp. 301-9, 2019.

FLEURY, Lorena Cândido; ALMEIDA, Jalcione. "A construção da Usina Hidrelétrica de Belo Monte: conflito ambiental e o dilema do desenvolvimento". *Ambiente & Sociedade*, São Paulo, v. 16, pp. 141-56, 2013.

FLIGSTEIN, Neil; MCADAM, Doug. *A Theory of Fields*. Oxford: Oxford University Press, 2012.

FRANCA, Vera Veiga; VIEIRA, Vanrochris Helbert. "Sertanejo universitário: expressão e valores de jovens urbanos no Brasil contemporâneo". *Contemporânea — Revista de Comunicação e Cultura*, Salvador, v. 13, pp. 106-22, 2015.

FREITAS, Veronica Tavares. *"Meu partido é o Brasil": A ascensão do movimento pela intervenção militar nos protestos brasileiros (2011-2019)*. São Paulo: FFLCH-USP, 2023. Tese (Doutorado em Sociologia).

GALVÃO, Andreia. "A reconfiguração do movimento sindical no governo Lula". *Revista Outubro*, São Paulo, n. 18, pp. 177-200, jan./jun. 2009.

GARRISON, John. *Do confronto à colaboração: Relações entre a sociedade civil, o governo e o Banco Mundial no Brasil*. Brasília: Banco Mundial, 2000.

GEORGE, Stacy M. K. "Interaction Rituals and Religious Culture in the Tea Party". *Religion and Society*, [S.l.], v. 9, n. 1, pp. 39-51, 2018.

GIULIANI, Gian Mario. "Neo-ruralismo: O novo estilo dos velhos modelos". *Revista Brasileira de Ciências Sociais*, Rio de Janeiro, v. 5, n. 14, 1990.

GOHN, Maria da Glória Marcondes. *Manifestações de junho de 2013 no Brasil e praças dos indignados no mundo*. Petrópolis: Vozes, 2015.

_____. *Participação e democracia no Brasil: Da década de 1960 aos impactos pós-junho de 2013*. Petrópolis: Vozes, 2019.

GRAEBER, David. *Direct Action: An Ethnography*. Oakland: AK Press, 2009.

GUEDÁN, Manuel (Org.). *Podemos una historia colectiva*. Madri: Akal, 2016.

HELENE, Diana. "A Marcha das Vadias: O corpo da mulher e a cidade". *Redobra 11*, Salvador, ano 4, n. 1, pp. 68-79, 2013.

HOCHSCHILD, Arlie Russell. *Strangers in Their Own Land: A Journey to the Heart of Our Political Divide*. Nova York: New Press, 2016.

HOCHSTETLER, Kathryn; KECK, Margaret E. *Greening Brazil: Environmental Activism in State and Society*. Durham: Duke University Press, 2007.

INGLEHEART, Ronald. *The Silent Revolution: Changing Values and Political Styles Among Western Publics*. Princeton: Princeton University Press, 1977.

JESUS, Jaqueline Gomes de. "Alegria momentânea: paradas do orgulho de lésbicas, gays, bissexuais, travestis e transexuais". *Gerais: Revista Interinstitucional de Psicologia*, São João del-Rei, v. 6, n. 1, pp. 54-70, 2013.

JINKINGS, Ivana; DORIA, Kim; CLETO, Murilo. *Por que gritamos golpe? Para entender o impeachment e a crise política no Brasil*. São Paulo: Boitempo, 2016.

JUDENSNAIDER, Elena et al. *Vinte centavos: A luta contra o aumento*. São Paulo: Editora Veneta, 2013.

KUNRATH, Marcelo Silva. "A apropriação conservadora do ciclo de protestos de 2013: Rumo aos protestos anti-Dilma?". *Lusotopie*, [S.l.], v. 17, n. 1, pp. 88--111, 2018.

_____. "#vemprarua: o ciclo de protestos de 2013 como expressão de um novo padrão de mobilização contestatória". In: CATTANI, Antonio David (Org.). *#protestos: Análises das ciências sociais*. 1. ed. Porto Alegre: Tomo Editorial, 2014.

LAVALLE, Adrian Gurza. *Sociedade civil e ecologias organizacionais em São Paulo e na cidade do México*. São Paulo: FFLCH-USP, 2020. Tese (Livre-Docência).

_____; VITALE, Denise. "Participatory Governance and Social Protest in Brazil". *Chance 2 Sustain*, [S.l.], jul. 2014.

LILLA, Mark. *The Once and Future Liberal: After Identity Politics*. Nova York: Harper Collins, 2017.

LIMA, Márcia; CAMPOS, Luiz Augusto. "Inclusão racial no ensino superior: Impactos, consequências e desafios". *Novos Estudos Cebrap*, São Paulo, v. 39, pp. 245-54, 2020.

LOSEKANN, Cristiana. "Os protestos de 2013 na cidade de Vitória/ES: #resistir, resistir até o pedágio cair! In: ROSA, Soraia Mendes da (Org.). *País mudo não muda! As manifestações de junho de 2013 na visão de quem vê o mundo para além dos muros da academia*. 1. ed. Brasília: IDP, 2014. pp. 26-38.

MACHADO, Maria D. C. "Aborto e ativismo religioso nas eleições de 2010". *Revista Brasileira de Ciência Política*, Brasília, n. 7, pp. 25-54, 2012.

MACIEL, Débora A.; MACHADO, Marta R. "A batalha do aborto e a nova reação conservadora no Brasil". In: MARONA, Marjorie C.; RÍO, Andres del (Orgs.). *Justiça no Brasil: Às margens da democracia*. Belo Horizonte: Arraes, 2018. pp. 72-98.

_____. "Fluxos de controle de protestos em São Paulo (2013-2014)". *Novos Estudos Cebrap*, São Paulo, v. 40, pp. 227-41, 2021.

MALINI, Fabio et al. "#VemPraRua: Narrativas da Revolta Brasileira". Labic — Laboratório de Estudos sobre Imagem e Cibercultura, Vitória, 2014. Disponível em: <http://www.labic.net/publicacao/vemprarua-narrativas-da-revolta-brasileira/>. Acesso em: 24 mar. 2023.

MARX, Vanessa; COSTA, Marco Aurélio (Orgs.). *Participação, conflitos e intervenções urbanas: Contribuições à Habitat III*. Porto Alegre: UFRGS Editora, 2016.

MCADAM, Doug; TARROW, Sidney; TILLY, Charles. *Dynamics of Contention*. Cambridge: Cambridge University Press, 2001.

MELLO-THÉRY, Neli Aparecida de; VAN TILBEURGH, Veronique. "Da Teologia da Libertação ao desenvolvimento sustentável na Amazônia brasileira: Os mecanismos políticos e sociais de sua interpretação". *Revista Nera*, Presidente Prudente, n. 19, pp. 59-72, 2012.

MENDONÇA, Ricardo Fabrino. "Dimensões democráticas nas Jornadas de Junho: reflexões sobre a compreensão de democracia entre manifestantes de 2013". *Revista Brasileira de Ciências Sociais*, Rio de Janeiro, v. 33, pp. 1-24, 2018.

MESSENBERG, Débora. "A direita que saiu do armário: A cosmovisão dos formadores de opinião dos manifestantes de direita brasileiros". *Sociedade e Estado*, Brasília, v. 32, pp. 621-48, 2017.

MISKOLCI, Richard. *Batalhas morais: Política identitária na esfera pública técnico-midiatizada*. São Paulo: Autêntica, 2021.

MORENO, Jorge B. *Ascensão e queda de Dilma Rousseff: Tuítes sobre os bastidores do governo petista e o diário da crise que levou à sua ruína*. São Paulo: Globo, 2017.

NAIL, Thomas. "Zapatismo and the Global Origins of Occupy". *Journal for Cultural and Religious Theory*, Denver, v. 12, n. 3, pp. 20-35, 2013.

NASCIMENTO, Ellen Elsie. *Ativismo liberal-conservador no Brasil pós-2013*. São Paulo: FFLCH-USP, 2022. Tese (Doutorado em Sociologia).

NERI, Marcelo. *A nova classe média*. São Paulo: Saraiva, 2012.

NEVES, Rodrigo Meleu das; FARENZENA, Nalú; BANDEIRA, Denise Lindstrom. "Reformulações e implementação do Fies (1999-2020): Um preâmbulo". *Fineduca — Revista de Financiamento da Educação*. Porto Alegre, v. 11, pp. 1-36, 2021.

NOBRE, Marcos. *Choque de democracia: Razões da revolta*. São Paulo: Companhia das Letras, 2013.

_____. *Limites da democracia: De junho de 2013 ao governo Bolsonaro*. São Paulo: Todavia, 2022.

OAKESHOTT, Michael. *Conservadorismo*. Belo Horizonte: Âyiné, 2016.

ONDETTI, Gabriel; WAMBERGUE, Emmanuel; AFONSO, José Batista G. "De posseiro a sem-terra: o impacto da luta pela terra do MST no Pará". In: CARTER, Miguel (Org.). *Combatendo a desigualdade social: O MST e a reforma agrária no Brasil*. São Paulo: Editora Unesp, 2010. pp. 257-84.

ORTELLADO, Pablo; SOLANO, Esther. "Nova direita nas ruas? Uma análise do descompasso entre manifestantes e os convocantes dos protestos antigoverno de 2015". *Perseu: História, Memória e Política*, São Paulo, n. 11, pp. 169-80, 2016.

PEREIRA, Hamilton. "Somos a perigosa memória das lutas". In: CARTER, Miguel (Org.). *Combatendo a desigualdade social: O MST e a reforma agrária no Brasil*. São Paulo: Editora Unesp, 2010. pp. 479-92.

PINTO, Céli Regina Jardim. "A trajetória discursiva das manifestações de rua no Brasil (2013-2015)". *Lua Nova — Revista de Cultura e Política*, São Paulo, pp. 119-53, 2017.

PINTO, José Marcelino de Rezende. "O financiamento da educação no governo Lula". *Revista Brasileira de Política e Administração da Educação*, Brasília, v. 25, n. 2, pp. 323-40, maio/ago. 2009.

PLEYERS, Geoffrey; BRINGEL, Breno M. "Junho de 2013... dois anos depois: Polarização, impactos e reconfiguração do ativismo no Brasil". *Nueva Sociedad*, Buenos Aires, v. 2015, n. 2, pp. 4-17, 2015.

QUADROS, Marcos Paulo dos Reis; MADEIRA, Rafael Machado. "Fim da direita envergonhada? Atuação da bancada evangélica e da bancada da bala e os caminhos da representação do conservadorismo no Brasil". *Opinião Pública*, Campinas, v. 24, pp. 486-522, 2018.

RECUERO, Raquel; ZAGO, Gabriela; BASTOS, M. O. "Discurso dos# ProtestosBR: análise de conteúdo do Twitter". *Galáxia*, São Paulo, v. 14, n. 28, pp. 199-216, 2014.

REZENDE, Patricia Jimenez. *Movimentos sociais e contramovimentos: Mobilizações antiaborto no Brasil contemporâneo*. Guarulhos: Unifesp, 2016. Dissertação (Mestrado).

RIBEIRO, Carlos Antonio Costa. "Mudanças nas famílias dos jovens e tendências da mobilidade social de brancos e negros no Brasil". *Novos Estudos Cebrap*, São Paulo, v. 39, pp. 257-79, 2020.

ROBIN, Corey. *The Reactionary Mind: Conservatism from Edmund Burke to Donald Trump*. Oxford: Oxford University Press, 2018.

ROCHA, Camila. *Menos Marx, mais Mises: O liberalismo e a nova direita no Brasil*. São Paulo: Todavia, 2021.

RODRIGUES, Iram Jácome. "Trabalhadores e sindicalismo no Brasil: Para onde foram os sindicatos? *Caderno CRH*, Salvador, v. 28, pp. 479-91, 2015.

ROSA, Marcelo Carvalho. "A Journey with the Movimento dos Trabalhadores Rurais Sem Terra (MST) across Brazil and on to South Africa". *Études rurales*, Paris, n. 196, pp. 43-56, 2015.

SABINO, Geruza Tomé. "Empreendedorismo: Reflexões críticas sobre o conceito no Brasil". In: VII Seminário do Trabalho: Trabalho, educação e sociabilidade, 2010, Marília. *Anais Eletrônicos*, Marília: Unesp, 2010. pp. 1-16.

SALLUM JR., Brasílio. *O impeachment de Fernando Collor: Sociologia de uma crise*. São Paulo: Editora 34, 2015.

SANT'ANA, Raquel. "A Igreja acordou, a Igreja foi pra rua: Representação, manifestação e o fazer dos evangélicos na Marcha para Jesus". In: TEIXEIRA, Carla; LOBO, Andréa; ABREU, Luiz (Orgs.). *Etnografias das instituições, práticas de poder e dinâmicas estatais*. Brasília: ABA, 2019. pp. 117-68.

_____. "O som da marcha: Evangélicos e espaço público na marcha para Jesus". *Religião & Sociedade*, Rio de Janeiro, v. 34, n. 2, pp. 210-31, 2014.

SCHERER-WARREN, Ilse. "Redes para a (re)territorialização de espaços de conflito: Os casos do MST e MTST no Brasil". *Interface*, Botucatu, v. 1, n. 1, pp. 105--24, 2009.

SCRUTON, Roger. *Conservadorismo: Um convite à grande tradição*. Rio de Janeiro: Record, 2019.

_____. *How to Be a Conservative*. Londres: Bloomsbury, 2014.

SILVA, Camila Farias da; FERNANDES, Eduardo Georjão. "Ciclo de protestos de 2013: Construção midiática das performances de contestação". *Ciências Sociais Unisinos*, São Leopoldo, v. 53, n. 2, pp. 202-15, 2017.

SILVA, Ilse Gomes. "Democracia e criminalização dos movimentos sociais no Brasil: As manifestações de junho de 2013". *Revista de Políticas Públicas*, São Luís, v. 19, n. 2, pp. 393-402, 2016.

SILVA, Leonardo Nóbrega da. "O mercado editorial e a nova direita brasileira". *Teoria e Cultura*, Juiz de Fora, v. 13, n. 2, pp. 73-84, 2018.

SINGER, André. "Brasil, junho de 2013, classes e ideologias cruzadas. *Novos Estudos Cebrap*, São Paulo, pp. 23-40, 2013.

_____. *O lulismo em crise: Um quebra-cabeça do período Dilma (2011-2016)*. São Paulo: Companhia das Letras, 2018.

SILVEIRA, Sergio Amadeu da. "Direita nas redes sociais online". In: KAYSEL, André; CODAS, Gustavo; CRUZ, Sebastião Velasco. *Direita, volver: O retorno da direita e o ciclo político brasileiro*. São Paulo: Fundação Perseu Abramo, 2015.

SKOCPOL, Theda; WILLIAMSON, Vanessa. *The Tea Party and the Remaking of Republican Conservatism*. Oxford: Oxford University Press, 2011.

SMITH, Jackie. "Globalizing Resistance: The Battle of Seattle and the Future of Social Movements. *Mobilization: An International Quarterly*, San Diego, v. 6, n. 1, pp. 1-19, 2001.

SOLANO, Esther; MANSO, Bruno Paes; NOVAES, Willian. *Mascarados: A verdadeira história dos adeptos da tática Black Bloc*. São Paulo: Geração Editorial, 2014.

SOMMIER, Isabelle. *Le Renouveau des mouvements contestataires à l'heure de la mondialisation*. Paris: Champs Flammarion, 2003.

SOUZA, Rafael de. *Cenários de protesto: Mobilização e espacialidade no ciclo de confronto de junho de 2013*. São Paulo: FFLCH-USP, 2018. Tese (Doutorado em Sociologia).

_____. "Quando novos temas entram em cena: Movimentos sociais e a 'questão urbana' no ciclo de protesto de junho de 2013". *BIB — Revista Brasileira de Informação Bibiográfica*, São Paulo, n. 82, pp. 127-52, set. 2017.

SOUZA, Viviane Brito de. *O campo patriota antes da "nova direita": O caso do Revoltados Online*. São Paulo: FFLCH-USP, 2023. Dissertação (Mestrado em Sociologia).

TARROW, Sidney. *Movements and Parties: Critical Connections in American Political Development*. Cambridge: Cambridge University Press, 2021.

_____. *Power in Movement: Social Movements and Contentious Politics*. 5. ed. Cambridge: Cambridge University Press, 2022.

TARTAKOWSKY, Danielle. *Les Droites et la rue. Histoire d'une ambivalence, de 1880 à nos jours*. Paris: La Découverte, 2014.

TATAGIBA, Luciana. "1984, 1992 e 2013: Sobre ciclos de protestos e democracia no Brasil/1984". *Política & Sociedade*, Florianópolis, v. 13, n. 28, pp. 35-62, 2014.

_____; GALVÃO, Andreia. "Os protestos no Brasil em tempos de crise (2011--2016)". *Opinião Pública*, Campinas, v. 25, pp. 63-96, 2019.

TEITELBAUM, Benjamin R. *Guerra pela eternidade: O retorno do tradicionalismo e a ascensão da direita populista*. Campinas: Ed. da Unicamp, 2020.

TELLES, Helcimara; SAMPAIO, Thiago; BAPTISTA, Érica Anita Silva. "Os limites da *agenda-setting* na popularidade do presidente: Consumo de notícias e escolaridade na avaliação do governo Dilma Rousseff (2013)". *Revista Debates*, Porto Alegre, v. 9, pp. 119-42, 2015.

THÉRY, Herve; MELLO-THÉRY, Neli Aparecida de. "Disparidades e dinâmicas territoriais no Brasil". *Revista do Departamento de Geografia*, São Paulo, pp. 68--91, 2012.

TILLY, Charles. *The Politics of Collective Violence*. Cambridge: Cambridge University Press, 2003.

TRAVERSO, Enzo. *Las nuevas caras de la derecha*. Buenos Aires: Mínima, 2018.

VALENTE, Rubia R.; HOLMES, Jennifer S. "Vamos para Rua! Taking to the Streets Protest in Brazil". *Brasiliana: Journal for Brazilian Studies*, Londres, v. 5, n. 2, pp. 281-306, 2017.

VICINO, Thomas J.; FAHLBERG, Anjuli. "The Politics of Contested Urban Space: The 2013 Protest Movement in Brazil". *Journal of Urban Affairs*, Nova York, v. 39, n. 7, pp. 1001-16, 2017.

WUTHNOW, Robert. *The Left Behind: Decline and Rage in Small-Town America*. Princeton: Princeton University Press, 2018.

YAMAMOTO, Karina L. *As manifestações de junho de 2013 no Jornal Nacional: Uma pesquisa em torno da instância da imagem ao vivo*. São Paulo: ECA-USP, 2016. Tese (Doutorado em Ciências da Comunicação).

ZHOURI, Andréa. "Belo Monte: Crise do sistema ambiental e da democracia". In: _____ (Org.). *Desenvolvimento, reconhecimento de direitos e conflitos territoriais*. Brasília: ABA, 2012.

ŽIŽEK, Slavoj. *Violência: Seis reflexões laterais*. São Paulo: Boitempo, 2014.

ESTA OBRA FOI COMPOSTA EM MINION PELO ESTÚDIO O.L.M. / FLAVIO PERALTA
E IMPRESSA EM OFSETE PELA LIS GRÁFICA SOBRE PAPEL PÓLEN SOFT
DA SUZANO S.A. PARA A EDITORA SCHWARCZ EM MAIO DE 2023

A marca FSC® é a garantia de que a madeira utilizada na fabricação do papel deste livro provém de florestas que foram gerenciadas de maneira ambientalmente correta, socialmente justa e economicamente viável, além de outras fontes de origem controlada.